Schriftenreihe
„Studien zur Politischen Soziologie“

herausgegeben von

Band 5

Nadja Meisterhans

Menschenrechte als weltgesellschaftliche Herrschaftspraxis

Zur Konstitutionalisierung und Demokratisierung des Weltrechts

Die Deutsche Nationalbibliothek verzeichnet diese Publikation in der Deutschen Nationalbibliografie; detaillierte bibliografische Daten sind im Internet über http://dnb.d-nb.de abrufbar.

Zugl.: Bremen, Univ., Diss., 2007

ISBN 978-3-8329-5124-5

1. Auflage 2010

Meinen Eltern in Dankbarkeit gewidmet

Vorwort

Globale Menschenrechtspolitiken haben unzweifelhaft an Bedeutung gewonnen. Mittlerweile bilden sie den materialen Kern von trans- und supranational ausgerichteten Verregelungsbemühungen, die in den letzten Jahren zunehmend in der Perspektive einer möglichen Konstitutionalisierung diskutiert werden. Diese Entwicklungen sind zweifelsohne Ausdruck einer progressiven Völkerrechtsevolution, die aber nicht ohne Ambivalenz ist, nicht nur da Menschenrechte missbraucht werden können, etwa um aggressive Interventionspolitiken scheinbar zu rechtfertigen, sondern vor allem, weil die aktuelle Völkerrechtsentwicklung durch ein grundlegendes Demokratiedefizit gekennzeichnet ist. Vor diesem Hintergrund scheint es angemessen, aktuelle Menschenrechtspolitiken im Horizont eines *weltgesellschaftlichen Herrschaftsproblems* zu diskutieren, das sich auf den verschiedenen Ebenen der postnationalen Konstellation manifestiert und gleichsam die Grundlage für rechts- und politiktheoretische Überlegungen bildet, die über die nationale Organisation von Herrschaftsverhältnissen hinausweisen.

Diese Arbeit ist das Ergebnis meines dreijährigen Forschungsstipendiums, das mir von 2003-2006 an der BIGSSS der Universität Bremen offeriert wurde. Im Rahmen des international besetzten Graduiertenkollegs konnte ich nicht nur von einer exzellenten institutionellen Infrastruktur profitieren, sondern es wurde mir auch die Möglichkeit geboten, Fragen des globalen Menschenrechtsschutzes mit vielen interessanten KollegInnen aus dem In- und Ausland zu diskutieren. Zu besonderem Dank bin ich aber nicht nur der BIGSSS verpflichtet, sondern auch dem Institut für Philosophie der Universität Bremen, hier im besonderen Georg Mohr, der mich während meiner Promotionszeit nicht nur inhaltlich und moralisch unterstützt hat, sondern sich auch kurzfristig als Gutachter zur Verfügung gestellt hat, als die Erstgutachterin und Betreuerin meiner Arbeit krankheitsbedingt ausfiel. Ebenfalls möchte ich Rainer Schmalz-Bruns für das Zweitgutachten und die Rückmeldungen zu meiner Arbeit sowie Rainer Baumann und Tine Stein für den Beisitz in der Prüfungskommission ausdrücklich danken. Besonders unterstützt wurde die Arbeit aber auch durch die kritischen Anmerkungen und anregenden Rückmeldungen meiner Freunde und KollegInnen: Tanja Hitzel-Cassagnes, Kerstin Blome, Oliver Eberl, Dawid Friedrich, Nicole Deitelhoff, Anna Geis, Andreas Fischer-Lescano, Markus Zietlow und Tobias Auberger und auch meinen Eltern sowie meinem Freund Björn sei für die Geduld und Unterstützung gedankt. Besonderer Dank gilt zum Schluss aber auch den Herausgebern der Reihe Politische Soziologie und dem Verlag Nomos. Vor allem Hauke Brunkhorst und Regina Kreide haben mit ihren Kommentaren wesentlich zum Feinschliff der Arbeit beigetragen und mich in vielerlei Hinsicht zu neuen Forschungsideen inspiriert.

Inhaltsverzeichnis

I. Teil: Der kantische Konstruktivismus. Voraussetzungen und begriffliche Klärungen

I. 1. Einleitung: Neue Paradigmen im Völkerrecht?

Selten ist die Frage einer gerechten und d. h. vor allem gerecht*fertigten* Weltordnung so intensiv diskutiert worden wie in den letzten zwanzig Jahren. Es scheint in der rechts- und politikwissenschaftlichen Debatte mittlerweile relativ unumstritten, dass die unter dem Begriff Globalisierung[1] subsumierten Dynamiken fundamentale Auswirkungen auf herkömmliche Ordnungsmuster von Gesellschaften haben. Denn die mit diesen globalen Entwicklungen einhergehenden Denationalisierungsprozesse (vgl. Zürn 1998: 30) haben augenscheinlich zu einer *Entgrenzung von Rechtsbeziehungen* geführt, die die traditionelle Sichtweise einer exklusiv auf Staaten ausgerichteten Organisation des Völkerrechts zumindest fraglich werden lassen.

Offen ist in diesem Zusammenhang vor allem, wie sich die Zukunft des Völkerrechts im 21. Jahrhundert angesichts dieser neuen Herausforderungen darstellen wird. Es ist dies nämlich ein Prozess, in dem das Völkerrecht immer häufiger im Kontext einer internationalen „Rule of Law" – insbesondere im Hinblick auf die Demokratisierung von transnationalen und supranationalen Rechtsinteraktionen – diskutiert wird (vgl. exemplarisch Watts 2001; Fassbender 1998, 2004, 2006a/b, 2007; Brownlie 1998; Bruno 1997; Kettner 2002; kritisch dazu Maus 2002a/b, 2007). Im Zentrum der Debatte steht damit die Frage einer adäquaten ordnungspolitischen Gestaltung von überstaatlichen Politik- und Rechtsstrukturen, die in ganz unterschiedlichen Perspektiven, etwa einer Weltgesellschaft (vgl. Luhmann 1993; Teubner 1996, 1999, 2000, 2005, 2006; Fischer-Lescano 2005; Fischer-Lescano/Teubner 2006), einer verpflichteten Weltgemeinschaft (vgl. Fassbender 2004 und 2007; Tomuschat 1993; Delbrück 1996, 2000, 2001, 2002) oder auch einer „postnationalen Konstellation" (vgl. Habermas 2004 a, 2005, 2008) diskutiert wird. Die Antworten fallen naturgemäß – je nach Disziplin und Denkschule – sehr unterschiedlich aus (vgl. Buckel/Christensen/Fischer-Lescano 2006), allerdings spricht einiges dafür, das Verhältnis von Demokratie und Recht nicht mehr nur in traditionellen Dimensionen eines nationalen Staatsrechtsdenkens oder internationaler Anarchie (vgl. Morgenthau 1948; Waltz 1979; klassisch Hobbes 1995) denken zu wollen, sondern aktuelle Rechtsentwicklungen als paradigmatisch neuartige – auf *post*nationale oder gar weltstaatliche Potenziale der Herrschaftsformation ver-

1 Globalisierung lässt sich trotz unterschiedlicher Einschätzungen im Hinblick auf die Frage, was Globalisierung ist und ob es sich dabei wirklich um ein neuartiges Phänomen handelt, als Prozess beschreiben, der sowohl die Ausdehnung wirtschaftlicher Austauschprozesse über nationale Grenzen hinweg und die Entwicklung globaler Interaktionsverhältnisse durch die Entstehung und Vernetzung neuer Informations- und Kommunikationstechnologien als auch die Konstitution transnationaler Kapitalmärkte sowie die Entstehung globaler Migrationsbewegungen bewirkt (vgl. Günther 2001: 539).

weisende – Strukturen der Vergesellschaftungsprozesse zu deuten (vgl. Brunkhorst 2007 b, 2008; Albert/Stichweh 2007; Lutz-Bachmann/Bohman 2002). Gerade weil allzu euphorische Erwartungen, wie sie nach Ende des Ost-West-Konflikts hinsichtlich der Schaffung einer neuen Weltordnung zur Durchsetzung der Menschenrechte und des Weltfriedens gehegt wurden, einer gewissen Ernüchterung gewichen sind, werden immer häufiger Fragen der *Legitimierung und Rechtfertigung* der im Entstehen begriffenen Gemengelage aus formellen, informellen, privaten und öffentlichen sowie issue-spezifischen oder auf höherrangige Normen verweisenden Rechtsinteraktionen aufgeworfen (Habermas 2004 a, 2005, 2008; Brunkhorst 2007 b, 2008 b; Teubner 2006, Fischer-Lescano 2005; Chwaszcza 2007; Kreide 2005, 2008; Niederberger/Kreide 2008), die vor allen mit Blick auf die Ermöglichung einer demokratischen Rechtsstaatlichkeit bzw. Rule of Law besonderer Aufmerksamkeit bedürfen.

Vor allem mit Bezug auf die nach zwei Weltkriegen einsetzende Menschenrechtspolitik ist auffällig, dass trotz einer nicht zu leugnenden Ambivalenz[2] hinsichtlich der Legitimität und Effektivität von Völkerrechtspraktiken (vgl. Maus 2002a/b, 2007; Brock 2002, 2005 a/b/c; Müller 2005, 2006, 2008; Eberl/Fischer-Lescano 2005; Dörr 2004) gerade der staatliche Souveränitätsanspruch relativiert und zunehmend wertbezogenen – etwa menschenrechtlichen – Qualifikationen unterworfen wird (vgl. Verlage 2009; Tomuschat 1993, 1995; Uerpmann 2001; Chwaszcza 2007). Diese Relativierungen sind nicht zuletzt auf die wachsende Verregelungsdichte und Durchgriffstiefe eines – wenn auch fragmentierten (bzw. dezentrierten) – durch das konfliktorientierte Spiel von Interpretation und Gegeninterpretation gekennzeichneten und in dieser Hinsicht *urzuständlichen* Welt(gesellschafts)rechts[3] (vgl. Brunkhorst 2007 b) zurückzuführen. Wenngleich diese Eingangsbemerkungen nicht darüber hinwegtäuschen sollten, dass das faktische Völkerrecht im Kontext der Vereinten Nationen zu großen Teilen weiterhin auf die Völkerrechtssubjektivität von Staaten rekurriert, ist in diesem Zusammenhang auch neu, dass das Völkerrecht sich zumindest partiell für neue, nichtstaatliche Akteure öffnet (vgl. Blome 2004, 2009). Es ist dies ein Trend, der, in einer optimistischen Einschätzung, die Erwartung nährt, dass sich das Völkerrecht in das *transnationale Recht einer Weltinnenpolitik* verwandeln könnte.[4]

Sollte sich dies bestätigen lassen, könnten die mit den Konzepten einer „Global Rule of Law“ (vgl. Watts 2001) oder auch der einer „Global Governance“ (paradigmatisch: vgl. Rosenau 1992) assoziierten Vorstellungen als Vorboten eines neuen ordnungs-

2 Ambivalent ist die Menschenrechtspolitik insofern, als sie unter bestimmten Voraussetzungen hegemonial missbraucht werden kann.

3 Der Begriff Weltgesellschaft ist weit gefasst, d. h., dass er weniger als exklusives Ergebnis sich verselbstständigender Funktionslogiken (paradigmatisch Luhmann 1993) interpretiert wird, sondern vielmehr als normativer, d. h. kosmopolitischer Bezugsrahmen, der in seiner konkreten Implikation durchaus umstritten ist, zugleich aber gerade in Form eines Weltgesellschafts*rechts* eine abstrakte Vorstellung globaler Kooperation unter Bedingungen der Interdependenz zum Ausdruck bringt.

4 „The legal developments in international law that are relevant to our subject shall be demonstrated in four areas of international law: first the expansion of the number of subjects of international law; second the models of lawmaking and third the new foundation of the binding force of international law; fourth the changing modes and procedures of international law enforcement and the changing conceptualization of sovereignty" (Delbrück 2002: 441).

konstitutiven *Verrechtlichungs-Paradigmas* identifiziert werden, das „für viele zum Hoffnungsträger für eine bessere und friedlichere Welt geworden" ist (Zangl/Zürn 2004 a: 12). Dementsprechend ist die normative Erwartung, sich an die wie auch immer geartete Idee einer gerechten (bzw. gerechtfertigten) Weltordnung anzunähern.

I. 2. Fragestellung und Erkenntnisinteresse

Ein Meilenstein der menschenrechtspolitischen Entwicklung ist die Etablierung einer staatenübergreifenden Infrastruktur zum Schutz basaler Menschenrechte, die derzeit in der Institutionalisierung des Internationalen Strafgerichtshofs und der regionalen Konventionen zum Schutze der Menschenrechte (allen voran der Europäischen Menschenrechtskommission; EMRK) gipfelt. Insbesondere das Erscheinen dieser Institutionen kann als Indiz für einen Wandel des – dem Völkerrecht zu Grunde gelegten – staatlichen Souveränitätsverständnisses gedeutet werden. Andererseits ist der Befund in Sachen Menschenrechte nicht nur positiv, sondern spiegelt ein fundamentales Dilemma wider: Obwohl der Staat idealtypisch als Garant von Menschenrechten identifiziert wird, hat er faktisch die meisten Menschenrechtsverletzungen zu verantworten, d. h., „Staaten sind die häufigsten Menschenrechtsverletzer, und doch können nur sie diese Rechte gewährleisten" (Leibfried/Zürn 2006: 23).

Wie ist mit diesem Doppelbefund umzugehen? Ist er als Aufforderung zu verstehen, dass Menschenrechte noch stärker in einen supranationalen Kontext eingebettet werden müssen? Auch diese Forderung ist nicht ohne Ambivalenz, da Verrechtlichungsprozesse nicht selten mit Prozessen der Entrechtlichung und Entdemokratisierung einhergehen (vgl. Brock 2005b/c; Maus 2002a/b, 2007; Scheuermann 2002, 2007; Müller 2005, 2006, 2008). Damit wird deutlich, dass die den funktionalen Differenzierungen der Weltgesellschaft inhärenten Komplexitätssteigerungen offensichtlich zur Etablierung neuer Verregelungs- und Verrechtlichungsinstrumentarien geführt haben, die sich gegenüber der gesellschaftlichen Willensbildung und Mitbestimmung in großem Maße immunisieren. Im Bereich der Menschenrechte, um die es im Folgenden gehen wird, ist die *Eindämmung dieser a-demokratischen Tendenzen von besonderer Brisanz*, nicht zuletzt deshalb, weil sie allzu gerne für hegemoniale Absichten im Kontext weltpolitischer Auseinandersetzungen instrumentalisiert werden. Außerhalb der OECD-Welt zeichnet sich ein noch düstereres Bild: Insbesondere in nichtwestlichen bzw. nichtdemokratischen Gesellschaften scheint sich das Vorurteil eines menschenrechtbasierten Werteimperialismus („OECD-Bias") zu bestätigen.

Dieser doppelte Befund, dass Menschenrechte einerseits zur Allzweckwaffe sich selbst ermächtigender Akteure degenerieren können und andererseits ein nicht dementierbares Staatsversagen im Bereich des Menschenrechtsschutzes vorliegt, verweist auf ein begriffliches und normatives Problem, das sich offensichtlich in der bisherigen Völkerrechtsordnung reproduziert. Diese Problemstellung bildet im Folgenden den Horizont der nachstehenden Argumentation, die auf die Plausibilisierung einer über den Status quo des Völkerrechts hinausweisenden Konstitutionalisierungs- und Demokratisierungsperspektive zielt und in diesem Zusammenhang folgende Fragestellung formuliert: Welchen *begründungs-* und *institutionen*theoretischen Maßstäben muss ein postnationales Konstitutionalismusmodell im Bereich der Menschenrechte idealtypisch Rechnung tragen?

Die wesentliche These ist in diesem Zusammenhang, dass Menschenrechte dem Verfahren der *Herrschaftskonstituierung und -begrenzung* entsprechen (in Anlehnung an Brunkhorst 2007 b), da ein interner Zusammenhang von Demokratie und Menschenrechten (bzw. von privater und öffentlicher Autonomie) vorliegt, der es sinnvoll erscheinen lässt, auch in der *postnationalen Konstellation* Momente demokratischer (Rechts-)Staatlichkeit zu akzentuieren. Die aktuellen Menschenrechtspolitiken sollen somit als Grundlage einer *weltgesellschaftlichen Herrschaftspraxis* entfaltet werden, die allerdings einer demokratischen Ausrichtung bedarf, wenn das Risiko der hegemonialen Selbstermächtigung durch machtvolle politische, aber auch juristische Eliten minimiert werden soll. Den Hintergrund dieser These bildet die Beobachtung, dass aktuelle Konstitutionalisierungsprozesse insbesondere durch das Fehlen inklusivitätsverbürgender Verfahren und Strukturen gekennzeichnet sind, es von daher angemessen ist, nicht nur unmittelbar herrschafts- oder willkürbegrenzende Mechanismen in den Blick zu nehmen, sondern ebenso jene strukturellen und prozeduralen Bedingungen zu rekonstruieren, die den normativen Sinn und Gehalt konstitutioneller Verfasstheit – nämlich Herrschaft zu rationalisieren *und* zu demokratisieren – gewährleisten.

Dieser begrifflichen Grundorientierung entsprechend wird die Idee einer *weltbürgerlichen Verfassung* im Mittelpunkt der folgenden Menschenrechtsdiskussion gestellt, wobei erkenntnisleitend ist, dass Menschenrechte als *universale und demokratische BürgerInnen- bzw. Grundrechte* konzipiert und folgerichtig der Verfassungsbegriff von territorialen Kategorien befreit und in Form einer dynamischen Weltbürgerverfassung gerechtfertigt werden kann. Ein besonderes Augenmerk liegt dabei auf der dem kantischen Kontraktualismus inhärenten und kontrafaktisch angelegten universalen Rechtsidee, die in modifizierter Form zur Modellierung eines postnationalen Rechtsbegriffs fruchtbar gemacht werden kann.[5] Der demokratisch erläuterte Rechtsbegriff wäre sodann Ausdruck einer konkreten Utopie im Sinne Blochs:

> „Utopien sind (…) nicht nur abstraktes wishful thinking, (…) sondern sie geben einen Vorgeschmack oder ein versuchtes Vorgemälde von Tendenzen und Latenzen in der gegenwärtigen Gesellschaft. (…) Man hat dieses Wesen, womit die gegenwärtige Gesellschaft schwanger ist, in Freiheit zu setzen" (Bloch 1970: 70 f.).

Die mit der Vorstellung einer Herrschaftskonstitution und -begrenzung einhergehende These besteht außerdem darin, dass die Konzepte der Menschenrechte und der Demokratie über den Begriff der *Verfahren*sgerechtigkeit miteinander verklammert sind. Dementsprechend geht die Idee der weltbürgerlichen Verfassung mit dem aus dem Begriff des Rechts *immanent* abzuleitenden Gerechtigkeitsideal einher, Fremdherrschaft zu begrenzen und Selbstherrschaft (im Sinne autonomer Handlungsfreiheiten) zu konstituieren (vgl. auch Niederberger 2008). Daraus folgt wiederum, dass Handlungsfreiheiten einerseits im Lichte der Beziehungen der Individuen zueinander und

5 Zur Notwendigkeit einer neuen Verfassungsidee in der Diskussion der Postdemokratie (vgl. Buchstein/Jörke 2003).

zum anderen im Verhältnis zu herrschaftskonstitutiven Institutionen zu betrachten sind.

Die Konsequenz der Überlegung, den Begriff der Gerechtigkeit nicht etwa extern, sondern im Begriff des Rechts(-verfahrens) und der Demokratie selbst anzusiedeln, ist, dass sich auf Sprache des Rechts einlassende soziale AkteurInnen, sich zugleich und unweigerlich auf ein politisches Gerechtigkeitsideal der wechselseitigen Rechtfertigung und Anerkennung im Recht verpflichten. Von daher wird dargelegt, dass das demokratische Recht Struktureigenschaften aufweist, welche Institutionen und Akteure entweder im Rahmen einer vernünftigen Einsicht oder einer Sanktionsdrohung motivieren, sich auf normativ auszeichnungswürdige Verhaltensweisen einzulassen.

Die Akzentuierung einer *demokratischen* Deutung eines sanktionsbewährten und verfahrensmonistisch ausgelegten Rechts ist nicht zuletzt auch eine Reaktion auf die anlässlich der menschenrechtsbegründeten Interventionspraktiken der internationalen Staatengemeinschaft formulierten Kritik, dass moralisch begründete *Vorgriffe* auf zwangsbewehrte Menschenrechte im besten Falle paternalistisch, im schlimmsten Falle imperialistisch seien (zur Kritik des Menschenrechtsimperialismus vgl. Maus 2002a/b, 2007; Kreide 2005, 2008; Brunkhorst 2002 a). Einer demokratisch-monistischen Lesart des Rechtsbegriffs scheint also die skeptische Diagnose entgegenzustehen, dass Globalisierungsprozesse hybride Strukturen individueller und kollektiver Verwiesenheiten produzieren und damit die Einheit des Rechts als eine Fiktion entlarven (vgl. Luhmann 1993; Fischer-Lescano 2005; Teubner 2005a/b; Fischer-Lescano/Teubner 2005, 2006). Dieser Einwand ist nicht zuletzt Ausdruck eines generellen, relativistischen Unbehagens hinsichtlich der Unternehmung, Menschenrechte (bzw. das Recht) als ein universal zu begründendes System von Normen entfalten zu wollen, das in vielfacher Form aus sehr unterschiedlichen Perspektiven geäußert wurde (exemplarisch: Rorty 1998, 2008; Taylor 1986, 1995a/b, 1996; McIntyre 1985; klassisch dazu: Hegel 1986). Diese Bedenken finden Berücksichtigung in der Form, als ihnen der Status kritischer Rückfragen zugestanden wird, mit der sich eine konstitutionelle Theorie der Menschenrechte unweigerlich auseinanderzusetzen hat.

Die Berücksichtigung bestimmter Einwände ist dann allerdings Ausdruck einer Sensibilisierungsmaßnahme, die nicht die Unmöglichkeit universaler Menschenrechte bzw. einer weltbürgerlichen Verfassung bestätigt, sondern vielmehr verdeutlicht, wie sehr die Frage der Herrschaft(-srechtfertigung) von normativer Relevanz ist. Wenn nämlich demonstriert werden kann, dass der demokratische Staat und die demokratische Verfassung – zumindest im Lichte eines kantisch inspirierten Ideals von Herrschaft – auch unter Bedingungen der postnationalen Konstellation ein valides Verfahrensprinzip repräsentieren, ist es wahrscheinlich, dass die *Legitimierung* von Herrschaftsarrangements nicht einfach nur mit dem Verweis auf die Faktizität politischer und rechtlicher Machtverhältnisse gelingen mag, sondern diese von der Verwirklichung der emanzipativen Idee einer *Gleichursprünglichkeit* von Menschenrechten und Demokratie abhängt (vgl. Habermas 1998 a, Kap. 3, zur Kritik vgl. Lamore 1993). Die *autonomietheoretische* Ausgangsprämisse stützt dann auch die Erwartung, dass Staatlichkeit als ein wichtiges Strukturprinzip eines einheitlich zu konzipierenden (Verfassungs-)Rechts identifiziert werden kann (d. i. Rechts*staatlichkeit*).

Zieht man außerdem in Betracht, dass die Idee der Verfassungsstaatlichkeit für eine institutionelle Organisationskompetenz steht, allgemeine und einheitliche Selbstgesetzgebungspraktiken zu ermöglichen, dann bedarf sie einer *monistischen Ausrichtung* (vgl. Kant 1996 b: 430; Kelsen 1992). Denn eine monistische Ausrichtung des Rechts reflektiert ein grundlegendes Menschenrecht auf Freiheit, das sich in kantisch inspirierter Perspektive der Verfahrensgerechtigkeit zu einem wechselseitig zu konstituierenden System von Rechten ausdifferenziert und zugleich eine universale Richtung aufweist: „Die Freiheit jedes Gliedes der Sozietät als Menschen" ist immer zugleich Ausdruck eines republikanisch zu positivierenden Verhältnisses, in dem „die Gleichheit desselben mit jedem Anderen als Untertan" Thema ist (Kant 1996 a: 144). Aus diesen Annahmen folgt dann, dass – zumindest idealtypisch – herrschaftsbetroffene Individuen als *RechtsautorInnen* und *VerfassungsinterpretInnen* auftreten können.

Angesichts dieser Gedankenbewegungen plädiere ich für ein Verfassungs- und Souveränitätskonzept, das sich als kosmopolitisches *und* demokratisches versteht und in dem Individuen als souveräne Rechtsautoren auftreten, d. h., sich der Herrschaft des Rechts unterwerfen, indem sie als autonome Subjekte – etwa im Kontext einer Verfassung – über die Begrenzung und Konstitution von Herrschaft im Verhältnis zu und mit anderen Betroffenen entscheiden.[6] Wenn die Verfassung Ausdruck und Resultat eines intersubjektiven Verhältnisses wechselseitiger rechtlicher Anerkennung ist, die wir uns in Form von demokratisch generierten Menschenrechten zuerkennen, wie kann dann auf einen Zustand reagiert werden, der als „fragmentierte Staatlichkeit" (vgl. Günther 2009) beschrieben wird? Gibt es postnationale Sphären bzw. transnationale Potenziale, in deren Rahmen eine Rekonstruktion der Idee der Demokratie zum Zwecke einer weltbürgerlichen Konstitutionalisierung von Menschenrechten möglich scheint?

Denkbar ist, dass ein postnationales Verfassungsdesign in legitimationstheoretischer Hinsicht in besonderer Weise auf die Integration zivilgesellschaftlicher Potenziale angewiesen ist. Denn zivilgesellschaftliche Akteure können nicht nur für Transparenz und Kritik in einer entstehenden Weltöffentlichkeit sorgen, sondern zugleich als Impulsgeber für Forderungen nach Emanzipation auftreten. Dabei ist allerdings zu klären, ob die Inklusion der spontan-anarchischen Kreativität globaler Zivilgesellschaft (vgl. Brunkhorst 1999a/b, 2002a/b, 2003a/b, 2007 b) nicht der Ergänzung durch ein hierarchisches Institutionendesign bedarf, das womöglich Momente von postnationaler Staatlichkeit reflektiert. Ein Hintergrund ist die Vermutung, dass der – in dieser Arbeit forcierten – supranationalen Deutung eines individualrechtlich verstandenen Egalitarismus mit einer auf einem Rechtstaatlichkeitsprinzip fußenden Etablierung deliberativer Foren auf den verschiedenen Ebenen des komplexen Mehrebenensystems entsprochen werden kann. Gerade aus Gründen einer Verhinderung justizialpaternalistischer, selbstermächtigender und hegemonialer Tendenzen scheint eine demokra-

6 Es wird gezeigt, dass die Intensität der kooperativen Ausübung politischer Freiheit an den jeweiligen Radius rechtlich erzeugter Betroffenheiten gebunden ist. Dementsprechend hat das Nationalstaatsprinzip weiterhin die Funktion, Selbstgesetzgebungsprozesse zu ermöglichen, allerdings wird davon ausgegangen, dass der nationale Staat nicht mehr der einzige Ort ist, an dem autonomietheoretisch relevante Rechtsinteraktionen stattfinden.

tische Konstitutionalisierungsperspektive, die über den Status quo von *Ius Cogens* und *Erga Omnes* (vgl. Delbrück 2001, 2002; Fassbender 2004, 2007; Tomuschat 1993) hinausweist, in rechtsnormativer Hinsicht vernünftig. Diese herrschaftsrelevanten Fragen bilden damit den Horizont einer kritischen Theorie postnationaler Konstitutionalisierung, die sodann im Lichte eines institutionentheoretisch erläuterten Kosmopolitismus diskutiert werden soll (zur gegenteiligen Ansicht hinsichtlich des Staatlichkeitsprinzips vgl. Kreide 2007; Maus 2002a/b, 2007, Brunkhorst 2007 b). Dabei werde ich in folgenden Argumentationsschritten vorgehen:

(i). Erstens werde ich anregen, dass begründungstheoretische und institutionentheoretische Überlegungen im Rahmen einer diskursiven Begründungslogik intrinsisch miteinander verzahnt sind. Ich knüpfe an die kantische Rechtstradition an, um zu verdeutlichen, dass die in dieser Tradition prominenten, autonomietheoretischen Implikationen im Kontext reflexiver Institutionen entfaltet werden können. Einen Hintergrund dieser Erläuterung bildet die These, dass ein normativ anspruchsvoller, postnationaler Rechtsbegriff sich nicht mit einer herrschaftsbegrenzenden Perspektive (vgl. Habermas 2005) begnügen darf, sondern die Frage der Herrschaftskonstitutierung in den Fokus rücken muss, die sich wiederum an der Idee globaler Rechts*staatlichkeit* orientiert. Dies setzt allerdings voraus, die vernunftrechtlichen Pointen der Rechtsphilosophie nunmehr intersubjektiv in Form eines autonomietheoretisch begründeten, konstitutionellen Weltbürgerrechts und im Sinne einer immanenten Rekonstruktion zu reformulieren. Eine systematische Konsequenz dieser Detranszendentalisierung besteht u. a. darin, die Verfassungsgründung rechtfertigende kantische Naturzustandskonstruktion nicht mehr metaphysisch, sondern als Projektionsfolie für vielfältige, aber *universalisierbare Rechtsgeschichten* zu erläutern (in Anlehnung an Honneth 1992). Es wird nämlich dargelegt, dass die Lehre vom Naturzustand durch das Erzählen vielfältiger „Unrechts(vermeidungs)geschichten“ substituiert werden kann und diese Rechtsnarrationen gleichsam zur Reflexion über eine gerecht(fertigt)e Herrschaftsordnung anregen. Dies geht mit einer motivationstheoretischen Erläuterung einher, die nicht nur veranschaulichen soll, wie das Recht in die soziale Welt kommt, sondern auch, ob und inwiefern es in interkultureller Perspektive als Zwangsmedium akzeptiert und weiterentwickelt werden kann. Mit dieser Aufgabenstellung geht einher, die für das Recht typischen Anerkennungskämpfe im Anschluss an George Meads Konzeption des „Generalisierten Anderen“ (vgl. 1973: 216ff.) und John Deweys „Demokratischen Experimentalismus“ (vgl. 1996) universalpragmatisch zu deuten.

(ii). In einem weiteren Schritt formuliere ich im Rückgriff auf Hans Kelsens Rechtslehre die institutionentheoretische These, dass das Recht als monistisches und dynamisches System zu deuten ist, welches der Positivierung bedarf. Gleichwohl werde ich auf Basis der kantischen Rechtsphilosophie zu Gunsten einer demokratischen Lesart des Positivismus plädieren und die These formulieren, dass der Rechtspositivismus auf einem rechtsnormativen Fundament gründet, das im Rechtsbegriff selbst angelegt ist.

(iii). Schließlich werde ich einen Blick auf ermöglichende Bedingungen und Institutionen werfen. Ich knüpfe an die völkerrechtliche Diskussion von *Ius Cogens* und *Erga Omnes* sowie an den Gedanken Fassbenders an (vgl. 1998, 2004, 2007), die UN als Verfassungsprovisorium zu identifizieren. Inspiriert von der empirischen Diagnose eines menschenrechtlichen Staatsversagens einerseits und von der Beobachtung eines Wandels im Völkerrecht andererseits, verstehe ich die zuvor erläuterten Argumentationsschritte als einen Beitrag zur völkerrechtlichen und demokratietheoretischen Diskussion über postnationale Perspektiven des individuellen (Menschen-)Rechtsschutzes (vgl. exemplarisch: Delbrück 1996; Frankenberg 2001; Lutz-Bachmann 2002; Habermas 2004a/b, 2005, 2008; Kreide 2008; Chwaszcza 2007).

I. 3. Methode und Zielsetzungen

Grundlegender Anspruch ist deshalb die Modellierung und Rechtfertigung einer postnationalen weltbürgerlichen Verfassungsheuristik, welche die Rehabilitation demokratischer Potenziale zum Zwecke einer legitimen Menschenrechtspolitik zum Ziel hat. In Anbetracht dieser konzeptionellen Ausrichtung wird sich die Arbeit an demokratietheoretischen und rechtstheoretischen Debatten orientieren.[7] Die für die folgende Argumentation handlungsanleitende These besteht darin, dass ein begrifflich und normativ anspruchsvoller, postnationaler Rechtsbegriff sich nicht mit einer herrschaftsbegrenzenden Perspektive begnügen muss, sondern die Frage der Herrschaftsrechtfertigung in den Vordergrund stellen kann. Damit einher geht die Veranschaulichung der gedanklichen Bewegung, dass der Menschenrechtsbegriff vor diesem Hintergrund zu einem nicht rein prozeduralen, (d. h.) schwach substanziellen Legitimitätsstandard avanciert, der sich aber aus der Interpretation des Begriffs des Rechts selbst rekrutiert (vgl. analog dazu Chawszcza 2007: 19 f.; Gerstenberg 1997). Angesichts dieser Deutung fungiert der (Menschen-)Rechtsbegriff als Maßstab einer legitimen Rechts(durch)setzung, der die normative Grundlage zur Beurteilung der Qualität von institutionellen Praktiken in der postnationalen Konstellation bildet. Von daher kann ein autonomietheoretisch entfalteter Menschenrechtsbegriff als eine „Achillesferse der Verrechtlichung“ identifiziert werden (Zangl/Liste 2003: 389).

Allerdings ist dieser Begriff selbst dynamisch und damit nicht unumstritten, weswegen der Völkerrechtler Jost Delbrück zu dem Ergebnis kommt, dass der „Stand des völkerrechtlichen Menschenrechtsschutzes“ auf drastische Art und Weise verdeutlicht, „wie weit die Staatengemeinschaft von einem für einen langfristig effektiven internationalen Schutz der Menschenrechte wesentlichen, auch die Wertaussagen einbeziehenden Konsens entfernt ist“ (Delbrück 1996: 29). Indes kann dies aber auch als Hinweis darauf gesehen werden, dass

> „(…) trotz der die Staatengemeinschaft beherrschenden Heterogenität der Wert- und Ordnungsvorstellungen“ es erforderlich ist, ‚intersubjektiv vermittelbare Kernaussagen zum Inhalt der Menschenrechte zu erarbeiten'. Diese Form des Erarbeitens ist nicht eine, die sich auf die Suche

7 Vgl. in Perspektive der Demokratietheorie: Habermas 1998 a; Gerstenberg 1997; Brunkhorst 1999a/b, 2005, 2007a/b; Dworkin 1998; wiederum in Perspektive einer Rechtssoziologie Fischer-Lescano/Teubner 2006; Hanschmann 2008; Buckel/Christensen/Fischer-Lescano 2006; Willke 1998 bzw. Rechtstheorie und Rechtsphilosophie vgl. Frankenberg 2001; Delbrück 1996, 2000, 2001, 2002; Fassbender 2004; Brugger/Neumann/Kriste 2008; Brunkhorst/Voigt 2008; dazu wiederum klassisch Kelsen 1992; Radbruch 2003.

nach apriorischen Wegen begibt, sondern eine, die sich als ‚alltägliche, praktische Aufgabe' vollzieht (ebd.).

Die Zielsetzung der vorliegenden Arbeit besteht deshalb darin, in rekonstruktiver Einstellung die Konzeptionalisierung eines konstitutionellen Weltbürgerrechts zur Realisierung der Menschenrechte zu formulieren. Die kantische Idee des Weltbürgerrechts wird als ein rechtsintern begründetes Konzept rekonstruiert, das in Form eines ungesättigten Rechtscodes bereits erste Konturen annimmt und der bisherigen, von Defiziten gekennzeichneten völkerrechtlichen Verregelung von Menschenrechten gegenübergestellt werden kann. Von hier aus wird nahegelegt, dass aktuelle Formen der internationalen und transnationalen Verrechtlichung als normativ notwendige, aber noch nicht hinreichende Schritte einer globalen Konstitutionalisierung und Demokratisierung von Menschenrechten beschrieben werden können (einen ähnlichen Ansatz verfolgt Höffe 1999a/b). Die Idee einer weltbürgerlichen Verfassung wird im Laufe der Arbeit diskurs- und institutionentheoretisch zur Konzeptionalisierung des postnationalen Konstitutionalismus gewendet sowie im Lichte einer rechtstheoretischen und sekundäranalytischen Plausibilisierungsstrategie konkretisiert. Im Anschluss erfolgt eine kosmopolitische Auslegung der Weltgesellschaft, die im Rückgriff auf aktuelle Völkerrechtsdebatten Realisierungschancen eines menschenrechtlichen Konstitutionalisierungsprojekts diskutiert und institutionentheoretisch spezifiziert.

I. 4. Erste Anmerkungen zum Konzept globaler Rechtsstaatlichkeit

Ein wesentlicher Ausgangspunkt ist die Überzeugung, dass wir uns von der normativen Idee des demokratischen Rechtsstaats als Protektor der Menschenrechte auch innerhalb der postnationalen Konstellation nicht voreilig verabschieden sollten. Teile der politikwissenschaftlichen Diskussion, die sich dem Paradigma eines „governance without government" anschließen (klassisch Rosenau 1992) sowie Teile der völkerrechtlichen Diskussion, die sich dem Paradigma „law without the state" (vgl. Teubner 1996; 2005a/b/c 2006; Fischer-Lescano/Teubner 2006) provozieren hingegen den Verdacht, die Herrschaftsperspektive zu vernachlässigen, da sie Momente demokratischer und autoritativer Herrschaftskonstitution ausblenden und sich in dieser Hinsicht auf ein demokratietheoretisch vergleichsweise vages Konzept einlassen (vgl. auch Meisterhans 2004, Meisterhans et. al. 2008, Meisterhans 2009). So kommt Shore bereits im Kontext des „governments without government" in der Europäischen Union zu der vergleichsweise skeptischen Diagnose:

> „The rise of the idea of governance (...) is associated with new forms of public management and the 'hollowing out of the state'. Characteristics of that process include a weak, polycentric state and a centerless society increasingly regulated and manipulated by market forces and through the opaque process of intergovernmental or intra-institutional bargaining" (Shore 2006: 720 f.).

Für Shore kann aus dieser prekären Lage nur folgen, die Idee der Staatlichkeit in Perspektive einer „governmentality" zu rehabilitieren. Die mit der Vernachlässigung der Herrschaftsperspektive einhergehende Zurückdrängung der Frage, wie Macht konstituiert und begrenzt werden kann, scheint im globalen Kontext noch signifikanter ausgeprägt zu sein. Die Ausblendung des postnationalen Herrschaftsaspekts durch die Abwesenheit einer zentralen Institutionalisierungsstrategie, wie sie beispielsweise im Konzept eines Weltstaats angelegt wäre, mag diese Zurückhaltung begünstigen (ähnlich dazu Höppner 2004: 65).

Ein Umgang mit der Machtfrage findet sich damit im politikwissenschaftlichen Teilbereich der „Internationalen Beziehungen“ allenfalls innerhalb der Denkschule des Realismus, der aber auf eine nationalstaatszentrierte Perspektive fixiert bleibt und die Frage der gerechten Organisation von Herrschaft jenseits hegemonialer Faktizität gar nicht zu stellen vermag (klassisch hierzu: Morgenthau 1948; kritisch dazu Mayer 2004). Darüber hinaus ist die traditionelle völkerrechtliche Diskussion zu großen Teilen noch an das Paradigma der unantastbaren Souveränität des Nationalstaats gefesselt (prominent hierzu: Weil 1983). Scheint für die Governanceperspektive und die Perspektive eines „Law without State“ eine Überhöhung der Steuerungsperspektive symptomatisch, findet sich in der etatistischen Perspektive des traditionellen Völkerrechtsverständnisses wiederum die Neigung, das System der Staaten mit Hobbes als ein Pluriversum zu charakterisieren, in dem Nationalstaaten unabhängig von jeglichen übergeordneten Gesetzen ohne (kosmopolitische) Verbindlichkeiten existieren (vgl. Kersting 1993: 67). Aus diesem Blickwinkel ist beiden Ansätzen die Vernachlässigung einer Herrschaftsperspektive gemein, die das Individuum als Subjekt von Herrschaft in den Mittelpunkt stellt.

Vor dem Hintergrund dieser Problemstellung werden im Rahmen einer kritischen Theorie der Menschenrechte (vgl. auch Forst 1999 a: 105) sowohl die normativen Gründe als auch die Bedingungen der Möglichkeit eines postnationalen Menschenrechtsschutzes erläutert, um schließlich eine Revitalisierung der Herrschaftsperspektive in Form eines deliberativ-demokratisch verfassten, konstitutionellen Grundrechtsschutzes zu ermöglichen. Dieses beinhaltet nicht nur die Aufgabe, einen internen Zusammenhang von Demokratie und Menschenrecht auszuweisen, sondern ebenso, ein demokratisches Rechtsverständnis territorial und kulturell zu entgrenzen.

Dies mag gelingen, wenn demonstriert werden kann, dass bestimmte Verfahrensstandards in Gestalt eines universalen legalen Rechtscodes (der Inklusion und Reziprozität) – wenn auch in abstrakter Form – im Rechtsbegriff bereits angelegt sind (in Anlehnung an Günther 2001 und Gerstenberg 1997) und im Rahmen von deliberativ-demokratischen (Rechtfertigungs-)Praktiken eine konkrete Gestalt annehmen können. Die Umstrittenheit von Normen beispielsweise, die ja gerade im Bereich der Menschenrechte besonders virulent ist, könnte nämlich unter Bedingungen einer versierten, auf der Inklusion konstruktiver Kritiken basierenden Institutionalisierungsstrategie als Motor für weitere Demokratisierungs- und Verrechtlichungsmaßnahmen fungieren. Denn es spricht einiges dafür, das Spiel von Interpretationen und Gegeninterpretationen als konstitutives Fundament eines lebendigen, dynamischen Rechts zu bewerten und darin einen Ausgangspunkt weltgesellschaftlichen Experimentierens sowie eines wechselseitigen, interkulturellen Lernprozesses zu sehen (vgl. Brunkhorst 1998, 1999a/b/c, 2007 b: 88 f). Letzteres verdeutlicht, dass die anschließenden Überlegungen sich maßgeblich an der Diskursethik orientieren, d. h., dem Ideal öffentlicher Rechtfertigung nicht nur eine integrations- und legitimationsstiftende Funktion zugeschrieben wird, sondern ebenso eine kognitiv-epistemische (vgl. Apel 2002; Habermas 1991, 1998a/b, 1999a/b). Wie gezeigt wird, ist es plausibel, das deliberative Politik- und Rechtsmodell im Kontext der postnationalen Konstellation anzusiedeln.

Bleibt am Schluss die Frage: Warum sollten Menschenrechte überhaupt in globalisierter Perspektive eines auf den Rechtsstaat bezogenen Herrschaftsaspekts diskutiert werden? Sicherlich lässt sich trefflich darüber streiten, ob ein Staatsversagen hinsichtlich des Menschenrechtsschutzes im direkten Zusammenhang mit dem Phänomen der Globalisierung problematisiert werden muss. Schließlich ist der Staat, historisch betrachtet, derjenige Akteur, der faktisch die meisten Menschenrechtsverletzungen zu verantworten hat. Der Globalisierungsprozess ist aber für die Menschenrechtsproblematik insofern signifikant, als er eine kommunikative Vernetzung der Weltöffentlichkeit einleitet, die Effekte einer medial und primär über Nichtregierungsorganisationen vermittelten reaktiven Solidarität herbeiführen und in diesem Sinne als Fundament weiterer Institutionalisierungsschritte dienen kann (vgl. Habermas 1998 b: 42ff.). Mit diesen Entwicklungen geht die Zunahme einer weltweiten Wahrnehmung von Menschenrechtsverletzungen und daraus resultierenden, wenn auch häufig nicht gleichzeitig und gleichförmig stattfindenden (welt-)gesellschaftlichen Protesten einher (vgl. Fischer-Lescano 2005). Jene reaktive Solidarität artikuliert sich in Affekten der Empörung gegenüber Verstößen gegen die Menschlichkeit, die an das von Kant bereits thematisierte globale Empfinden einer humanistischen Solidarität erinnert (vgl. Kant 1996 a: 216).

Vor dem Hintergrund der mit dem Globalisierungsprozess einhergehenden Transformation der Strukturen des internationalen Rechts und der Politik stellt sich also die Frage, ob eine auf die Logik der klassischen Staatenwelt rekurrierende völkerrechtliche Regulierung überhaupt geeignet ist, Menschenrechtskonflikte zu bewältigen. Die aus dem Globalisierungsprozess verschärften Generierungs-, Durchsetzungs- und Legitimierungskonflikte speziell im Bereich von Menschenrechtsfragen sind somit von ambivalenter Natur: Einerseits verdeutlichen sie die Differenz zwischen kollektiven, kulturell imprägnierten Selbst- und gesellschaftlichen Ordnungsverständnissen. Andererseits ist es gerade die konfliktive Natur der Menschenrechte, die das Bewusstsein für die Notwendigkeit eines einen Kooperationsmodus reflektierenden Rechts schärfen können: Von daher sollten Menschenrechte gerade aufgrund ihrer globalen Konflikthaftigkeit Thema eines zivilisierten Konfliktaustrags mit Mitteln eines überstaatlich angelegten Rechts sein. Die Frage, die sich anschließt, stellt sich wie folgt dar: Wie muss dieses Recht organisiert werden, damit es nicht zum Willkürrecht des Stärkeren degeneriert, sondern der Idee prozeduraler Gerechtigkeit bzw. reiner Verfahrensgerechtigkeit (pure procedural justice; vgl. Rawls 1998) entspricht?

Ich werde in begrifflicher Hinsicht zeigen, dass die Völkerrechtsordnung bestimmte rechtsstaatliche Komponenten benötigt, die über den Modus etwa von Streitschlichtungsverfahren o. Ä. hinausweisen. Unter „staatliche Elemente“ subsumiere ich dreierlei: die Idee der Selbstgesetzgebung, die der Gewaltenteilung sowie die Ermöglichung eines verfahrenseinheitlichen, hierarchisierten, autoritativ gesetzten und mit Sanktionsbefugnis ausgestatteten Rechts, das nicht zuletzt individuelle Klage- und diskursive Veto- und Partizipationsrechte in Aussicht stellt. Ziel ist somit die Erläuterung einer postnationalen Verfassungsarchitektur, die die demokratische Herrschaftspraxis in den Mittelpunkt stellt.

Diese Weichenstellungen reflektieren das Bedenken, dass eine exklusiv auf transnationale, horizontale und spontane Rechtserzeugung vertrauende Rechtsarchitektur zumindest im Lichte einer kantisch-kosmopolitisch inspirierten Perspektive als defizitäre Realisierung der Selbstgesetzgebung erscheint. Diese Feststellung wendet sich jedoch nicht nur an die häufig als „Soft-Law" identifizierten Ansätze, etwa systemtheoretischer (vgl. Teubner 1996, 2000, 2005a/b/c, 2006; Fischer-Lescano 2005; Willke 1992; 1998) oder regimetheoretischer Herkunft (Zangl/List 2003; Zangl 2006; Keohane 2003; Mayer/Hasenclever/Rittberger 1997), sondern ebenso an etatistische und republikanische Positionen[8] (vgl. Weil 1983; Jellinek 1960; Maus 1992, 2002a/b, 2007).

Alle diese Positionen eint, dass sie die rechtliche Möglichkeit einer überstaatlichen Herrschaftskonstitution aus sehr unterschiedlichen Gründen negieren und deshalb m. E. weltgeltgesellschaftlichen Hegemoniebildungen, die aufgrund fehlender suprastaatlicher Prozeduren entstehen, wenig Einhalt bieten können. Ich werde deshalb darlegen, dass die internationale und transnationale Rechtsordnung als kategorische Rechtsforderung institutionalistisch und nicht etwa ethisch gedeutet werden sollte, um nicht in eklatanten Widerspruch mit den grundlegenden normativen Prinzipien universaler Selbstgesetzgebung zu geraten. Vor diesem Hintergrund soll verdeutlicht werden, dass die kantische Idee des Kontrakts für das Design eines globalen Verfassungsbegriffs attraktiv ist, da sie erstens die normative Bewertung faktischer Prozesse der globalen Verrechtlichung und zweitens die normativ-begriffliche Weiterentwicklung der Völkerrechtskonzeptionen erlaubt.

Wenngleich ich im Anschluss an Habermas' „Faktizität und Geltung" argumentiere, unterscheidet sich der hier entfaltete Konstitutionalismusentwurf von dem habermasschen Entwurf in einigen entscheidenden Punkten. Entgegen Habermas' Interpretation des Weltbürgerrechts als entstaatlichten Konstitutionalismus (Habermas 2004a/b, 2005, 2008) deute ich dieses als öffentliches, konstitutionelles Recht, das gleichsam Momente von Staatlichkeit beinhaltet.[9] Es soll aber ebenso wenig für einen Globalstaat (vgl. Höffe 1999a/b; Horn 1996), sondern für einen globalistisch gedeuteten dynamischen Verfassungsbegriff plädiert werden (vgl. Frankenberg 2001), der zugleich durch ein diskursives Recht auf Rechtfertigung gekennzeichnet ist. Das Prinzip des Rechts auf Rechtfertigung wird von Forst wie folgt umrissen:

> „Dem Grundprinzip der Rechtfertigung entsprechend, haben Personen ein fundamentales Recht auf Rechtfertigung: ein qualifiziertes Vetorecht gegen all die Normen und Praktiken, die nicht allgemein-reziprok gerechtfertigt werden können, oder, um Scalons Formulierung zu modifizieren, gegen Normen, die mit reziproken allgemeinen Gründen zurückgewiesen werden können. Dies ist das basale moralische Recht von Personen, das in einem gegebenen Gerechtigkeitskontext substantielle Formen annimmt und zu institutionalisieren ist. Es bildet die Grundlage für eine Konzeption von Menschenrechten wie auch für die Rechtfertigung einer konkreten gesellschaftlichen Struktur" (Forst 2001 b: 225, Hervorhebung im Original).

8 Der Begriff Etatismus bezieht sich auf einen *National*staatszentrismus.

9 Ich unterscheide den Begriff „Staat" vom Begriff der „Staatlichkeit", da der letztgenannte nur Elemente des Staats und nicht etwa die Idee des Staats als Ganzes beinhaltet.

Ein übergeordnetes Prinzip der Rechtfertigungsverpflichtung würde sich dann institutionell in Analogie zu Rawls' Differenzprinzip (1972) als qualifiziertes Vetorecht der Schlechtestgestellten übersetzen lassen (vgl. Forst 1999 a: 82, 2001 b: 203, 2007). Das Rechtfertigungsprinzip wird aber in dieser Arbeit und im Unterschied zu Rainer Forsts Entwurf (1994) nicht etwa als diskursives Anerkennungsgebot reformuliert, das als unhintergehbares, moralisch begründetes Prinzip der Gerechtigkeit aller Vergesellschaftung *vorausgeht*. Es wird vielmehr als Ausdruck einer demokratischen Inklusionsforderung verstanden, die im modernen Rechtsbegriff selbst angelegt ist und die mit jeder praktischen Bezugnahme auf das Recht aktualisiert wird und Geltung erhält. Die Forderung politischer Gerechtigkeit hat damit zwar durchaus ein moralisches Fundament (vgl. Forst 1994, 2007; Rawls 1998: 76), dieses Fundament ist dem Rechtsbegriff aber insofern *immanent*, als es Ausdruck einer in den modernen Rechtsbegriff eingelassenen *politischen* Forderung ist, die von den (Un-)Rechtsbetroffenen in faktischen Rechtsdiskursen in der Vergangenheit artikuliert wurde und in der Gegenwart weiterhin artikuliert wird.

Aus dieser Gedankenbewegung folgt: Wenn man sich auf die Sprache des Rechts einlässt, erwirbt man zugleich einen institutionellen Anspruch auf ein (inklusives und demokratisch organisiertes) Recht, aus dem im gleichen Moment eine Verpflichtung erwächst. Das Recht auf Rechtfertigung ist dem Rechtsbegriff ein in diesem Sinne inhärenter universaler Code, auf den sich Akteure quasi automatisch einlassen (müssen), wenn sie Rechtsansprüche (über den eigenen konkreten Kontext hinaus) für sich reklamieren. Authentische Forderungen nach Berechtigung sind durch eine grundlegende „Pflicht" zur Reziprozität gekennzeichnet, die gerade in den hochgradig umstrittenen Anerkennungskontexten der Weltgesellschaft responsive und rekursive Rechtfertigungspraktiken notwendig werden lassen und mit deren Hilfe eine inhaltliche Bestimmung von Menschenrechten erst vorgenommen werden kann.

Wird das Recht auf Rechtfertigung in faktischen Rechtsdiskursen hingegen negiert, führt dieses – und das kann gerade anhand der Menschenrechtspolitiken illustriert werden – zu Anerkennungskämpfen, in denen herrschaftsbetroffene Akteure (Individuen, NGOs, Staaten) darauf verweisen, dass die Forderung nach Rechten mit einer Verpflichtung einherzugehen habe, anderen Herrschaftsbetroffenen ebenfalls Rechte zuzugestehen. Die Nichtgewährleistung von kommunikativen Teilnahmerechten kommt, so betrachtet, einer tiefen Verletzung einer rechtsintern begründeten, individuellen Autonomie gleich. Wobei von entscheidender Relevanz ist, dass der Begriff Autonomie nicht metaphysisch oder durch den Verweis auf transzendente Autoritäten – wie etwa noch im Naturrechtsdenken angenommen – begründet wird, sondern immanent. Dieser Autonomiebegriff hat sich im Laufe der Rechtsevolution im Rahmen von Lernprozessen herausgebildet und stellt eine politische Forderung dar, die von Herrschaftsbetroffenen artikuliert wird (vgl. Brunkhorst 2007 b:85).

Sich wechselseitig zu verpflichten und zu berechtigen, so könnte eine Folgeüberlegung sein, ist keine Verhaltensweise, die nur exklusiv in einer bestimmten Kultur beobachtet werden kann, sondern eine, die in vielen Kulturen zum Tragen kommen kann – und zwar immer dann, wenn sich Akteure der Sprache des Rechts bedienen.[10] Ein aus dem kantischen Universalisierungsgrundsatz abgeleitetes Recht auf Rechtfertigung dient in dieser Hinsicht als rechtsnormativer Kern, der in Form einer (rechts-)konkretisierenden und begründenden diskursiven Praxis zum Tragen kommen kann, was die Frage aufwirft, welcher Prozeduren es bedarf, um ein Recht auf (und eine Pflicht zur) Rechtfertigung zu kontextualisieren. Auf den Zusammenhang zwischen Rechten und Pflichten wird noch im Besonderen einzugehen sein. Im Rahmen dieser Überlegungen werde ich außerdem ein besonderes Augenmerk auf die institutionelle und somit rechtsstaatliche Organisation des Reziprozitätsgedankens sowie auf die das weltgesellschaftliche Mehrebenensystem durchdringende Dialektik von Einheit und Differenz legen.

Ein Klärungsbedarf besteht nicht zuletzt auch hinsichtlich der Frage, inwiefern das für den Nationalstaat formulierte Prinzip demokratischer Rechtsstaatlichkeit in der postnationalen Konstellation überhaupt rekonzipiert werden kann. Es ist nämlich durchaus denkbar, dass es angesichts weltgesellschaftlicher Komplexitätserfordernisse notwendig wird, nach funktionalen Äquivalenten zu suchen. Sollte sich diese Sichtweise bestätigen, muss daraus dann folgen, sich von der über die Nationalstaaten hinausgehenden Idee demokratischer Selbstorganisation zu verabschieden (hierzu kritisch vgl. Bohman 2002: 76; in Perspektive einer nationalen Demokratie vgl. Maus 1992, 2002a/b, 2007)? Neuere Debatten, die die Faktizität defekter Demokratien oder gar defekter Staatlichkeit („failed states") und imperialer Weltherrschaft in den Mittelpunkt ihrer Analysen stellen, legen den Anbruch des postdemokratischen Zeitalters nahe (vgl. Croach 2004; Münkler 2005). Betrachtet man diese eher skeptischen Beschreibungen weltgesellschaftlicher Strukturbildungen wiederum im Lichte autonomietheoretischer Überlegungen, scheint es allerdings angemessen, eine Relativierung der Demokratie als möglicher Organisationsform globaler Menschenrechte zu verhindern.

I. 5. Kant als Denker postnationaler Verfassungsstaatlichkeit

Im folgenden Abschnitt möchte ich den für das Theoriedesign prominenten kantischen Rechtsbegriff explizieren und im Horizont einer global ausgerichteten Verfassungsmodellierung verdeutlichen, warum er bestimmter Elemente der Staatlichkeit bedarf. Der Grund der These notwendiger Staatlichkeit liegt darin, dass sie ein grundlegendes strukturelles Element der (kantischen) Rechtsauffassung darstellt und darüber hinaus zur Realisierung des emanzipativen Versprechens einer Herrschaftsrechtfertigung und -begrenzung unverzichtbar scheint. Kurzum, die Pointe der Staatlichkeit ist im kanti-

10 Damit soll nicht negiert werden, dass Menschenrechtsforderungen auch in strategischer oder gar hegemonialer Absicht erfolgen können, vielmehr wird im Laufe der Argumentation gezeigt, dass das (Menschen-)Recht grundlegende Strukturmerkmale, nämlich Symmetrie, Inklusion und wechselseitige Anerkennung aufweisen muss, nicht nur, um normativ anerkennungswürdig zu sein, sondern auch, um überhaupt in normativer Hinsicht als Recht qualifiziert werden zu können.

schen Rechtsbegriff bereits angelegt und kann in Perspektive eines institutionellen Kosmopolitismus' entfaltet werden.

Eine für das kantische Denken zentrale Idee, die insbesondere in der postnationalen Konstellation architektonische Relevanz hat, ist die institutionell verbürgte Selbstreflexivität. Denn Kants „Theorie der Institutionalisierung" (Maus 1992: 253) ist als Metatheorie des Rechts angelegt, die sich begrifflich nicht damit begnügt, eine Theorie der Institutionen zu formulieren, sondern über die Bedingungen der Möglichkeit von Institutionen reflektiert und in diesem Sinne Momente der Konstitution, Transformation und Modifikation (reflexiv) thematisiert (vgl. Maus 1992: 249f.; Kant 1996a: 127ff.). Zur gleichen Zeit ist die abstrakt angelegte Theorie der Institutionalisierung eine autonomietheoretisch fundierte (vgl. Kant 1996a: 48, 161, 224), die die allgemeine – allen Menschen potenziell zur Verfügung stehende – Vernunftfähigkeit adressiert und Individuen auffordert, im Rahmen allgemeiner Vernunftgesetze die Organisation der Sozietät vorzunehmen.

> „Der Akt, wodurch sich das Volk selbst zu einem Staate konstituiert, (…) ist also nicht ein Vorgang, bei dem der Mensch ein Teil seiner Freiheit opfert (…), sondern er hat die wilde gesetzlose Freiheit gänzlich verlassen, um seine Freiheit überhaupt in der gesetzlichen Abhängigkeit, d. i. in einen rechtlichen Zustande unvermindert wieder zu finden; weil diese Abhängigkeit aus seinem eigenen gesetzgebenden Willen entspringt" (Kant 1996b: 434).

Kants Entscheidung einer autonomietheoretischen Begründungen von Autorität und Herrschaft erfolgt freilich noch unter der Annahme universal deduzierbarer praktischer Vernunftgesetze, gleichwohl findet sich bereits eine für den damaligen Kontext geradezu revolutionäre Abgrenzung von metaphysisch-sakralen Begründungsversuchen und damit von Prinzipien und Gesetzmäßigkeiten, die eine absolute Herrschaft, etwa von Gottes Gnaden, rechtfertigen. So fragt Kant in der „Kritik der praktischen Vernunft":

> „Woher aber haben wir den Begriff von Gott als dem höchsten Gut? Lediglich aus der Idee, die die Vernunft a priori von sittlicher Vollkommenheit entwirft, und mit dem Begriffe eines freien Willens unzertrennlich verknüpft" (Kant 1995a: 36).

Die für rechtstheoretische Zwecke relevante systematische Klammer der praktischen und theoretischen Philosophie Kants ist damit die *erkenntnistheoretische Einsicht* in eine sich selbst und ihre Umwelt konstituierende Vernunft, aus der eine strikte Ablehnung empiristischer Begründungsversuche erfolgt (vgl. Kant 1995a: 125-131). Von daher kann verdeutlicht werden, dass eine reflexive Vernunft praktischer und theoretischer Ausprägung niemals affirmativ auf Bestehendes, sondern konstruktiv auf die Bedingungen der Möglichkeit von Gegenständen bezogen ist.[11] In institutionentheoretischer Perspektive folgt aus der – zur Selbstgesetzgebung auffordernden – praktischen Vernunft, dass Kant als Theoretiker der reflexiven Institutionalisierung und nicht der schon bestehenden Institutionen verstanden werden kann (vgl. Maus 1992: 249). Denn die Pointe prozessualer Reflexivität ist die exklusive Fundierung des Rechts durch ein Prüfverfahren, das die herrschaftsbegründenden Prinzipien qua Rechtferti-

11 „Die menschliche Vernunft hat das besondere Schicksal in einer Gattung ihrer Erkenntnisse: daß sie durch Fragen belästigt wird, die sie nicht abweisen kann, denn sie sind ihr durch die Natur der Vernunft selbst aufgegeben" (Kant 1995a:11).

gung konstituiert. Damit das Prüfverfahren eine allgemeine Anwendung des Rechts garantieren kann, muss es aber so institutionell verankert sein, dass es von den Subjekten selbst und unter Bedingungen strikter Reziprozität vollzogen wird. Das Recht fungiert so als äußeres Prinzip der Verallgemeinerung[12], das zugleich – und das ist für die Modellierung einer Verfassung zentral – durch die Möglichkeit einer Sanktionierung die *Durchsetzung* der Rechtsregeln in Aussicht stellt.

Eine Quintessenz des kantischen Kontraktualismus ist demnach die Etablierung eines Gesellschaftsvertrags, der die freiwillige Mitgliedschaft in einem mit Zwangsbefugnis und Gewaltmonopol ausgestatteten Staats- und Rechtswesen dadurch rechtfertigen kann, als er der Einsicht autonomer Individuen entspringt, die erkennen, dass der eigene (menschenrechtliche) Freiheitsanspruch mit dem der anderen in friedlichen Einklang gebracht werden muss.[13] Nur die Überwindung der anarchischen Freiheit, die schließlich in der Etablierung eines allgemein verbindlichen autoritativen Institutionengefüges mündet, vermag ein gesellschaftliches Zusammenleben zu ermöglichen, das im Kontext von Kooperation, nicht aber wechselseitiger Bedrohung stattfindet. Der Staat und das Recht bilden damit nicht nur das begriffliche Fundament der Organisation des Verhältnisses von Selbst- und Fremdherrschaft, von Individualität und Kollektivität unter Bedingungen endlicher Ressourcen, sondern sind in dieser Perspektive insbesondere Instrumente einer diskursiven Herrschaftsbegründung und Herrschaftsbegrenzung (vgl. Brunkhorst 2007 b). Die diskursive Herrschaftskonstitution fungiert somit nicht nur als funktionales, sondern vor allem als normatives Kernelement demokratischer (Rechts-)Staatlichkeit.

In anderen Worten formuliert heißt das also, dass die Idee demokratischer Staatlichkeit also prozedurale (und d. h. rationalisierende) Struktureigenschaften aufweist, die für die *legitime* Organisation von Herrschaft gerade in wertepluralistischen Kontexten unentbehrlich erscheinen. Damit es allerdings zu den angesprochenen Rationalisierungseffekten kommen kann, scheint es in analytischer Hinsicht angemessen, Prozesse der Verrechtlichung von einfachen Prozessen partikular ausgerichteter Verregelung qualitativ abzugrenzen. Denn eine Verrechtlichung – so die These – unterscheidet sich von Verregelungsprozessen durch ihre, mit Bezug auf eine mit allgemeinen Gründen gerechtfertigte, obligatorische Infrastruktur.[14] Ein autonomietheoretisch fundierter Rechtsbegriff ist von daher dadurch gekennzeichnet, dass er hierarchische und partizipative Elemente gleichermaßen zur Grundlage hat und so die Möglichkeit der Sanktion unter Bedingungen eines einheitlichen und inklusiven Organisationsprinzips in Aussicht stellt. Er ist in dieser Eigenschaft außerdem als minimalstaatlicher zu kennzeichnen und – wie nachfolgend erläutert wird – in einer monistischen Auslegung nicht nur zur Integration der multiplen Ebenen der Weltgesellschaft

12 „(E)s ist bloß eine Idee der Vernunft, die aber ihre unbezweifelte (praktische) Realität hat: nämlich jeden Gesetzgeber zu verbinden, daß er seine Gesetze so gebe, all sie aus dem vereinigten Willen eines ganzen Volkes haben entspringen können (...). Denn das ist der Probierstein der Rechtmäßigkeit eines jeden öffentlichen Gesetzes“ (Kant 1996 a: 153).

13 Bei Kant war dieses freilich noch Ausdruck eines transzendentalen Vernunftgesetzes.

14 So ist beispielsweise das Prinzip der Schiedsgerichtsbarkeit als *provisorische* Gerichtsbarkeit zu identifizieren.

geeignet, sondern gleichsam Ergebnis eines institutionentheoretisch interpretierten Kosmopolitismus (vgl. hierzu auch Pogge 2002: 127).

Maßgeblich ist an dieser Stelle, dass die kantische Philosophie ein begriffliches Instrumentarium in Aussicht stellt, welches das scheinbar unlösbare Paradox, das zwischen der normativ-republikanischen Lesart der – territorial begrenzten – Souveränitätsdoktrin einerseits und der Idee universal-kosmopolitischer Gesetzmäßigkeiten andererseits besteht, zu überwinden hilft. Indem Kant das konstruktivistische Moment einer reflexiv verfahrenden Vernunft zum zentralen Fokus seiner praktischen und theoretischen Philosophie macht, leitet er nämlich ein neues Leitbild der Rechtfertigung von Geltungsansprüchen ein, das dank der Fokussierung auf den öffentlichen Vernunftgebrauch ein Vernunftpotenzial identifiziert, dem die Idee wechselseitiger Rechtfertigung bereits eingeschrieben ist.[15] Darüber hinaus ist für Kant die kosmopolitische Sichtweise auf das Recht unausweichlich, denn sie findet ihren Ursprung in der Forderung, den (rechtlichen) Naturzustand nicht nur zwischen Völkern, sondern auch zwischen Staaten zu überwinden:

> „Der Inbegriff der Gesetze, die einer allgemeinen Bekanntmachung bedürfen, um einen rechtlichen Zustand hervorzubringen, ist das öffentliche Recht. Dieses ist also ein System von Gesetzen für ein Volk, d. i. eine Menge von Menschen, oder für eine Menge von Völkern, die, im wechselseitigen Einflusse gegeneinander stehend, des rechtlichen Zustandes unter einem sie vereinigenden Willen, einer Verfassung (constitutio) bedürfen, um dessen, was rechtens ist, teilhaftig zu werden“ (ebd. 429, Hervorhebung N. M.).

Dementsprechend geht die grundlegende Stoßrichtung des kantischen Kontraktualismus dahin, ein sanktionsbefugtes, globales Rechtsgebot zu formulieren[16] (vgl. Kant 1996 b: 430ff.). Die Kriterien für die rechtliche Ausgestaltung des öffentlichen bzw. konstitutionellen Rechts (als äußeres Verhältnis der Freiheit) befinden sich wiederum in Analogie zum formalen Prinzip des kategorischen Imperativs (als Verhältnis der inneren Freiheit), sodass vernunftbegründete Rechtsprinzipien aus der Verallgemeinerungs- und Zustimmungswürdigkeit resultieren:

> „Alles Recht hängt nämlich von Gesetzen ab. Ein öffentliches Gesetz aber, welches für alle das, was ihnen rechtlich erlaubt oder unerlaubt sein soll, bestimmt, ist der Actus eines öffentlichen Willens, von dem alles Recht ausgeht, und der also selbst niemand muss Unrecht tun können. Hierzu aber ist kein anderer Wille, als der des gesamten Volkes (da alle über alle, mithin ein jeder über sich selbst beschließt), möglich: denn nur sich selbst kann niemand unrecht tun“ (Kant 1996 a: 150).

Dem Prinzip der Staatlichkeit kommt dabei die zentrale Funktion zu, die kommunikative Vergesellschaftung so zu strukturieren, dass sie eine emanzipative Wirkung

15 „Mithin da jeder Mensch doch seine *unverlierbaren Rechte* hat, die er nicht einmal aufgeben kann, wenn er auch wollte, und über die *er selbst* zu urteilen befugt ist; das Unrecht aber, welches ihm seiner Meinung nach widerfährt, nach jener Voraussetzung nur aus Irrtum oder aus Unkunde gewisser Folgen aus Gesetzen der obersten Macht geschieht: so muss dem Staatsbürger (…) die Befugnis zustehen, seine Meinung über das, was von den Verfügungen desselben, ihm ein Unrecht gegen das gemeine Wesen zu sein scheint, öffentlich bekannt zu machen“ (ebd. 1996 a: 161, Hervorhebung N. M.).

16 Diese über die Idee einer bei Kant ebenfalls thematisierten Föderation freier und gleicher Staaten (1996 b) hinausgreifende Position ist freilich nicht unumstritten (vgl. Maus 1992, 2002a/b, 2007) und wird deshalb im weiteren Verlauf der Argumentation gesondert diskutiert werden.

entfalten kann. Diese auf die öffentliche Rechtfertigung und Verallgemeinerung ausgerichtete Rechtsidee scheint deshalb vor allem für die Konstitutionalisierung der Menschenrechte von Belang, denn ihr ist ein inklusiver Integrationsmodus eigen, mit dem es gelingen kann, unterschiedliche ethische Ansprüche autonomieschonend in Übereinstimmung zu bringen. Offen ist allerdings, welche Verfahren diese auf *öffentliche Rechtfertigung* basierende Rechtsidee erfordert und ob diese Anforderungen mit Strukturen der Staatlichkeit identifiziert werden können, die *unterhalb* eines umfassenden Globalstaatsdesigns realisiert werden (vgl. Höffe 1999a/b; Horn 1996; kritisch Maus 1992, 2002, 2007). Denn bekanntlich war Kant selbst – trotzt der grundsätzlich universalen Forderung der Autonomie – in Bezug auf die Forderung einer Weltrepublik ambivalenter Ansicht. Zwar muss die Negation der Weltrepublik (vgl. Kant1996 a: 213, 169) nicht zwangsläufig in einem Plädoyer für eine Föderation oder einen Staatenbund münden (ebd.: 1996 a: 170 und 172). Gleichwohl verdeutlichen die Bedenken, die Kant aus (volks-)souveränitätstheoretischen Gründen veranlasst haben, die positive Idee der Weltrepublik zu relativieren (Kant 1996 b: 474), dass es gerechtfertigt sein könnte, sich von einem umfassenden Staatsgebot zu Gunsten der Vorstellung einer auf den verschiedenen Sphären des Mehrebenensystems angesiedelten Rechtsstaatlichkeit zu distanzieren.

Im Horizont dessen ist es aber dennoch möglich anzuerkennen, dass Kants kosmopolitisch ausgerichteter Kontraktualismus aus Gründen innerer argumentativer Konsistenz die Institutionalisierung eines globalen Gesellschaftsvertrags mit kooperativ-kollektiver Zwangsbefugnis verlangt (ausführlich dazu: vgl. Meisterhans 2004; Höffe 1999a/b; Kersting 1996). Denn in Bezug auf neuere Debatten der politischen Theorie, der Rechtstheorie und der politikwissenschaftlichen Teildisziplin der „Internationalen Beziehungen“ (vgl. exemplarisch Brunkhorst 2007 b; Brock 2005a/b/c; Schmalz-Bruns 2007; Wolf/ Brozus/ Take 2003; Jachtenfuchs 2006; Zang/Zürnl 2004a/b; Fischer-Lescano 2005), lässt sich zeigen, dass die mit der Idee der Rechtsstaatlichkeit einhergehende Institutionalisierung eines globalen Gewaltmonopols auch im Lichte eines konstitutionell ausgerichteten Weltbürgerrechts modelliert werden kann. Weltbürgerrechtsmodelle können nämlich grundsätzlich zwischen zwei Polen einer möglichen Ausrichtung verortet werden, einmal als Interpretation eines entstaatlichten Konstitutionalismus (vgl. Habermas 2004 a, 2005, 2008; Fischer-Lescano/Teubner 2006) und einmal als ein Weltbürgerrecht, das als Fundament eines Globalstaats fungiert (vgl. Höffe 1999a/b; Horn 1996).

Es wird im Folgenden also eine mittlere Position bezogen und für ein konstitutionelles Weltbürgerrecht plädiert, das als Fundament eines globalisierten, dynamischen Verfassungsentwurfs dient. Den Autoren Höffe und Horn, die ebenfalls mit Bezug auf Kant die Frage nach einer globalen Rechtsordnung stellen, kann insofern zugestimmt werden, als dass es in diesem Zusammenhang sinnvoll scheint, von einem Weltdemokratiegebot auszugehen (vgl. Höffe 1999 b: 27; Horn 1996: 234, 244). Allerdings scheint die Forderung eines föderalen Globalstaats (so aber Höffe 1999 a: 107-120,1999 b: 11) unter Bedingungen moderner Verrechtlichungsprozesse insofern zu kurz gegriffen, als der Globalstaat nicht nur unterkomplex erscheint, sondern auch Ausdruck eines problematischen Vorgriffs ist, der faktischen Dynamiken innerhalb zivilgesellschaftlich verfasster Diskurse zu viel vorwegnimmt. Es kommt damit die Einsicht zum Tragen, dass das „Modell einer föderalen Weltrepublik (…) sicherlich in die richtige Richtung“ verweist; gleichzeitig aber daran krankt, „dass es die Kompetenzaufteilung von einem Status quo herleitet, [der] die eigentümlichen Antagonismen föderaler Strukturen“ und die damit einhergehenden institutionellen Lernprozesse unterbewertet, und von daher statisch erscheint (Niederberger 2006: 193).

Vor dem Hintergrund der Bedenken gegenüber einem Globalstaat schlage ich deshalb alternativ ein Stufenmodell des Rechts vor, das nicht nur monistische Elemente von Staatlichkeit beinhaltet, sondern explizit transnationale Prozesse der Verregelung mit einbezieht (s. n.). Aber ebenso skeptisch gegenüber gänzlich enthierarchisierten transnationalen Vorstellungen weltgesellschaftlicher Emanzipation und Konstitution werde ich argumentieren, dass das von verschiedenen Autoren favorisierte Modell transnationaler Netzwerke (vgl. Bohman 2005, 2007; Niederberger 2006, 2007; Fischer-Lescano 2005; zum Teil auch von Habermas 2004, 2005a/b, 2008) zwar der Forderung gerecht wird, spontane Dynamiken aus dem weltgesellschaftlichen Diskurs systematisch in das Institutionendesign zu integrieren, dabei aber unterschätzt wird, dass ohne einen „Schatten der Hierarchie“ (Scharpf 1999) bestimmten, durch faktische Asymmetrien bedingten Verzerrungen nicht vorgebeugt werden kann.

Deshalb glaube ich, dass der von mir favorisierte Institutionenvorschlag einer Globalverfassung mit der Dynamik von auf unterschiedlichen Ebenen des Mehrebenensystems angesiedelten Rechtsprozessen dementsprechend besser umgehen kann, weil er die zunächst widersprüchlich erscheinende Koexistenz von Denationalisierung und Entstaatlichung (vgl. Wolf 2000; Zürn 1998) in ein übergreifendes Ordnungsschema zu integrieren vermag. Doch auch dieser Lösungsvorschlag ist freilich nicht unumstritten. Eine in dieser Hinsicht prominente Kritikerin ist Ingeborg Maus, die die Debatten um Recht und Demokratie jenseits des Nationalstaats immer wieder kommentiert und vor einer voreiligen Marginalisierung des Prinzips der Volkssouveränität im Angesicht postnationaler Architekten warnt (vgl. Maus 2002 a).

Die an der kantischen Idee der Weltrepublik bzw. des Weltbürgerrechts orientieren Vorschläge sind zwar vielfältig (vgl. Höffe 1999; Horn 1996; Lutz-Bachmann et al. 1996; Archibugi 2003; Held 1996, 2004; Shaw 2000), gleichwohl eint sie folgende Kritik: Der Hauptvorwurf gegen ein kosmopolitisches Projekt besteht darin, dass es die (radikal-)demokratischen Implikationen der territorial domestizierten Volkssouveränität unterminiert und deshalb zu Formen des Verfassungspaternalismus' und Exekutivpazifismus' führt (vgl. Maus 2002 a: 249, 245). Das sind sicherlich ernst zu nehmende Einwände, die aber meines Erachtens eine Globalisierung des Konstitutionalismus nicht obsolet werden lassen, sondern vielmehr eine kritische Matrix zur Verfügung stellen, an der sich die Unternehmung einer postnationalen Rechtstheorie abarbeiten kann.

> „Innerhalb dieser zwiespältigen Bedingungen (des Globalstaatsprojekts, Hinzufügung N. M.), müßte die Extraterritorialität der Rechtsgeltung verstärkt werden, die das Recht des demokratischen Nationalstaats immer schon ermöglichte, mit anderen Worten: Es wäre jenes Prinzip, auf das Rousseaus Enthusiasmus rekurrierte – das jüdische Gesetz gilt überall da auf der Welt, wo Juden sind –, auf gegenwärtige Regelungsbedürfnisse zu beziehen“ (Maus 2002 a: 258).

Insofern das Postulat rechtlicher Gleichheit nämlich auch eine nicht hintergehbare Eigenschaft eines extraterritorial ausgerichteten Rechts ist (so übrigens auch Brunkhorst 2002: 65), folgt daraus zweierlei: Erstens ist sie dann nur eine Fortsetzung jener Rechtsprinzipien, die im nationalen Kontext ihren Ursprung haben, und zweitens verweist die Akzentuierung der Extraterritorialität des Rechts m. E. auf die Notwendigkeit einer rechtlichen Koordinierungsleistung, die über „zwischenstaatliche Vertragsbeziehungen" (vgl. Maus 2002 a: 218) und damit über ein voluntaristisches Verständnis hinausgeht. Denn ein rein nationalstaatliches Integrationsprinzip ist wiederum in Anbetracht der globalen Heterogenität der Staatenwelt zumindest verdächtig, Differenzen und Kollisionen zu produzieren, die – in Abwesenheit eines staatenübergreifenden demokratischen Konstitutionalismus – ein Willkürproblem zur Folge haben (vgl. Kant 1996 b: 430). Eine weitere Schwierigkeit, die mit einer staatszentrierten Sichtweise einhergeht, ist ein juridisch-politisches Deutungsproblem, das sich immer dann einstellt, wenn Ansprüche miteinander kollidieren und Entscheidungsbefugnisse und Kompetenz-Kompetenzen ungeklärt bleiben. Aus dieser Perspektive sind autonomietheoretische Überlegungen nicht notwendigerweise als Gründe gegen ein postnationales Arrangement in Anschlag zu bringen, sondern vielmehr Grundlage dafür, die Notwendigkeit kollisionsrechtlicher Regelungen im Rahmen einer auch organisationsrechtlich auszurichtenden Verfassungspraxis zu akzentuieren (vgl. auch dazu Joerges 2001, 2005).

Mit dieser grundlegenden Ordnungsvorstellung geht einher, dass die Etablierung eines „second order schemes" bzw. der sekundären Regeln (vgl. Hart 1973: 132-134) nicht nur eine Korrektur einer durch Machtasymmetrien verzerrten Völkerrechtspraxis in Aussicht stellt, sondern eine symmetrische und partizipative Organisation der – von ihrer logischen Struktur her zwangsläufig über das Nationale hinausgehenden – Menschenrechte überhaupt erst ermöglicht. Hart erläutert die Notwendigkeit sekundärer Regeln mit dem Verweis darauf, dass primäre Regeln ohne sekundäres Organisationsschema nur in kleinen, d. h. homogenen Gemeinschaften eine *verpflichtende* Wirkung haben. Da sie aus inoffiziellen, ausschließlich aus Handlungsroutinen gewonnenen Verhaltensnormen resultieren, sind sie als eine Form der *sozialen Kontrolle* zu beschreiben, die rechtlich unbestimmt ist, einen statischen Charakter der sozialen Identität voraussetzt und schließlich in der Sanktion diffus und unwirksam bleibt (vgl. ebd. 132-134).

Dieser Gedanke kann insofern reformuliert werden, als die These aufgestellt wird, dass die monistische Etablierung sekundärer Regeln einen Missbrauch (etwa eine einseitige Instrumentalisierung von Normen) verhindern kann und eine in Anlehnung an Kants Kosmopolitismus entfaltete postnationale Perspektive deshalb nicht nur aus systematischen, sondern auch aus praktischen Gründen normativ wünschenswert ist. In diesem Zusammenhang ist nämlich auf das Problem der gemeinschaftlichen Produktion von Externalitäten (etwa durch Menschen verursachte, menschenrechtlich relevante Umweltkatastrophen) zu verweisen. Die mit staatenübergreifenden Interaktionen und Transaktionen einhergehenden Deterritorialisierungen von Entscheidungsfolgen haben durch Globalisierungsprozesse eine Dynamisierung bisher unbekannten Ausmaßes erfahren. Von daher spricht einiges dafür, dass neue Formen kollektiver und kooperativer Entscheidungsfindung notwendig werden, weshalb das demokratische Recht zumindest bis zu einem gewissen Maße entterritorialisiert werden sollte. Und nicht zuletzt kommt dabei die auch für die Demokratie- und Rechtstheorie von Ingeborg Maus wesentliche Einsicht zum Tragen, dass die gegen prozedurale und erst recht gegen kosmopolitische Rechtsdeutungen nicht selten angeführten Gleichsetzungen von Volk und Nation ein Relikt aus der obrigkeitsstaatlichen – durch überzogene Homogenitätsannahmen gekennzeichneten – Tradition[17] sind, die weder im Republikanismus von Kant oder Rousseau eine Rolle spielt (vgl. Maus 2002 a: 230; ebenfalls dazu Brunkhorst 2005: 56).

Ein weiterer Einwand der häufig gegen kosmopolitische Erwägungen angeführt wird und von Kant selbst in Spiel gebracht wurde, ist der mit globalen Arrangements einhergehende „Zentralisierungsdespotism" (Kant 1996 a: 170). Wie bereits angedeutet, ist auf dieses Problem gesondert einzugehen. Dennoch kann aus dem bisher Erläuterten bereits geschlossen werden, dass das Herrschaftsproblem der Weltgesellschaft gerade nicht durch das Vorhandensein eines übermächtigen Leviathans hervorgerufen wird, sondern aus der mangelhaften – über den nationalstaatlichen Kontext hinausgehenden – Realisierung von Verfahren der Herrschaftsrechtfertigung und -konstituierung resultiert.

Gerade mit Blick auf die einerseits fragmentiert und polyarchisch, andererseits hegemonial verfassten Rechtsstrukturen sind pathologische (d. h. insbesondere willkürliche und partikulare) Regelungsformen an der Tagesordnung. Andererseits kann im Lichte einer dialektischen Perspektive demonstriert werden, dass insbesondere die der aktuellen Rechtspraxis inhärenten wildwüchsigen und willkürlichen Herrschaftsmomente (nichtstaatliche) Gegenrechtsbewegungen („*Counter Legacies*") und zivilgesellschaftliche Skandalierungsformen provozieren, die dazu beitragen, dass sich das Recht für bisher exkludierte Ansprüche öffnen muss. Dies kann freilich nicht darüber hinwegtäuschen, dass das Recht immer auch in seiner Ambivalenz betrachtet werden muss (dazu auch Buckel 2006; Buckel et. al. 2006), d. h., zumindest ohne eine inklusive Verfahrensstruktur massiv Gefahr läuft, antiemanzipatorische Effekte auszulösen. Bemerkenswert ist an dieser Stelle, dass Kant diese (unter bestimmten Voraussetzungen sogar den Rechtsfortschritt fördernden) Ambivalenzen bereits antizipiert und sie im

17 Das Konzept des demokratischen Positivismus ist nämlich von einem - auf dichte, ethische Substanzialität abgestellten - staatspositivistischen Denken Schmitts (vgl. Schmitt 1957: 30) oder auch einer verfassungsrechtlichen Lesart Jellineks (vgl. 1960: 398 zitiert bei Maus 2002 a: 230) zu differenzieren. Jellineks und Schmitts Denken sind dementsprechend Ausdruck eines – im besten Falle romantisierten – völkischen Denkens. Dieses gilt umso mehr, wenn man sich Schmitts Dezisionismus in seiner Verfassungslehre – hier am Beispiel der Weimarer Republik – vor Augen führt. So seien „(b)ügerlich-individualistische Garantien von persönlicher Freiheit und Privateigentum, sozialistische Programmsätze und katholisches Naturrecht (...) in einer oft etwas wirren Synthese miteinander vermengt. Dabei ist zu beachten, daß zwischen den letzten Gegensätzen echter religiöser Überzeugungen, ebenso zwischen echten Klassengegensätzen ein Kompromiß kaum möglich und jedenfalls sehr schwierig ist. Wenn es sich um eine Verfassung handelt, wird er nur dadurch möglich, daß der Wille zur politischen Einheit und das staatliche Bewusstsein alle religiösen und klassenmäßigen Gegensätze stark und entscheidend überwiegt, so daß jene kirchlichen und sozialen Verschiedenheiten sich relativieren" (Schmitt 1957: 30).

Rahmen einer (im nachmetaphysischen Kontext freilich bedenklichen) geschichtsphilosophischen Dialektik aufzulösen sucht:

> „Wenn man indessen annehmen darf, daß die Natur, selbst im Spiele der menschlichen Freiheit, nicht ohne Plan und Endabsicht verfahre, so könnte diese Idee doch wohl brauchbar werden“ (Kant 1996 a: 48).

Und so fährt er einige Passagen weiter fort:

> „Daß ich mit dieser Idee einer Weltgeschichte, die gewissermaßen einen Leitfaden a priori hat, die Bearbeitung der eigentlichen bloß empirisch abgefaßten Historie verdrängen wollte, wäre eine Mißdeutung meiner Absicht; es ist nur ein Gedanke von dem, was ein philosophischer Kopf (...) noch aus einem anderem Standpunkt heraus versuchen könnte“ (ebd.: 49).

Diese Interpretation ist nun deshalb auch im nachmetaphysischen Kontext von Interesse, da sie trotz der geschichtsphilosophischen Deutung bereits eine dem Recht *immanente Rechtsnormativität* thematisiert, die darauf ausgerichtet ist, unter Bedingungen von Pluralismus und Differenz symmetrische Herrschaftsbeziehungen zu etablieren:

> „Das Problem der Errichtung einer vollkommenen bürgerlichen Verfassung ist von dem Problem eines gesetzmäßigen äußeren Staatenverhältnisses abhängig, und kann ohne das letztere nicht aufgelöst werden. Was hilft's, an einer gesetzmäßigen bürgerlichen Verfassung unter einzelnen Menschen, d. i. an der Anordnung eines gemeinen Wesens, zu arbeiten? Dieselbe Ungeselligkeit, welche die Menschen hierzu nötigte, ist wieder die Ursache, daß ein jedes Gemeinwesen in äußerem Verhältnisse, d. i. als ein Staat in Beziehung auf Staaten, in ungebundener Freiheit steht, und folglich einer von dem anderen eben die Übel erwarten muß, die die einzelnen Menschen drückten und sie zwangen, in einen gesetzmäßigen, bürgerlichen Zustand zu treten“ (ebd. 41 f.).

Für die spätere Diskussion einer Reform des Völkerrechts ist außerdem von Bedeutung, dass, wenngleich Kant in diesem Zitat eine Analogie zwischen Staaten und Individuen bemüht, d. h., beide Parteien aufgefordert werden, den Naturzustand zu überwinden, das Rechtsverständnis letztlich auf einer individual- und nicht kollektivrechtlichen Deutung der Autonomie beruht. Diese Weichenstellung, das Individuum als Endzweck der Rechtslehre bestimmen zu wollen (ebd. 144), ist für die Diskussion des Völkerrechts folgenreich, da so Staat und Recht als Instrumente individueller Autonomiegewährung bestimmt und in diesem Lichte beurteilt werden können.

Die Konsequenz dieser begrifflichen Ausrichtung liegt auf der Hand, d. h. erstens, dass das nationalstaatliche Steuerungsversagen im Hinblick auf die Gewährleistung und Durchsetzung von Menschenrechten aus weltbürgerlicher wie auch staatsbürgerlicher Perspektive kritisiert werden kann. Und zweitens, dass alle Menschen dieser Erde vor dem Hintergrund der notwendig universellen Ausrichtung des Rechts[18], unabhängig von ihrer letztlich kontingenten Staatszugehörigkeit, einen autonomietheoretischen Anspruch auf grundrechtlich garantierte Menschenrechte bzw. Herrschaftsrechte haben; außerdem Freiheitsverzichte selbst gesetzt sein müssen und im Rahmen eines sanktionsbefugten Rechts egalitär koordiniert werden können. Von daher findet

18 Angesichts des „Pluralitätsdilemmas des konstruktiven Kontraktualismus“ (Kersting 1996: 212) kann die dem nationalstaatlichen Paradigma inhärente Grenzziehung kaum gerechtfertigt werden. Da die autonomiekonstitutive Vernunftfähigkeit eine spezifisch menschliche Eigenschaft ist, kann und muss sie auf alle Menschen bezogen werden.

das Recht als Pazifizierungsinstrument in Bezug auf jene Konflikte Anwendung, die aus der „geselligen Ungeselligkeit“ der Menschen resultieren (ebd. 37) und wirkt so auf der Grundlage rationaler Verfahren konfliktvermittelnd. Denn im Angesicht der Vernunftzentrierung der Rechtslehre wird deutlich, dass das Recht als ein der menschlichen Autonomie verpflichtetes Menschenwerk identifiziert wird, das auf dichte Begründungsfiguren, die an ein teleologisches Naturrecht oder an einen theologischen Absolutismus anschließen, gut verzichten kann (vgl. Kersting: 1996 180 f.). Das öffentliche Recht fungiert in diesem Sinne als inklusives, Reflexivität verbürgendes Medium, in dessen Rahmen materiale oder ethische Konflikte reguliert werden können. Kant begründet damit das klassische Theorem des Politischen Liberalismus, wonach jegliche Herrschaft und Gesetzgebung sowie allgemein anzuerkennenden normativen Prinzipien ihre Legitimität ausschließlich aus dem durch die Publizität und dem individuellen sowie kollektiven Vernunftgebrauch konstituierten Universalisierungsgrundsatz erfahren.

Auf diese Weise wird deutlich, wie sehr sich diese konzeptionellen Weichenstellungen von ethischen Ordnungsprinzipien, die den Geltungsgrund des Rechts exklusiv auf die *partikulare Anerkennung* des Guten innerhalb einer Polis bzw. auf die homogene Absolutheit im Lichte exklusiver Substanzialität zurückführen (vgl. Kant 1996 b: 339; vgl. Aristoteles 1990: 29ff.; vgl. Schmitt 1971: 229), unterscheiden. Denn, so viel dürfte inzwischen klar geworden sein, der universal gültige Bezugspunkt möglicher Integration ist die jedem Menschen potenziell zur Verfügung stehende, über die Vernunft- und Sprachfähigkeit vermittelte Reflexionskompetenz, die nicht nur ein notwendiges und hinreichendes Substitut letzter Gründe darstellt, sondern unter Bedingung einer Detranszendentalisierung die interkulturelle Rechtfertigung des Rechts deshalb ermöglicht, weil die Frage der Menschenrechte immer dann ins Spiel kommt, wenn Menschen

> „(n)ach Gründen fragen, nach der Rechtfertigung für bestimmte Regeln, Gesetze und Institutionen, und wo die Gründe, die sie erhalten, nicht länger ausreichen – dort, wo Personen glauben, dass sie sowohl als Mitglieder ihrer Kultur wie auch einfach als Menschen ungerecht behandelt werden“ (Forst 1999 a: 75).

Im Folgenden wird es also darum gehen, die bereits im kantischen Publizitätsgedanken angelegte intersubjektive Ausrichtung der (menschenrechtlichen) Geltungsbegründung zu detranszendentalisieren und *diskursethisch*, im Sinne einer autonomen, sprachlich vermittelten – d. h. in praktischen Diskursen ihren Ursprung findenden – (Selbst-)Verpflichtung zum Recht zu rekonzipieren. Mit Blick auf die unter Bedingungen kontrafaktischer Rationalitätsunterstellungen begründeten und kantisch inspirierten Vorstellungen einer universalen Diskursgemeinschaft kann die weltgesellschaftliche Integration als „rein kommunikative Vergesellschaftung“ (Habermas 1998 a: 393) nachvollzogen werden, die nicht mehr im Sinne bewusstseinsphilosophischer Überlegungen auf ein transzendentes Jenseits setzen muss, sondern auf kontexttranszendierende Geltungsgründe vertrauen kann.

Damit ist eine Quintessenz der bisherigen Überlegungen, dass trotz der Faktizität globaler Differenz sowie inter- und intragesellschaftlicher Wertepluralismen Menschenrechte – unter Rekurs auf einen intersubjektiven Autonomiebegriff – interkulturell reformuliert formuliert werden können. Dementsprechend wird das Recht als ein kulturelle und nationale Grenzen überschreitendes Selbstverpflichtungsmedium entfaltet, dessen Höhepunkt in der Herrschafts- und Autoritätslegitimation liegt: „Wie in der frühen Neuzeit präsentiert sich auch in der Gegenwart die interne Entwicklung der Problemstellungen und Positionen der individualistischen politischen Philosophie vor allem als begrifflich-interpretative Ausdifferenzierung der kontraktualistischen Grammatik" (Kersting 1996: 15), die als autonomietheoretische Heuristik fruchtbar gemacht werden kann. Denn „(i)n der Sprache der politischen Reflexion ist der Vertragsbegriff [bzw. Verfassungsbegriff, Anmerkung N. M.] von Beginn an als explanatives und interpretatives, als konstruktives und legitimatorisches Konzept verwandt worden" (Kersting 1996: 12). Es bleibt also zu klären, inwiefern die kantische Verfassungsidee unter Bedingungen einer Detranszendentalisierung als legitimatorisches Konzept Anwendung finden kann, weswegen ich im Folgenden die Idee eines strukturellen Zirkels von Verfassung und Demokratie explizieren werde.

I. 6. Zur Figur eines strukturellen Zirkels von Demokratie und Recht

Eine für die folgende Diskussion wesentliche Auffassung besteht darin, dass sich im Kontext moderner liberaler Gesellschaften eine demokratische Rechts- und Verfassungspraxis ausgebildet hat, die erstens im Horizont der Idee eines strukturellen Zirkels von Verfassung und Demokratie (Gerstenberg 1997) gedeutet und zweitens unter bestimmten Voraussetzungen auf den globalen Kontext übertragen werden kann. Es wurde bereits ein interner und gleichursprünglicher Zusammenhang von Recht und Demokratie angedeutet (Habermas 1998 a), der aber im Folgenden nicht nur als prozeduraler, sondern auch als schwach substanzieller, dem Recht immanenter Verweisungszusammenhang entfaltet wird.

Diese Herangehensweise findet ihre Grundlage in der Beobachtung, dass sich durch zivilgesellschaftliche Einflussnahmen auf trans- und supranationale Rechtbildungsprozesse auch außerhalb liberal verfasster Demokratien Kriterien der rechtlichen Anerkennung herausbilden, die von einer gewissen Substanz zehren und damit unterstreichen, dass die Standards der Begründung (postnationaler Rechtsbildung) nicht ausschließlich prozeduraler Natur sein müssen (Rawls 1998; Honneth 1986; Gerstenberg 1997).[19]

Handlungsanleitend ist von daher, dass unter dem Gesichtspunkt eines legitimen und damit demokratischen Rechts nicht nur die prozedurale Kongruenz von Rechtsbetroffenheit und Rechtsautorenschaft gewährleistet sein muss, sondern dieser Kreis-

19 Die grundlegende Prämisse eines prozeduralistischen Paradigmas lautet, dass die Idee der Demokratie nicht mehr apriorisch begründet werden kann, sondern Resultat der innerhalb der sozialen Evolution stattfindenden, für die Moderne konstitutiven Rationalisierungsprozesse ist. Durch gesellschaftliche Evolutionsschübe entstehen Reflexions- und Rechtfertigungsbedürfnisse, die es erforderlich werden lassen, Selbstverständigungsdiskurse im Rahmen eines demokratischen Rechtsstaats zu institutionalisieren (vgl. Habermas 1998 a).

prozess von Demokratie und Recht gleichsam von einem substanziellen[20] Rechtscode politisch-rechtlicher Inklusion zehrt, der durch dialektische Anerkennungskämpfe auch im globalen Kontext von Recht und Politik erste Konturen herausbilden kann (zur grundlegenden Idee vgl. Honneth 1992: 259, 261). Es wird sich im Laufe der Arbeit zeigen, ob diese begrifflich explizierten, minimalen substanziellen und prozeduralen Standards im Sinne überstaatlicher Rechtspraxen plausibel rekonstruiert werden können. Sollten sich erste Konturen einer derartigen Rechtspraxis bestätigen lassen, die dem hier entfalteten weltbürgerlichen Verfassungsbegriff entgegenkommen, könnte der Vorwurf hoffnungslos utopischer Modellierungsversuche entkräftet werden (vgl. Müller 2008).

Wesentlich ist in diesem Zusammenhang, dass das weltbürgerliche Verfassungsarrangement (in Form eines Inklusionsversprechens) als Vorbedingung und Resultat von Anerkennungsforderungen aufgefasst werden kann (vgl. Gerstenberg 1997: 11). Dies entspricht dem Anliegen, die Figur der individuellen Autonomie in weltgesellschaftlicher Perspektive von der kontingenten Faktizität bereits demokratisch-rechtlich verfasster Institutionen unabhängig zu machen, indem sie als rechtliche Gestaltungskompetenz einerseits *kontrafaktisch* hergeleitet wird. Anderseits ist diese Herleitung aber nicht von der gesellschaftlichen Praxis losgelöst, sondern wird *begriffsintern* begründet und immanent aus der gesellschaftlichen Praxis abgeleitet.[21] So betrachtet ist der Begriff der Autonomie nicht etwa Ergebnis eines bedenklichen Vorgriffs, der die Idee der Autonomie von vorneherein ad absurdum führt, sondern dieser Begriff bleibt offen genug, um von den Rechtsbetroffenen selbst in der Anwendung spezifiziert zu werden. Diese Herangehensweise ermöglicht dann schließlich, an bereits bestehende rechtliche Institutionen im nationalen, transnationalen und supranationalen Kontext anzuknüpfen und sie idealtypisch als Ausdruck eines Provisoriums zu beschreiben, dessen Weiterentwicklung von den Rechtsbetroffenen selbst immer dann vorgenommen werden kann, wenn sie sich der Sprache des Rechts bedienen; was freilich nicht präjudiziert, dass sie es faktisch immer tun werden.

Wählt man eine derartige Perspektive auf das Recht, hat dies zunächst zur Konsequenz, dass der Verfassungsbegriff notwendig politischer Natur ist, d. h., als Vorbedingung und Resultat von weltgesellschaftlichen Selbstorganisationsprozessen beschrieben und als freischwebender, geltungstheoretisch auf eigenen Füßen stehender Begriff entfaltet werden kann. Es kommt damit die Vorstellung zum Tragen, dass das Recht auch außerhalb der liberalen Gesellschaft den Bürgern weder von außen vorgegeben noch beliebig politisch verfügbar ist (so wiederum Gerstenberg 1997: 7), sondern dass die Verfassung auch im Kontext der Weltgesellschaft einen unaufheb-

20 Der Idee der Substanzialität entspricht der nicht zuletzt auf Mead zurückgehenden universalpragmatische Einsicht, dass sich im Laufe der konfliktinduzierten menschlichen Evolution posttraditionale Standards (der reziproken und egalitären Anerkennung) herausbilden, die gleichsam auf einer generellen menschlichen Empathiefähigkeit (Mead 1983a/b/c) wie auch typischen kognitiven Problemlösungs- bzw. Lernfähigkeiten ruhen (Mead 19983 d: 202).

21 Diese Vorstellung der Indifferenz eines vorpositiven und positiven Rechtsverhältnisses entnehme ich der kantischen Rechtsphilosophie, die in den Passagen des „Über den Gemeinspruch" formuliert wird: „Diese Prinzipien sind nicht sowohl Gesetze, die der schon errichtete Staat gibt, sondern nach denen allein eine Staatserrichtung, reinen Vernunftprinzipien des äußeren Menschenrechts überhaupt gemäß möglich ist" (Kant 1996 a: 145).

baren Doppelstatus innehat. Dieser Doppelstatus drückt sich in der Idee eines strukturellen Zirkels von Demokratie und weltbürgerlicher Verfassung aus und formuliert damit einhergehend einen normativen Standard, „der eine immanente Kritik" der Verfassungspraxis ermöglicht (ebd. 11). In analytischer Konsequenz folgt daraus, dass die inklusive Idee einer wechselseitigen Anerkennung als Gleiche eine immanent aus dem Begriff des Rechts zu deduzierende Kooperationsvoraussetzung ist, die nicht nur in normativer und funktionaler Hinsicht, sondern gerade auch aus Gründen der Rechtslogik eine quasi unvermeidliche Voraussetzung dafür darstellt, dass konfligierende Rechtsinterpretationen im Modus wechselseitiger Rechtfertigung unter Bedingungen allgemein akzeptierter Regeln überhaupt vermittelt werden können (vgl. Joerges 2001: 4).

Im Grunde genommen heißt das also, dass das Recht ein „Menschenwerk" ist, das „nur aus seiner [gesellschaftlich hervorgebrachten, Anmerkung N. M.] Idee begriffen werden" kann (Radbruch 2003 a: 11). Ein derartig exponiertes Verfassungsideal ist zwar einerseits an einem universalen Rechtscode orientiert, dieser Code bleibt aber notwendig ungesättigt, da er in seiner konkreten Implikation, je nach Kontext und Selbstverständnis, immer wieder neu austariert werden muss. Dementsprechend kann die Verfassung als ein Inklusionsprinzip aufgefasst werden, das ein permanentes Thema und ein fallibles Ergebnis offener Deliberationen ist und so einen dynamischen, unendlichen Politikprozess zum Ausdruck bringt (vgl. Gerstenberg 1997: 26 f.).

Im Angesicht dieser Denkbewegung ist es angemessen, den Zusammenhang von Demokratie und (Menschen-)Recht ebenfalls im Lichte einer Komplementarität zu erläutern, was zweierlei impliziert: Erstens muss das Recht nicht ausschließlich im Sinne eines gesellschaftlichen Evolutionsparadigmas *funktionalistisch* expliziert werden, da auf seine immanente Normativität verwiesen werden kann; und zweitens kann auch im Kontext des global ausgerichteten, d. h. nicht nur liberale Gesellschaften adressierenden Völkerrechts, mit einer entsprechenden Verquickung der Normativität, Funktionalität und Logik des Rechts gerechnet werden. Doch damit nicht genug: Eine weitere Quintessenz der bisherigen Überlegungen ist, wenn das Verfahren (der Verfassung) auch in der postnationalen Konstellation aus legitimationstheoretischen Gründen vorausgesetzt werden muss, dass die in der Konkretion durchaus fallible Idee einer weltbürgerlichen Verfassung niemals *als Ganzes* zur Disposition gestellt werden kann (ebd. 25).[22] Denn da der „archimedische Punkt" (vgl. Gerstenberg 1997: 22) innerhalb der Verfassungspraxis lokalisiert wird, kann im Laufe der Argumentation erstens veranschaulicht werden, dass das Recht ein Ergebnis kreativer und selbstgesetzgebender Interpretationen ist, die aus rechtslogischen Gründen immer schon im Medium des Rechts stattfinden (paradigmatisch vgl. Kelsen 1992).

Zweitens verdeutlicht der Gedanke, die Verfassung als Vorbedingung und Resultat aufzufassen, dass deliberative Arrangements „substanziellere Implikationen" haben,

22 Diese Deutung entspricht damit der bereits angedeuteten Vorstellung, dass existierende Verfassungen als Provisorien zu deuten sind, die sich an das Ideal autonomer Selbstgesetzgebung kontinuierlich annähern sollten. Es wird damit zum Ausdruck gebracht, dass die Verfassung ein dynamisches und fallibles Konstrukt ist, das in Perspektive einer Annäherung an das substanzielle – aber hier intern (!) erläuterte – Ideal (vollständiger rechtlicher Inklusion und Anerkennung) eine in begriffslogischer Hinsicht notwendige Voraussetzung darstellt.

als Jürgen Habermas seiner deliberative Politik und Rechtsmodelle fundierenden „Konzeption einer kommunikativen Vernunft“ zugestehen möchte (Forst 2001 a: 370).[23] Da die normative Begründung des Verfassungsarrangements aber in rechtsinterner Perspektive erfolgt, kann außerdem die Gefahr eines Paternalismus und eines Naturrechtssubstanzialismus umgangen werden. Denn beide Formen treten immer dann auf, wenn bestimmte Annahmen – etwa im Rahmen von moraltheoretischen Erwägungen – kommunikativ nicht mehr zur Disposition gestellt werden.

Und drittens folgt daraus: Wird die intern erläuterte Form rechtlicher Anerkennung in einem grundlegenden Sinne verwehrt, kann dies nicht mit dem Verweis auf verselbstständigende Funktionslogiken pluraler Rechtspolyarchien abgetan (vgl. Fischer-Lescano/Teubner 2006), sondern muss als gravierende Rechtspathologie gebrandmarkt werden. Es spricht demnach einiges dafür, auf diesem Wege eine kritische Folie zu entwickeln, mit der das Recht in seiner Faktizität durchaus als *defekt* und *ungerecht* (d. i., wenn es als „Dark legacies“[24] den universalen Code reziproker Anerkennung ignoriert) gekennzeichnet und von jenen Rechtsanwendungen, die auf ein emanzipatives Potenzial verweisen, unterschieden werden kann. Pathologisch sind Rechtsprozesse nämlich immer dann, wenn sie nicht mehr Ergebnis eines kohärenten und einheitlichen Rechtssystems, sondern das Ergebnis funktional begrenzter und verselbstständigter Eigenlogiken sind und insofern die für das Recht konstitutive egalitaristische Grammatik verletzen. Es ist damit im emanzipativ-normativen Sinne zu bezweifeln, ob ungerechtes Recht überhaupt als Recht bezeichnet werden kann bzw. ob es nicht vielmehr als eine *Rechtspathologie* („Dark legacy“) qualifiziert werden muss.

Eine andere Frage ist, ob in empirischer Hinsicht davon auszugehen ist, dass das Recht eine Willkür domestizierende Eigenlogik aufweist, aufgrund derer Rechtspathologien immer nur Ausdruck eines „Momentzustands“ oder „Zwischenzustands“ sind. Ein „Code universaler Anerkennung“ ist damit nicht hintergehbar in rechtliche Kommunikationen eingelassen – selbst in solche hegemonial verzerrten Rechtsprak-

23 Damit ist das Bedenken angesprochen, dass die von Habermas exponierte Neutralität des Diskursprinzips als Methode der (Rechts-)Normenbegründung ignoriere, dass die das Recht konstituierenden Verfahren einen *moralischen* Kern haben (vgl. Forst 2007; Apel 1998, 2002), der unmöglich als ein neutraler bezeichnet werden kann, sondern einer zusätzlichen, nämlich *externen* normativen Qualifikation bedürfe:„Gewiss bedarf die Unterscheidung zwischen moralischen Normen und Rechtsnormen einer über die Formulierung von (D) [Diskursprinzip; Anmerkung N. M.] hinausgehenden ‚Spezifikation' zwischen verschiedenen Sorten von Handlungsnormen; und diese Spezifikation muss selber normativ begründet sein. Setzt aber eine solche, normativ begründete Spezifikation voraus, dass die schon im ‚Diskursprinzip' m. E. notwendigerweise anerkannte Grundnorm der Gleichberechtigung aller Diskurspartner, die der Forderung der Konsensfähigkeit aller zu begründenden Normen ‚für alle möglicherweise Betroffenen' zu Grunde liegt, moralisch neutral ist? Setzt sie nicht im Gegenteil voraus, dass der moralische Gehalt des Diskursprinzips als Leitfaden auch für die normative Begründung der geforderten Spezifikation dienen kann?“ (Apel 2002: 69 f.)

24 Dark legacies sind das Ergebnis von Verrechtlichungsprozessen, die beispielsweise hegemonial verzerrt oder issue-spezifisch bzw. funktionalistisch verkürzt sind, sodass sie den Grundsatz der Identität der Rechtsautorenschaft und Rechtsbetroffenheit, den Grundsatz der Drittwirkung und schließlich den Grundsatz, Gleiches gleich zu behandeln, schlichtweg ignorieren. „Dark legacies“ sind demzufolge Ausdruck eines strukturell defekten Rechts (Hitzel-Cassagnes/Meisterhans 2009).

tiken, die in faktischer Hinsicht dem Allgemeinheitscharakter des Rechts (vorübergehend) widersprechen, was sich schon daran zeigt, dass diese Anwendungen ihrerseits Anerkennungskonflikte provozieren, die wiederum das Substrat von „allgemeinheitsbezogenen" Anerkennungsforderungen bilden. In diesem Sinne kann der demokratisch-positivistisch formulierte Konstitutionalismusentwurf auf substanziellen *und* prozeduralen Argumenten beruhen und die *Idee des Rechts* als Ergebnis (rechts-)immanent bzw. *rechtspolitisch* erzeugter Gerechtigkeitsvorstellungen dargestellt werden (vgl. Radbruch 2003 a: 11 f.).

Das Ideal einer Verfassung entspricht so einer *verwirklichten Rechtsidee*, die sich aus der konkreten Rechtsanwendung eines in diesem Sinne lebendigen Rechts ergibt (vgl. Ehrlich 1967). Doch damit nicht genug: Die Explikation des strukturellen Rechtscodes veranschaulicht außerdem, dass es sich beim politischen Standpunkt der Zivilgesellschaft nicht etwa um eine tugendethische, sondern um eine institutionenreflexive Kategorie handelt, die den Akzent auf die *epistemische Bedeutung* von rationalisierenden und geltungsbegründenden Diskursen legt und in diesem Sinne auf eine über das Recht vermittelte gesellschaftliche Emanzipation hoffen lässt. Da die VerfassungsinterpretInnen im Falle der Kooperationsverweigerung (rechts-)strukturell genötigt werden können, sich auf bestimmte, normativ auszeichnungswürdige Praktiken einzulassen, werden sie auf ein gewisses Maß fairer Zusammenarbeit verpflichtet und doch vor zu hohen moralischen Verhaltensdispositionen geschützt. Unter der Voraussetzung, dass es sich um ein als *legitim* erachtetes Zwangsmedium handelt, motiviert[25] das Recht Personen vierfach:

Erstens ihre Ansprüche und Interpretationen zu transzendieren, zweitens negative Externalitäten gegenüber Dritten zu reflektieren, drittens responsiv auf Anerkennungsansprüche zu reagieren und viertens sich auf prinzipiengeleitete Argumentationen einzulassen. Und nicht zuletzt kann in idealtypischer Hinsicht ein so verstandenes Recht potenziell alle Rechtsbetroffenen auf gerechtfertigte Weise inkludieren, da ihm qua definitionem eine abstrakte Anerkennungssystematik eigen ist, der zufolge sich Personen auf eine Rechtfertigungspraxis des Gebens und Nehmens von Gründen entweder von Haus aus einlassen oder *aber durch das Recht dazu genötigt werden.*[26] Die Bezugnahmen auf das Recht und konkrete Artikulationen von Rechtsansprüchen sind also folgenreich, da sie eine Verpflichtung zur Einhaltung basaler Grundprinzipien impli-

25 Dabei bleibt zu klären, warum unterstellt werden kann, dass das Recht auch in einer interkulturellen Perspektive diese Motivationsleistung erbringen kann.

26 Hier liegt offensichtlich eine Spannung zwischen der Idee einer ausschließlich freiwilligen Selbstverpflichtung und der einer rechtlichen Nötigung vor. Allerdings reflektiert der demokratische Rechtsbegriff eine Anerkennungsforderung, die aus Gründen einer kommunikativen und auf Lernprozessen beruhenden Vernunft nicht abgelehnt werden kann.

zieren und von daher liegt der Akzent auf einer legitimationstheoretischen Deutung[27], die von hochgradig pluralen Begründungszusammenhängen ausgeht. Wird das komplexe Verhältnis von Moral, Recht und Demokratie legitimationstheoretisch erläutert, entspricht man gleichsam der Einsicht, dass ausschließlich hypothetisch konstruierte Vertragsszenarien, wie sie noch im Vernunftrecht Kants ausdrücklich angelegt sind und auch heute noch – beispielsweise in Rawls (1972, 1998) Theorie der Gerechtigkeit – Anwendung finden, der „(n)ormativen Wirkung der Selbstverpflichtung“ entbehren (Kersting 1996: 33).

Sollte sich die interne Perspektive bewähren, glaube ich, dass weder der Vorwurf eines (kantischen) Monologismus, wie er etwa von Habermas gegenüber Rawls Theorie der Gerechtigkeit (1972) geäußert wurde (vgl. Habermas 2005: 347) noch der eines – im Namen von (vorpolitischen, der demokratischen Rechtsordnung vorausliegenden) Naturrechten ausgeübten – Paternalismus (vgl. Gerstenberg 1997:12 und Maus 1992: 287 f.) zutreffend ist. Denn der Paternalismuseinwand richtet sich insbesondere gegen die kantisch-konstruktivistische Begründungsweise, die aus moraltheoretischen und/ oder hypothetischen Erwägungen heraus substanzielle Standards für das Recht oder die Demokratie zu formulieren sucht (Rawls 1972; Forst 1999 a, 2007) und dabei der gesellschaftlichen Praxis vorgelagerte und der gesellschaftlichen Auseinandersetzung entzogene Maßstäbe postuliert. Um es präzise zu formulieren: Ich gehe zwar ebenfalls im Anschluss an Rainer Forst von einer Konzeption aus, die sich im Kern als diskursive Theorie mit kritischem Gehalt versteht (vgl. Forst 1999 a: 104), was für die hier vorliegende Arbeit damit einhergeht, ein Recht auf Rechtfertigung aus dem Rechtscode wechselseitiger Anerkennung und Inklusion abzuleiten und dieses Recht als unverfügbaren Kern der Menschenrechte zu akzentuieren.

27 Der autonomietheoretische Code reziproker Anerkennung lässt sich als „legitimatorischer Individualismus“ (vgl. Höffe 2001: 210 f) beschreiben. Dieser betont die Zustimmungswürdigkeit aller vernunftbegabten Individuen und nimmt sie zum Ausgangspunkt des Institutionendesigns. Diese Ansicht findet in der Modellierungsstrategie insofern Berücksichtigung, als die mit der Herrschaft des Rechts einhergehende Einschränkung individueller Freiheit nur als Akt der individuellen Selbstgesetzgebung im Kontext kollektiver Institutionen zu rechtfertigen ist. Denn die postnationale Konstellation scheint – gerade als ein weltumspannendes Projekt – im Besonderen bezogen auf die Frage institutionenvermittelter Selbstgesetzgebungsakte:
„(…) international relations are largely constituted by international institutions rather then by individuals – or by individuals only so far as they are constitutive members of states (...). It requires us to construct ethics of international relations in significant aspects as theory of collective responsibilities which political [or legal Anmerkung N. M.] associations have against each other and towards individual persons who are not socially and politically affiliated with them“ (Chwaszcza 2007: 15).
„Die Normativitätselemente des Vertrags können sich nur unter Bedingungen seiner Aktualität entfalten; nur ein wirklicher Vertrag kann Quell korrelativer Verpflichtungen und Berechtigung sein, nur ein von wirklichen Menschen zu einem bestimmten Zeitpunkt an einem bestimmten Ort abgeschlossener wirklicher Vertrag kann ein Selbstbindungs- und Autorisierungsakt, ein Rechtsverzichts- und Rechtsübertragungsakt sein“ (Kersting 1996: 33).

Aber wie gezeigt ist dieses Recht auf Rechtfertigung im Unterschied zu Rainer Forsts Konzeptionalisierung[28] nicht ein vorrechtlich-moralisch fundiertes Prinzip, sondern durch seine immanente Herleitung Ausdruck eines sich rechts*politisch* verwirklichenden und verwirklichten normativen Rechtsideals. Dagegen argumentiert Rainer Forst auf der Basis einer dualen Konstruktivismuskonzeption, die die moralischen Maßstäbe auf der ersten Ebene ansiedelt und sie damit der gesellschaftlichen Auseinandersetzung offensichtlich entzieht. Denn erst auf der zweiten Ebene differenziert sich dieser Konstruktivismus im Rahmen gesellschaftlicher Auseinandersetzung als *politischer* Konstruktivismus aus. Diese Herleitung erscheint nun allerdings monologisch, wenn nicht gar von transzendentalen Restbezügen belastet (vgl. Forst 1999 a: 96), weil sie außer Acht lässt, dass Rechtsdiskurse nur dann normativ vorzugswürdig sind, wenn sie als Ausdruck einer sich selbst prüfenden, *reflexiven* Vernunftpraxis verstanden werden können (vgl. Maus 1992: 256). „Vernunft wie Institutionen sind in der modernen Gesellschaft nicht mehr fertige Anstalten (...), sondern laufende Denk-, Verständigungs- bzw. Entscheidungsprozesse, die sich selbst organisieren" (Maus 1992: 259). Diese von Maus als *Prinzip der Reflexivität* beschriebene kommunikativ initiierte Denkbewegung ist damit zu verstehen als

> „(...) Bezugnahme eines Prozesses auf einen Prozeß mit den Mitteln des Prozesses selbst. So kann noch bei Descartes die Vernunft sich direkt auf sich selbst beziehen (...). Bei Kant hingegen ist der Prozeß, der in den Prozeß interveniert, nicht der ursprüngliche Prozeß, sondern der ausdifferenzierte. Beide Prozesse sind Denkprozesse, aber es ist nicht das gleiche Denken, das sich als Denken auf Denken bezieht. Es ist leicht zu zeigen, daß eben dieselbe Struktur dem rechtsstaatlichen Arrangement zu Grunde liegt: Im Prozeß der Verfassungsgebung wird über den Prozeß der Gesetzgebung vorentschieden, so daß z. B. nicht jede Geschäftsordnung, die das Gesetzgebungsverfahren regelt, verfahrenskonform sein kann. Auch bei der Prüfung dieser Frage wird Recht auf Recht angewandt" (ebd.: 257).

In diesem Sinne ist die hier vertretene Rechtsauffassung eine politische, die eine komplexe Differenzierung von Recht und Moral vornimmt und dabei reflektiert, dass sich einerseits „eine bestimmte, sich antidemokratisch auswirkende Moralkonkurrenz" mit Blick auf gesellschaftliche Emanzipationsprozesse kontraproduktiv verhält, andererseits aber berücksichtigt, dass „die Moralverträglichkeit der demokratischen Gesetzgebung" nicht aufs Spiel gesetzt werden darf (Niesen 2002: 26). Es handelt sich von daher um eine universal ausgerichtete *Rechtsnormativität*, die in ihrer qualitativen Ausrichtung zwar nicht mehr als Rechtsmoral im kantischen (d. h. im apriorischen) Sinne als Vernunftgesetz bezeichnet werden kann, deshalb aber genauso wenig mit

28 „Eine konstruktivistische Konzeption der Menschenrechte muss zwischen zwei Ebenen einer »diskursiven Konstruktion« unterscheiden: Auf der Ebene des moralischen Konstruktivismus wird eine allgemeine Konzeption von Menschenrechten gerechtfertigt, die kein Individuum oder Staat anderen legitimerweise vorenthalten kann; und auf der Ebene eines politischen Konstruktivismus geht es darum, Konzeptionen von rechtlichen, politischen und gesellschaftlichen Grundstrukturen zu entwickeln, in denen diese allgemeinen Rechte als Grundrechte je nach historisch-sozialen Kontexten verschieden konkret gerechtfertigt, interpretiert, institutionalisiert und verwirklicht werden" (ebd.. 81, Hervorhebung im Original).

Moralabstinenz verwechselt werden muss, wenngleich sie die Funktion hat, das Recht von der Moral zu entlasten.[29] Mit Bezug auf die Menschenrechte heißt das, dass sie

> „(...) ein Janusgesicht [tragen,] das gleichzeitig der Moral und dem Recht zugewandt ist. Ungeachtet ihres moralischen Inhalts haben sie die Form juristischer Rechte. Sie beziehen sich wie moralische Rechte auf alles, ‚was Menschenantlitz trägt', aber als juristische Normen schützen sie einzelne Personen nur insoweit, wie sie einer bestimmten Rechtsgemeinschaft angehören (...)" (Habermas 1999 c: 216, Hervorhebung im Original).

Wenngleich ich Forst nicht in der rechtsexternen Begründung[30] folge, erscheint es aber dennoch sinnvoll, mit Forst (1994) von unterschiedlichen *Anerkennungskontexten* auszugehen, die entlang der ihnen inhärenten *Rechtfertigungs- und Verpflichtungsmodi* differenziert werden können. Denn es ergeben sich auch in einer internen Perspektive unterschiedliche Anerkennungsnötigungen, die in Abhängigkeit zur jeweiligen Form und Dichte der Vergesellschaftung stehen. Die Einteilung der Rechtfertigungsrahmen in unterschiedliche Sphären hat somit den Vorzug, innerhalb von Verpflichtungsgraden eine Varianz zu ermöglichen, da das Ausmaß der Verpflichtung in Abhängigkeit zum jeweiligen Kontext steht und so das Recht vom Kontext politischer Staatsbürgerschaft sowie von dem des ethisch eingegrenzten Guten und schließlich der alle menschlichen Bereiche allumfassenden Moral getrennt werden kann (vgl. Forst 1994 a: 347, 2007).

Grundsätzlich muss nicht ausgeschlossen werden, dass in allen – je nach Vergesellschaftungsdichte zu differenzierenden – Kontexten ein Grundprinzip reziproker Anerkennung vorliegt. Da es sich aber aus den oben genannten Gründen empfiehlt, von einer allumfassenden moralischen und damit externen Perspektive auf Recht und Politik abzusehen, soll der Blick auf das politisch erkämpfte Recht und seine Differenzierung gerichtet werden. Die Idee rechtlich-politischer Autonomie kann so analytisch in verschiedene Personenrollen differenziert werden, deren Oberbegriff – und in diesem Sinne folge ich einem Vorschlag von Peter Niesen – die Idee *rechtlicher Personalität* ist (vgl. Niesen 2005: 25).

Diese analytische Differenzierung hat augenscheinlich den Vorteil, dass ein Recht auf Rechtfertigung nicht nur kontextspezifisch im Sinne unterschiedlicher *Rechts*ansprüche variiert, sondern vor allem intern reformuliert und aus dem universalen Anerkennungscode deduziert werden kann. In Rahmen konkreter Rechtspraktiken kann es freilich zu einer Überlappung innerhalb bestimmter Rechte kommen, d. h., dass im Einzelfall von den Rechtsbetroffenen entschieden werden muss, welches Recht sie für sich reklamieren. Diese erste autonomietheoretisch zu differenzierende Rechts(personen)rolle korrespondiert damit mit einem grundlegenden *Menschenrecht auf (rechtliche) Anerkennung* und basiert auf einer Mitteilungs- und Einspruchsfreiheit, die sich in Form eines *noch nicht institutionalisierten,* diskursiven Bürgerrechts artikuliert und

29 Das Recht weist die Befugnis zum Zwang auf und entlastet die BürgerInnen von einer für die Moral typischen *umfassenden* Reflexion. Die Frage *„Wie soll ich mich verhalten?"* ist im Fall der Moral universal-kosmopolitisch ausgerichtet, im Fall des Rechts nur auf rechtlich relevante Interaktionen bezogen.

30 Zur Idee, dass Menschenrechte Ausdruck moralischer Ansprüche sind - vgl. auch Pogge 1998.

im Rahmen von bisher provisorischen Rechtskommunikationen als politischer Standpunkt der Zivilgesellschaft (Gerstenberg) Anwendung findet.

Das basale Menschenrecht und gleichsam provisorische Bürgerrecht differenziert sich dann im Rahmen von analytisch unterscheidbaren Mitgliedschaften zu einem politischen *Staatsbürgerrecht* aus. Im weltgesellschaftlichen Kontext trans- und supranationaler Interaktionen nimmt es wiederum die Gestalt eines politischen *Weltbürgerrechts* auf freien öffentlichen Vernunftgebrauch an. Wesentlich ist im Kontext, dass alle drei Rechtssphären unter einem Konkretionsvorbehalt stehen und im Unterschied zum basalen Recht auf rechtliche Anerkennung (im Sinne der Mitteilungs- und Einspruchsfreiheit) das ebenfalls auf dem Rechtfertigungsprinzip basierende *staatsbürgerliche Recht* im Hinblick auf seinen Adressatenkreis am stärksten eingegrenzt ist. Denn Träger der staatsbürgerlichen Rechte sind ausschließlich diejenigen, die sich in einem Staat gegenüberstehen, um die Bedingungen ihres gemeinschaftlichen Zusammenlebens zu bestimmen.

Aber auch ein Weltbürgerrecht fordert die BürgerInnen auf, nicht nur die Legitimität von Gesetzesinhalten zu kommentieren, sondern sie gegebenenfalls – im Falle des Dissenses – alternativ zu interpretieren, wenn auch in verschlankter Form, da diese Interpretationen auf die über den nationalen Rahmen hinausreichenden Themen bezogen bleiben. Das Weltbürgerrecht ist ebenso wie das Staatsbürgerrecht nicht nur ein provisorisches Bürgerrecht bzw. Menschenrecht, sondern ein sich ebenfalls aus dem ungesättigten Code legaler Anerkennung ergebendes institutionalisiertes Bürgerrecht, das von *allen* BürgerInnen unabhängig von der Regierungsform als ein erweitertes „Selbstauslegungsrecht" (ebd. 274) in Anspruch genommen werden kann. Es adressiert nämlich die weltbürgerliche Rechtsperson, die einen Status eines „Weltverfassungsinterpreten" innehat und sich im Rahmen des öffentlichen, kosmopolitischen Vernunftgebrauchs beispielweise über die Autorität eines kritisierten Staats hinweggesetzt, indem sie sich an der bereits intern von den StaatsbürgerInnen artikulierten Kritik beteiligt und gegebenenfalls auch Interventionspraktiken einfordert.

Diese unterschiedlichen Rechtsrollen können, wie später in Referenz auf Kelsens legalen Monismus gezeigt wird, mit einem Stufenbau des Rechts verbunden werden. An dieser Stelle genügt jedoch zunächst der Hinweis darauf, dass alle Rechtskontexte von einer immanenten Anerkennungsforderung und -verpflichtung gekennzeichnet sind, die in unterschiedlichem Maße das Transzendieren des jeweiligen (konkreten) Selbst notwendig werden lassen. Damit ist der substanziell begründete Verfahrensvorschlag so konstruiert, dass die in gesellschaftlichen Interaktionsverhältnissen eingeschriebenen Rationalitätspotenziale zur Entfaltung gelangen und, je nach Kontext unterschiedlich angewendet, einem kritischen Impetus gerecht werden. Dementsprechend finden

> „(...) Ideen (...) über die unvermeidlich idealisierenden Voraussetzungen unserer alltäglichen Praxis in die gesellschaftliche Realität Eingang und erlangen auf diesem unscheinbaren Weg die Widerstandskraft von sozialen Tatsachen. (...) Allerdings entfalten Ideen ihre Wirksamkeit nur über die idealisierenden Voraussetzungen von etablierten oder eingewöhnten Praktiken" (Habermas 2005: 347).

Vor dem Hintergrund des weltgesellschaftlichen Faktums kulturell imprägnierter, divergierender individueller und kollektiver Selbstdeutungen muss eine dynamische Interpretation dessen, was konkret aus der abstrakten Idee einer sich nicht zurückweisen lassenden *Pflicht* zur reziproken Anerkennung folgt, in der konkreten Ausgestaltung offenbleiben. Man kann davon ausgehen, dass das moral- und im Anschluss daran rechtstheoretisch „erklärungsbedürftige Grundphänomen (...) die Sollgeltung von Geboten und Handlungsnormen" ist (Habermas 1991:11; siehe auch Apel 1988, 2002), die mit Anerkennungsforderungen einhergehen. Von daher lohnt es noch einmal zu verdeutlichen, dass es sich dabei nicht um einen Letztbegründungsanspruch handelt.

I. 7. Zur Idee praktischer und universeller Normativität im Kontext nachmetaphysischer Geltungsbegründung

Es wurde bereits ein Zirkel von Recht und Demokratie als universaler Bezugsrahmen angedeutet; offen ist bisher geblieben, wie es gelingen kann, die Sollgeltung von Normen im Rückgriff auf eine kognitivistische Ethik auszulegen. Angedeutet wurde weiterhin, dass die Idee des Rechtsstaats nicht apriorisch, sondern nur praktisch begründet werden kann. Denn die Akzentuierung des Praxisbegriffs resultiert in diesem Zusammenhang aus der grundlegenden Annahme, dass die Begründung gesellschaftlicher Organisationsformen sich deshalb nicht an etwa hypothetischen Rechtfertigungsmustern orientieren kann, weil sie sonst metaphysisch, wenn nicht gar mythisch erscheint (vgl. Dewey 1996: 26 auch Mead 1983 d: 189 f.).[31]

Anstelle der Erläuterung einer etwa naturrechtlich erläuterten Normativität, die ihren Ausgangspunkt in spekulativen Ursprüngen bestimmter Gesellschaftsformen (etwa der Idee des Staats) nimmt und diesen immerwährende Gültigkeit zuschreibt, scheint es angemessen, den Fokus auf einen problemzentrierten Handlungsbegriff zu richten, der sich an der Vorstellung einer kreativ-experimentellen Suche nach kontextspezifischen Lösungen orientiert und die Formulierung von Geltungsansprüchen als fallible, ergo allenfalls wahrheitsanaloge Suchbewegung beschreibt (vgl. Dewey 1996: 37, 42, 43).

Damit ist ein Geltungsbegriff angesprochen, der unter Bedingung des Wegbrechens letzter Gründe und ethisch-substanzieller Ordnungsvorstellungen notwendig auf die Figur einer universell ausgerichteten Intersubjektivität verweist. Es handelt sich also

31 Wir werden sehen, dies ist eine unvermeidliche Konsequenz der für die Moderne konstitutiven und mit einer sprachpragmatischen Wende einhergehenden Entzweiungsphänomene, dass nämlich die Philosophie selbst fallibel und damit Gegenstand möglicher Revisionen geworden ist (Habermas 1991: 192 f). Die *Rolle* der (Rechts-)Philosophie verändert sich insofern, als dem Philosophen, der Philosophin nun die Rolle des interpretierenden Vermittlers im Kosmos pluraler Weltdeutungen und Wissenssysteme, nicht aber die des *eine* Wahrheit begründenden (Welt-)Experten bzw. Expertin bleibt (ebd. 193). So betrachtet ist die Rolle der Philosophie allenfalls die der Kohärenzherstellung, d. h. der systematischen Reflexion über die gesellschaftliche Praxis, nicht aber die der Fundierung (ebd.). Der kommunikativ ausgerichtete Erkenntnisprozess *relationiert* Wahrheitspostulate, wodurch der epistemische Status von wissenschaftlichen Aussagen *relativiert* wird und der Forscher/die Forscherin nunmehr die Rolle eines im Kontext agierenden „Wahrheitspraktikers" einnimmt.

um eine Rechtstheorie, die den – noch unter mentalistischem Vorzeichen stehenden – kantischen kategorischen Imperativ detranszendentalisiert und als Universalisierungsgrundsatz wieder einführt:

> „Jeder, der ernsthaft den Versuch unternimmt, an einer Argumentation teilzunehmen, lässt sich auf allgemeine pragmatische Voraussetzungen ein, die einen normativen Gehalt haben; das Moralprinzip lässt sich dann aus dem Gehalt dieser Argumentationsvoraussetzungen ableiten, sofern man weiß, was es heißt, eine Handlungsnorm zu rechtfertigen" (Habermas 1991: 12).

Wenn man ein „Telos der Verständigung" (vgl. Apel 2002: 72 f.) präsupponiert, ist davon auszugehen, dass sich bestimmte, universal gültige Kernelemente vor dem Hintergrund der – den Interaktionsverhältnissen eingeschriebenen – kommunikativen Rationalitätspotenziale nicht nur phänomenologisch rekonstruieren lassen, sondern auch, dass diese im Völkerrecht *notwendig* vorausgesetzt werden. Findet sich bei Kant – noch unter metaphysischen Vorzeichen – eine nominale Bestimmung der Menschengattung, woraus folgt, dass der Mensch zur Freiheit begabt, als unabhängige freie Persönlichkeit gedacht werden muss (vgl. Kant 1996 b: 347), tritt nun die universale Sprachgemeinschaft an die Stelle des transzendentalen Subjekts des Homo noumenons (vgl. Apel 2002: 72 f.).

Die soziale Welt ist damit eine über die sprachliche Praxis erschlossene Interpretationsleistung, die durch ein komplexes, unendliches und universales Spiel von Interpretation und Gegeninterpretation (re-)konstruiert werden kann. Ein in dieser Hinsicht wesentlicher Grundgedanke ist, dass der u. a. auf Mead (vgl. 1983 a/b/c/d) und Dewey (vgl. 1969, 1996) zurückgehende Pragmatismus[32] nicht notwendig auf einen Kontextualismus hinauslaufen muss (so aber Rorty 2008: 54, 80 f, 86 f.), der alle (universalen, interkulturellen) Versuche vernunftbegründeter (normativer) Rechtfertigungen ins Leere laufen lässt (vgl. Habermas 1981a/b, 1984, 1991, 1998 a). Zwar ist es – wie bereits nahegelegt - sicherlich fraglich, ob es angesichts des Faktums des Pluralismus überhaupt noch möglich ist, das Telos der Verständigung als ein von der Figur eines apriorischen *Perfekts* determiniertes und damit letztbegründetes zu verstehen (vgl. Apel 1988: 347 f.). Dennoch scheint es möglich, in einer universalpragmatischen Perspektive zu argumentieren und damit die Welt als eine immer schon sprachlich erschlossene aufzufassen und die Erschließung der Welt als fortlaufenden, auf kommunikativen Lernprozessen basierenden Verstehensprozess zu beschreiben (vgl. Mead 1983 d: 192 und Dewey 1996: 38, 42 f.).

In der Unterstellung eines praktisch rationalen Kerns aller gesellschaftlichen Kooperation (Honneth 2001: 15) zeigt sich nämlich die Möglichkeit einer *universalen Recht(fertigung)sperspektive*, die den gesellschaftlichen Kooperationen inhärenten intersubjektiven Praktiken eine „unhintergehbare Anerkennungsnötigung" auferlegt (Hitzel-Cassagnes 2001: 11). Dies hat zum Vorteil, dass so in einer begrifflich-soziologischen Perspektive auf *universale* Kommunikationsvoraussetzungen verwiesen

32 Zur genauen Verortung des Pragmatismus und zur Einordnung von Meads Werk im Besonderen Joas (1989).

werden kann (zur gegenteiligen Ansicht Rorty 2008: 88), die nur einer Rekonstruktion[33] bedürfen (vgl. Habermas 1991: 130).

Die Frage, die sich insbesondere in interkultureller Perspektive stellt, lautet daher: Welchen *Verpflichtungsgrad* kann ein diskursives Anerkennungspostulat im Kontext des Rechts haben, das nicht (im letztbegründenden Sinne) als moralisch charakterisiert, aber ebenso wenig ausschließlich auf die Möglichkeit einer Sanktion zurückgeführt werden soll (vgl. Kelsen 1992). Damit ist das Bedenken angesprochen, dass das die moralische Neutralität des Rechts und der Demokratie konstituierende Diskursprinzip (vgl. Habermas 1998a: 135f.) in motivationstheoretischer Hinsicht ergänzungsbedürftig ist. Denn das Diskursprinzip wird von Habermas zwar als normativ gehaltvolles Prinzip eingeführt, dennoch scheint es sinnvoll zu erläutern, was in einer interkulturellen Perspektive Personen motiviert, sich auf die Anerkennungssymmetrie einzulassen. Mit anderen Worten: Wodurch können sich Menschen *aller* Kulturen zum Geben und Nehmen von Gründen verpflichtet fühlen? Habermas verweist in diesem Zusammenhang darauf, dass an die Stelle einer Letztbegründung nun das „schwache Muss einer transzendentalen Nötigung“ (vgl. Habermas 1991: 191) tritt. Diese Wendung scheint aber in der Hinsicht vage, als dass sie nicht klarstellt, *inwiefern* sie als ein mit Anerkennungsforderungen einhergehendes, dynamisches Bekenntnis zum Recht verstanden werden kann. Kurzum: Habermas' Argument von der schwachen Nötigung bedarf einer Ergänzung, allerdings weniger, wie etwa von Forst expliziert, weil „zwischen der kognitiven Einsicht in das Argumentationsprinzip ‚U‘ einerseits und der Verpflichtung durch diskursiv gerechtfertigte Normen andererseits [eine] *begründungstheoretische* Lücke“ bestehen bleibt (vgl. Forst 1999a: 84, Fn. 20). Die zu schließende Lücke ist – wie nun demonstriert wird – vielmehr motivationstheoretischer Natur.

Wie – so lautet die praktische Frage – kommt das Recht in die soziale Welt und warum kann es in interkultureller Perspektive als Zwangsmedium akzeptiert und weiterentwickelt werden? Eine wesentliche Annahme ist die in diesem Zusammenhang bereits angesprochene Idee, dass Menschenrechte als dialektische Praxis aufgefasst werden können, die auf einem nicht hintergehbaren Kooperationsmodus basieren. Da der Praxisbegriff derart zentral ist und außerdem als universaler expliziert wird, ergibt sich für die rechtsphilosophische Betrachtungsweise die Aufgabenstellung, in einen kritischen Dialog mit anderen Disziplinen zu treten, beispielsweise mit der Sozialpsychologie oder der Anthropologie.[34] Denn ein offenes Problem besteht darin, inwiefern es in Anbetracht von faktisch unterschiedlichen Rechtsentwicklung*sstadien* aussichtsreich ist, einen legalen Code des Rechts zu postulieren. Ungeklärt ist außerdem, worauf genau die Erwartung gründet, dass Individuen *auch in Zukunft* ihre Rechtsbetroffenheit

33 Im Unterschied zu Habermas geht Apel davon aus, dass die Diskursvoraussetzungen – trotz des Zugeständnisses, dass die Regeln einer Spezifikation bedürfen – nicht fallibel sind (vgl. Apel 2002).

34 Das hier reflektierte anthropologische Grundverständnis ist weder apriorisch ausgelegt, noch versteht es sich als eine Synthese einzelwissenschaftlicher Erkenntnisse. Vielmehr entspricht es einer rekonstruktiv angelegten Selbstreflexion auf die kantische Frage, was der Mensch ist. Die Beantwortung dieser Frage ist auf gesellschaftliche und d. h. vor allem praktische und kontextbezogene Problemstellungen ausgerichtet, die immanent erläutert werden.

als Aufforderung zur Kooperation bzw. Rechtsgenossenschaft verstehen können. Es sollen deshalb Momente des gesellschaftlichen Lernens im Rückgriff auf sozialphilosophisch fundierte Überlegungen expliziert werden. Der damit einhergehende Anspruch ist zu verdeutlichen, dass gesellschaftliche Emanzipationsbewegungen auf eine universale Struktur einer (Rechts-)Kommunikation immanent angewiesen sind. Zu diesem Zwecke scheint es angebracht, das begriffsimmanente Argument durch eine motivationale Erläuterung des sozial verantwortlichen Handelns zu stützen und damit den sozialen Ursprung des Rechts zu erläutern. Von daher wird die Figur einer universal erläuterten Empathie eingeführt (vgl. Mead 1973, 1983a/b/c/d), um so zu illustrieren, dass die eigentliche Motivation zum Recht nicht nur in der gelernten Vermeidung von physischen (Körperverletzungen) und psychischen (Diskriminierungen, Erniedrigungen usw.) Verletzungen (vgl. Honneth 1992), sondern auch in einer empathiebegründeten Kooperationsneigung begründet liegt (vgl. Mead 1983 a: 244 f.).

Diese Annahmen zielen auf die Idee, das Recht als einen *weltgesellschaftlichen Erfahrungsstiftungsbegriff* zu entfalten. Denn es soll verdeutlicht werden, dass Personen auch ohne konkrete Unrechtserfahrungen motiviert sein können, Unrechts*konsequenzen* für Betroffene empathisch nachzuvollziehen. In anderen Worten: Es ist denkbar, dass Menschen auch ohne eigene Unrechtserfahrungen motiviert sein können, die Konsequenz einer asymmetrischen (Un-)Rechtspraxis zu antizipieren und zu reflektieren, dass Rechtsansprüche einer allgemeinen Rechtfertigung bedürfen. Dies entspricht der Idee, dass Personen auch von anderen Personen, Gesellschaften, Kulturen etwa im Rahmen trauriger oder schockierender Unrechtsgeschichten lernen können (s. n.). Die in der kantischen Rechtsphilosophie noch *vernunftrechtlich* angelegte Pflicht, Personen als Rechtsadressaten und -autoren anzuerkennen, wird damit begriffsintern *und* motivationstheoretisch gedeutet.[35] Doch zunächst zur Veranschaulichung des weltgesellschaftlichen Erfahrungsstiftungsbegriffs, der nun mit Blick auf die Idee einer provisorisch institutionalisierten Sprachgemeinschaft dargelegt werden soll.

I. 8. Recht als weltgesellschaftlicher Erfahrungsstiftungsbegriff

Im Folgenden werden Überlegungen zum Praxisbegriff der Weltgesellschaft angestellt, der wiederum eine wesentliche Voraussetzung für die Erläuterung des deliberativen Konstitutionalismus darstellt. Der Hintergrund dieser Vorangehensweise ergibt sich aus der Denkbewegung, dass, wenn eine Rekonstruktion weltgesellschaftlichen (Sprach-)Praxisbegriff gelingen sollte, der verschiedentlich gegen das Projekt universeller Menschenrechte geäußerte Vorwurf des Eurozentrismus und vernunftbasierten Elitismus (vgl. Rorty 1998, 2008) entkräftet werden kann.[36] Die tragende Annahme

35 Noch in geschichtsphilosophischer und transzendentaler Absicht schreibt Kant in „Über den Gemeinspruch“: „Denn an sich ist Pflicht nichts anderes, als Einschränkung des Willens auf die Bedingung einer allgemeinen, durch eine angenommene Maxime möglichen Gesetzgebung, der Gegenstand desselben oder der Zweck, mag sein, welcher er wolle (…); von welchem aber, und auch von jedem Zweck, den man haben mag, hierbei ganz abstrahiert wird“ (Kant 1996 a: 132 f.).

36 Eine instruktive Diskussion der Menschenrechte und der kulturellen Differenz findet sich auch bei Shute (vgl. 1998) und Sandkühler (vgl. 2004).

ist in diesem Zusammenhang, dass die Weltgesellschaft als eine defizitär organisierte Kommunikationsgemeinschaft bzw. als ein provisorisch institutionalisierter Anerkennungskontext aufgefasst werden kann, was die Angemessenheit institutionentheoretischer (und nicht etwa tugendethischer) Reflexionen unterstreicht. Im Horizont dieser institutionentheoretischen Reflexionen soll argumentiert werden, dass die politische Idee der Verfassung als narrativ ausgelegter und erfahrungsstiftender Rechtsbegriffs entfaltet werden kann, der einer Kulturen übergreifenden Praxis der Menschenrechte entspricht.

Insbesondere kommunitaristisch orientierte Autoren wie z. B. Charles Taylor (vgl. 1975; 1995a/b, 1996; Sandel 1982; MacIntyre 1985) betonen in Anlehnung an Aristoteles und Hegel, dass die Wahrnehmung moralischer Obligationen eine notwendige sozio-moralische Kompetenz für die Etablierung eines aufgeklärten freiheitlichen Gemeinwesens darstellt, die aber nur aus einer kontextgebundenen persönlichen Sittlichkeit und weniger aus einer dekontextualisierten und vernunftzentrierten Moral abgeleitet werden kann (vgl. Taylor 1992: 178).[37] Die Wahrnehmung und Anerkennung wechselseitiger (Freiheits-)Rechte und Pflichten ist in dieser philosophischen Blickrichtung damit an die vergleichsweise stark lebensweltlich fundierte Ethik partikularer Selbstverständnisse gebunden, aufgrund derer erst eine für die Stabilität einer Gemeinschaft notwendige wechselseitige Anerkennungssymmetrie entstehen kann (vgl. Rosa 1996: 202).[38] Diese ethische Erläuterung der Anerkennungsperspektive ist jedoch – wie nun gezeigt wird – nicht zwingend, da trotz der Wertschätzung weltgesellschaftlicher Differenz die Möglichkeit einer interkulturellen (ergo universalen) Anerkennungsperspektive in *anthropologischer* Hinsicht zumindest plausibilisiert werden kann.

Ich beginne mit der These, dass Menschen als „sich selbst definierende(s) Tier(e)" identifiziert werden können (Taylor 1975: 216), die sich und ihre soziale Welt in der Interaktion mit anderen Menschen erarbeiten. Diese Beschreibung ist im Rahmen der hiesigen Argumentation relativ unstrittig, allerdings bleibt fraglich, ob daraus geschlossen werden muss, dass sittliche (bzw. ethische Anerkennungs-)Grenzen eine quasi unvermeidliche Pointe der Rekonstruktion basaler menschlicher Seinsformen sind (so aber Taylor 1975: 216ff.). Deshalb soll im Rückgriff auf universalpragmatische Erwägungen dargelegt werden, dass gerade die Evolution des Menschen zeigt, wie fundamental Menschen auf dynamische Formen kommunikationspraktischer Inklusivität angewiesen sind, um ihre Welt in problemlösender Einstellung zu bearbeiten (vgl. Mead 1983 b: 357ff., 361, 1983 d: 193, 209, 1973: 194 ff.).

Wesentlich ist in diesem Zusammenhang die Vorstellung einer rollengeleiteten Konstitution menschlicher Identität, die angesichts komplexer wechselseitiger Sozial- und Rollenbeziehungen und damit einhergehender Rollen*erwartungen* dazu führt, dass

37 Dieser Kritik entsprechend ist außerdem der Gedanke, dass die liberale aufgeklärte Gesellschaft der Moderne sozio-moralischer Kompetenzen und Ressourcen bedarf, die nicht ausschließlich aus der praktischen Vernunfteinsicht abgeleitet werden können, ohne Gefahr zu laufen, im Modus der rein instrumentell verstandenen Vernunftpraxis zu verharren.

38 Insbesondere Charles Taylor (vgl. 1986, 1992, 1995 b, 1996) diskutiert die Unmöglichkeit einer universalen Anerkennungsperspektive, weshalb es gerechtfertigt scheint, seine Argumente für die folgende Diskussion aufzugreifen (s. n.).

Individuen sich an der Idee eines universal ausgerichteten „generalisierten Anderen" orientieren und damit eine selbstobjektivierende Haltung zu sich und zu anderen einnehmen (Mead 1983 a: 57, 239, 1983 c: 319, 323, 1973: 194 ff.). Die Entwicklung einer Identität lässt sich aus dieser Perspektive sowohl als phylo- wie auch ontogentisch rekonstruierbarer Vorgang beschreiben, der im Rahmen interpersoneller (bzw. interaktiver) Beziehungen ein produktives Spannungsverhältnis zwischen dem „Ich" („I") und dem „Mich" (im englischen Original „Me" – also die persönliche Identifikation mit gesellschaftlich vermittelten Erwartungen) hervorbringt. Dieses Spannungsverhältnis ist deshalb von Bedeutung, da es im Modus eines dialogischen Denkens abstrakte (Selbst-)Reflexionsformen etabliert, d. h., ein das „Mich" und „Ich" synthetisierendes „Selbst" („Self") konstituiert, das komplexe Rollendifferenzierungen im Sinne gesellschaftlicher Erwartungshaltungen vornimmt und die Gesellschaft als universales Ganzes betrachtet (Mead 1983 a: 239 f.).

Ist man also bereit, diese dialogische Konstitution als gesellschaftliche Integration des Selbst mit Mead als einen universalen Vorgang zu beschreiben und darüber hinaus die Evolution des Menschen als einen Prozess zu charakterisieren, der nicht nur funktionalen, sondern insbesondere moralischen Zwecksetzungen folgt (Mead 1983 b: 361), erscheinen (finale) Grenzziehungen innerhalb möglicher menschlicher Orientierungen – wie nun gezeigt wird – geradezu kontraproduktiv.[39] Denn moralisches Handeln und moralische Fortschritte entstehen immer dann, wenn Konfliktlagen Identitätskrisen auslösen und damit kreative Interpretationen in Bezug auf das Verhältnis des Selbst zur sozialen Welt erforderlich werden lassen. D. h., Identitätskrisen können als ein Resultat des Scheiterns bisher erfolgreichen Problemlösungshandelns aufgefasst werden, wodurch Menschen auf die Erweiterung ihrer sozialen Handlungspraktiken und damit die Öffnung ihres sozialen Kosmos notwenig angewiesen sind. Also findet die Notwendigkeit moralischen Fortschritts ihren Ursprung „nicht in einem Ziel (…) das von außen wirkt, sondern in dem Verhältnis der Handlungsbedingungen zu den Handlungsantrieben"(Mead 1983 b: 363).

Werden diese Gedanken auf die Frage einer weltgesellschaftlichen Praxis übertragen, folgt daraus, dass die Vorstellung einer sozial und kulturell eingebundenen wie einzigartigen Selbstdefinition sicherlich angemessen ist, aber nicht mit einer generellen, andauernden Inkommensurabilität kultureller Identitäten und Praktiken gleichgesetzt werden muss.[40] Denn es ist relativ unstrittig, dass sprachlich-praktische Selbst- und Weltdeutungen ihren Anfang in der sozialen Interaktion finden und sprachlich vermittelte, soziale und institutionelle Praktiken für individuelle und kollektive Selbstinterpretationen deshalb grundlegende Bedeutung haben, weil sie kognitive und semantische Horizonte konstituieren, in deren Rahmen gehandelt wird (vgl. Taylor 1974: 178ff.). Allerdings ist dieser Rahmen mit Blick auf die Bedingungen der Möglichkeit

39 Damit ist nicht gesagt, dass es in der Geschichte der Menschheit keine Kollision zwischen unterschiedlichen individuellen und kollektiven Selbstverständnissen gab, noch ist damit impliziert, dass die Negierung der eigenen Herkunft notwendig oder wünschenswert ist, sondern nur, dass identitäre Grenzziehungen nicht statisch sind.

40 So aber Taylor:„Jede [Selbstdefinition, Anmerkung N. M.] von ihnen wird durch die in jeder Gesellschaft bestehenden Praktiken, Institutionen und Idee ausgedeutet, die in der anderen keine Entsprechung finden" (1975: 216).

ontogenetischer wie auch phylogenetischer Identitätsbildung geradezu intrinsisch auf Momente der Transzendenz (und damit einer universalisierbaren Moral) angewiesen. Denn Menschen leben nicht nur immer schon in potenziell über nationale, regionale und kulturelle Grenzen hinausweisenden Sozialbeziehungen, sondern auch in potenziell *identitätsrelevanten Konfliktbeziehungen*, die die Notwendigkeit konstituieren, kontextübergreifende sowie identitätsreflektierende Handlungspläne zu entwerfen.

In Anbetracht dieser grundlegenden anthropologischen Überlegung können Kulturen und Gesellschaften also kaum als endgültig abgeschlossene Referenzsysteme betrachtet werden. Nicht zuletzt auch deshalb, weil sprachphilosophische Untersuchungen im Bereich der Linguistik eine universale, tiefenstrukturelle Grammatik auswiesen, die sich nach Chomsky „auf einen spezifischen kognitiven Bereich und ein spezifisches geistiges Vermögen konzentriert, nämlich auf das Sprachvermögen" (Chomsky 1981: 11 f.). Die *Sprachpraxis* kann dementsprechend als spezifisch menschliche Fähigkeit kategorisiert werden, deren universales Fundament allen Sprachen gemein ist. Wenngleich Sprachen in ihrer konkreten Anwendung durchaus variieren, haben insbesondere Untersuchungen zum kindlichen Spracherwerb gezeigt, dass alle Menschen über angeborene grammatische Prinzipien verfügen, die sie zum konkreten Sprachgebrauch befähigen (vgl. ebenfalls hierzu Chomsky 1978, 1981: 182; Edelstein/Habermas 1984). Darüber hinaus haben entwicklungspsychologische Untersuchungen im Anschluss an Kohlberg, Flavell (1979) und Piaget (1972a/b, 2003) verdeutlicht (vgl. Edelstein/Habermas 1984), dass diese fundamentalen Regeln der Interaktion nicht nur eine universelle Struktur aufweisen, sondern in sprachlich vermittelten Erkenntnisprozessen zur Anwendung kommen.

So ist menschliche Intelligenz nach Piaget vor allem eine formal-logische Kapazität, die gleichsam als eine strukturierende Tätigkeit beschrieben werden kann, in der Ordnungen und Gesetzmäßigkeiten von Individuen zum Zwecke der kognitiven Welterschließung konstruiert werden (vgl. Piaget 1972a/b, 2003).[41] Die sprachliche Praxis der Kognition und sozialen Organisation steht damit in einem grundlegenden Wechselverhältnis (vgl. Edelstein/Habermas 1984; Honneth/Joas 1981: 66), womit impliziert ist, dass im menschlichen Denken nicht nur universale Strukturen vorliegen, sondern auf der Basis geteilter logischer Strukturen analoge Formen der Konfliktbearbeitung in der sozialen Welt ausgebildet werden, die wiederum in Gestalt von experimentellen Lernprozessen Motor der gesellschaftlichen Evolution und des moralischen Fortschritts sind (vgl. Mead 1983 b: 366).

Die These, wonach Individuen und Gesellschaften insgesamt auf konfliktorientiertes moralisches Lernen angewiesen sind (vgl. hierzu auch Blasi 2000, Keller 2005),

41 Im Hinblick auf das Phänomen sozialer Organisation stellt sich diese Wechselwirkung dann wie folgt dar: Zum einen hat die soziale Struktur entscheidenden Einfluss auf die kognitive Entwicklung und zum anderen wirkt sich die Kognition auf die soziale Struktur aus. Darüber hinaus kann der Akt der Abstraktion mit Piaget in zwei Typen – d. h. in einen einfachen und einen komplexen, der Reflexion zugänglichen – unterteilt werden: „Einerseits gibt es einzelne Handlungen (...). Diese einfachen Handlungen bringen meist Abstraktionen von Objekten hervor (...). Reflektierende Abstraktion beruht indessen nicht auf einzelnen, sondern auf koodinierenden Handlungen (...). All diese Formen der Koordinierung besitzen Äquivalente in den logischen Strukturen. Die Koordinierung auf Basis der Stufen der Handlungen scheint mir die Basis logischer Strukturen zu sein, wie sie sich später im Denken entwickeln (vgl. Piaget 1971: 17 f.).

muss allerdings nicht so verstanden werden, dass sie dies immer tun. Es ist im Rahmen einer kollektiven Regression durchaus denkbar, dass sich Gesellschaften gegenüber temporär als fremd empfundenen kulturellen Einflüssen abgrenzen (vgl. auch dazu Habermas 1998 b). Überträgt man die vorangegangenen Überlegungen auf die Frage einer interkulturellen Menschenrechtsbegründung, ist in begründungstheoretischer Hinsicht aber zumindest *denkbar*, dass rechtsnormative Maßstäbe angesichts kulturen- und gesellschaftsübergreifender Problemstellungen auch grenzüberschreitend formuliert werden können, zumal es mit Blick auf globalisierungsinduzierte Prozesse wahrscheinlich ist, dass in langfristiger Perspektive - wenn auch nicht zeitgleich – ähnliche normative Konfliktkonstellationen entstehen bzw. „in der heterarchisch sich selbst produzierenden Weltgesellschaft ähnliche (menschenrechts- und herrschaftsrelevante) Probleme auf erweiterter Stufenleiter wiederkehren, für die seinerseits der demokratische Rechtsstaat die ‚kleine', regionale Lösung gewesen war“ (Brunkhorst 1999 a: 374 Hervorhebung im Original; vgl. auch Horn 1996: 243; Habermas 1998 a: 126).

Damit ist im Zusammenhang universalpragmatischer Überlegungen impliziert, dass – trotz der (temporären) Unterschiedlichkeit semantischer Zugänge zu bestimmten Konfliktlagen – die Notwendigkeit einer gemeinsamen Konfliktbearbeitung praktische Reflexionsprozesse hervorruft, die eine Einigung, zumindest im negativen Sinne, ermöglicht.[42] Diese Grundlegungen stützen die Idee, dass der menschliche Geist Synonym einer spezifisch sprachlich vermittelten Denkfähigkeit ist, der die „Menschen“ in die Lage versetzt,

> „(…) sich so zu sagen kritisch auf die organisierte Struktur der Gemeinschaft zu besinnen, der sie angehören (und aus deren Beziehung der Geist sich überhaupt erst entwickelt hat) und diese Gesellschaftsstruktur mehr oder weniger zu reorganisieren, zu rekonstruieren und modifizieren, wie es die Anforderungen der gesellschaftlichen Evolution von Zeit zu Zeit verlangen" (Mead 1983 b: 356).

Mit Blick auf das Universum möglicher, gemeinschaftsrelevanter Problemkonstellationen folgt aus diesen pragmatischen Überlegungen, dass eine konfliktorientierte und in diesem Sinne kontextübergreifende Sprachpraxis durchaus denkbar ist. Dabei kann und muss eine kontextübergreifende Sprachpraxis sicherlich nicht die semantische Dichte wie die ethisch orientierte (also: unmittelbar an die kulturell-soziale Identität gebundene Selbstverständigungsdiskurse) Sprachpraxis aufweisen. Entscheidend ist in diesem Zusammenhang vielmehr die Genese eines gemeinsamen, dünnen Vokabulars, das mit Bezug auf konkrete Problemstellungen entwickelt wird und den eigenen kulturellen Kontext *überschreitet.* Angesichts dieser Denkbewegung werde ich im Folgenden argumentieren, dass die Erfahrung von rechtlicher Nichtanerkennung eine in dieser Hinsicht konkrete Problemstellung darstellt, die insbesondere in Metaphern und Geschichten aufgefangen wird (in Anlehnung an Taylor 1996: 183; Rorty 1998: 172, 2008: 186; Zill 2001: 131) und in interkultureller Perspektive zum Recht motivieren kann (s. n.).

Dabei kommt der Gedanke zum Tragen, dass über „Unrechtsgeschichten“ Denkprozesse initiiert werden, die gerade nicht, wie von Richard Rorty prominent behauptet,

42 Negative Einigungen sind dadurch gekennzeichnet, dass eine Einigung zumindest darin erzielt wird, was nicht akzeptabel ist.

eine Antithese zu normativen Kognitivimus und Universalismus bilden (vgl. Rorty 1994: 21, 2008: 31ff., 38, 46, 197ff.). Sie sind vielmehr im Sinne des universal erläuterten Sprachpraxisbegriffs die Grundlage genau jener Lernprozesse, die postnationale Selbstgesetzgebungspraktiken ermöglichen. Ich werde deshalb im nächsten Kapitel darlegen, dass Unrechtserfahrungen nicht nur als vielseitige (Un-)Rechts(vermeidungs)geschichten thematisiert werden können, sondern, und das ist im Hinblick auf ihre Legitimierung entscheidend, einer universal ausgerichteten Verallgemeinerung bedürfen, um Menschen als Mitglieder einer universalen Rechtsgemeinschaft anzusprechen (s. n.). Die aktuellen Rechtsentwicklungen sollen von daher als Ergebnisse gesellschaftlicher Lernprozesse auslegt werden, die als vielfältige *Unrechtsgeschichten* (in Anlehnung an Honneth 1998: 224) die Grundlage eines universalen – aber bisher ungesättigten – Rechtscodes bilden.

Dabei ist ein weiterer Aspekt zu berücksichtigen: Aus dem „anthropologischen Vorrang der Sprache“, dem gleichsam ein „erkenntnistheoretischer Status“ zukommt (vgl. Kosellek 2006: 18, 20), kann nicht nur die narrative Vermitteltheit und Vermittelbarkeit des Rechtsbegriffs geschlossen werden, sondern auch, dass er mit utopischen Gehalten ausgestattet ist, die Momente der Überschreitung (bisheriger Interpretationen) beinhalten. Gemäß dieser Denkfigur ist der Rechtsbegriff damit mit latenten, aber noch nicht artikulierten Gehalten ausgestattet, die deswegen intersubjektiv erschlossen werden können, weil sprachliche Begründungen per se nicht nur auf aktuelle und vergangene Ereignisse, sondern immer auch auf zukünftige bezogen sind (vgl. Kosellek 2006: 50).

Im Rahmen dieser Annahmen ist es also naheliegend, den Rechtsbegriff als Erfahrungs*stiftungs*begriff aufzufassen, der nicht nur vergangene Erfahrungen verarbeitet, sondern zukünftige Erfahrungen latent antizipiert, was dann gleichsam die Erwartung stützt, dass die Legitimität von geltungsgenerierenden Begründungen auch davon abhängt, ob es gelingt, zukünftigen Erfahrungen semantisch vorzugreifen (ebd. 55). Angesichts dieser Überlegungen ergibt sich folgendes Bild: Die (sprachliche) Begriffspraxis ist eine gesellschaftliche Lernprozesse ermöglichende Tätigkeit, da sie nicht nur vergangene Erfahrungen in Form von sprachlich vermittelten Metaphern (als Vergangenes) speichert, sondern diese gespeicherten Erfahrungen in eine Handlungsgrundlage für zukünftige kreative Lösungen transformiert und dynamisieren kann. Diese Dynamisierungsschritte erfolgen immer dann, wenn in einer interkulturellen Perspektive unterschiedliche Begriffspraktiken miteinander konfrontiert werden.

Daraus folgt für die folgende Diskussion zweierlei: Wenn (Unrechts-)Geschichten aus sprachlich vermittelten Momenten der metaphorischen Überschreitung bestehen, impliziert dies erstens, dass die insbesondere von Richard Rorty vorgenommene begriffliche Kontrastierung von kulturspezifisch erzeugten Bildern und Geschichten einerseits und die Praxis einer allgemeine Rechtfertigung andererseits nicht zwingend ist (vgl. Rorty 1989). Und zweitens, dass Metaphern einen kognitiven Gehalt haben, weil sie sprachlich auf der Grundlage einer universalen Sprachlogik wechselhafter Verwiesenheit (re-)interpretiert und reflektiert werden. Dementsprechend bedarf es in einer universalisierenden Einstellung auch keiner (rest-)metaphysisch belasteten Metasprache (so aber ebd. 14), sondern horizontal und intersubjektiv verfasster

Sprach*praxen,* die Kulturen übergreifende Momente der Horizontüberschreitung deshalb immanent aufweisen, weil sie einer universalen Logik entsprechen (s .n.). Überträgt man diese begriffliche Denkfigur auf das Argument einer weltbürgerlichen Globalverfassung, kann sie als ein praktisches Arrangement (als soziale Struktur) verstanden werden, das die sich bereits abzeichnenden, narrativ vermittelten diskursiven Lernprozesse in der noch schwachen Weltöffentlichkeit (mithilfe des Rechts) aufgreift und im Rahmen von Rechtskommunikationen verarbeitet und intensiviert (s. n.).

Die begriffliche Frage, die sich im Anschluss allerdings ergibt, lautet: Wie kann ein derartig erläuterter Rechtsbegriff hergeleitet werden und welche Ausprägung muss er haben? Damit ist eine institutionentheoretische Fragestellung angesprochen, die vermeidet, den Begriff der Kultur ontologisch und/oder essenzialistisch aufzuladen. Vor diesem Hintergrund scheint es angemessen, den Rechtsbegriff als narrativ vermittelten und vermittelbaren zu entfalten, denn die damit einhergehende normative Erwartung ist, dass ein derart dargelegtes Rechtsverständnis eine gesellschaftsimmanente Menschenrechtspraxis ermöglichen kann, die die authentizitätsrelevanten Grenzen (kultureller Identitäten) nicht überschreitet (so aber die Bedenken Taylors vgl. 1995: 229fb).

Konkret heißt das, den Pluralismus der Weltanschauungen in einen institutionengestützten Prozess interkultureller Interpretation und Gegeninterpretation zu transformieren, was einschließt, dass ein überlappender Konsenses hergestellt werden kann, der aber im Unterschied zu Rawls Idee (1998) als ein realer, faktischer Diskurs und nicht nur als ein„reflektiven Stabilitätstest“ angelegt werden sollte (vgl. dazu auch Forst 1999 b: 129).[43] Zugestimmt werden kann Rawls dahingehend, dass eine der Gerechtigkeitsidee intern verpflichtete Konzeption des Rechts eine notwendig freistehende sein sollte, die ohne den Rückgriff auf metaphysische oder erkenntnistheoretische und damit umfassende Lehren weltgesellschaftliche Integration und Kooperation ermöglicht (vgl. Rawls 1998: 75; vgl. zur gegenteiligen Ansicht Walzer 1996: 24 f., 1990, 1992). Die Idee der politischen Gerechtigkeit muss dabei m. E. „moralisch“ insofern autonom sein, als der überlappende Konsens ein rechtsnormatives Selbstbekenntnis ist, das die BürgerInnen der Weltgesellschaft veranlasst, entweder von religiösen und metaphysischen Weltbildern Abstand zu nehmen *oder* sie politisch zu integrieren.[44] Die systematische Konsequenz der bisherigen Überlegungen ist also, dass kulturell und traditionell vermittelte Weltbilder nicht etwa einer starken Relativierung im Sinne einer vernünftigen Distanzierung bedürfen (vgl. Habermas 1999 b: 123), sondern im Kontext von Unrechtsnarrationen vermittelt sowie vermittelbar werden und deshalb im Rahmen überlappender Konsense in den politischen Diskurs inkludiert werden können:

> „Ein Ziel liegt (…) darin, den Bereich des Politischen und die auf ihn bezogene Gerechtigkeitskonzeption so zu beschreiben, daß seine Institutionen die Unterstützung eines übergreifenden Konsenses gewinnen können. Wenn dieses erreicht ist, können die Bürger selbst im Rahmen der

43 Der Reflexionsprozess wird bei Rawls nämlich als ein „Ergebnis des Gebrauchs der theoretischen Vernunft“, nicht aber als ein Resultat des praktischen Vernunftgebrauchs gedacht (vgl. Rawls 1998: 133).

44 Zur gegenteiligen Ansicht in diesem Zusammenhang Habermas: „Eine politische Gerechtigkeit, die auf eigenen Beinen steht, braucht von Seiten der Wahrheit religiöser oder metaphysischer Weltbilder keine Rückendeckung mehr“ (1999 b: 123).

Ausübung ihrer Gedanken- und Gewissensfreiheit mit Blick auf ihre umfassenden Lehren die politische Konzeption als abgeleitet von, übereinstimmend oder zumindest vereinbar mit ihren sonstigen Werten betrachten“ (Rawls 1998: 75).

Mit Bezug auf die Rechtsidee entspricht diese Weichenstellung so einem expliziten Bekenntnis zur Reziprozität und Inklusivität, das nicht nur auf der Basis von letztendlich kontingenten Überschneidungen verschiedener, kulturell imprägnierter Ethiken vorgenommen (vgl. so aber Forst 1999 b: 135), sondern über einen normativen Konflikt narrativ vermittelt wird. Wenngleich die Bereitschaft zur wechselseitigen Anerkennung nicht gänzlich als kontingentes Ereignis dargestellt werden kann, scheint es allerdings ebenso problematisch, sie außerrechtlich bzw. vorpolitisch, ergo *moralphilosophisch* zu begründen. Denn Forsts Argumentation läuft darauf hinaus, dass „die ganze ethisch-moralische Identität dazu befähigt sein soll“, die Normen der Gerechtigkeit einzusehen und zu befolgen.

Diese begriffliche Weichenstellung erscheint aber nicht nur bis zu einem gewissen Grad essenzialistisch, sondern auch motivationstheoretisch unterbestimmt. Denn die These Forsts, wonach sich BürgerInnen – im Wissen, sich ethisch zu unterscheiden – auf eine gemeinsame Gerechtigkeitssprache einigen, erscheint deshalb problematisch, weil sie einfordert, dass Personen sich als „moralisch *und* politisch verantwortliche Bürger“ anerkennen (ebd. 155, Hervorhebung N. M.). Es spricht allerdings einiges dafür, dass das Wissen, sich ethisch zu unterscheiden, und die Bereitschaft, dieses anzuerkennen, in motivationstheoretischer Hinsicht nur dann mächtig genug ist, die (auch von Forst anvisierte) Pflicht zur Reziprozität zu konstituieren, wenn es einer normativ-praktischen Einsicht, nicht aber vorsozialen bzw. vorpolitischen Maßstäben entspringt. Vor diesem Hintergrund schlage ich vor, den Akzent auf das vernünftige und praktische Wissen, um die eigene normative Verletzlichkeit (im Sinne einer Nichtanerkennung) zu legen. Dieses Wissen kann sich freilich in vielfältiger Form artikulieren, inkludiert aber alle normativ verletzlichen Wesen, die sich politisch-rechtlich engagieren.

Die Idee normativer Verletzung ist in meinen Augen deshalb grundlegend, da sie erstens Ausdruck einer spezifisch humanen Verletzlichkeit (*Humana conditio*) ist, die praktisch erworben wird, und zweitens unterschiedlichste Formen der Verletzung bis hin zur physischen (als Aspekt der normativen Verletzung!) umfasst (ähnlich in diesem Zusammenhang auch Honneth 1992). Die Idee der normativen Verletzung ist gleichwohl keine, die im Rückgriff auf objektive Werte erläutert wird (vgl. Forst 1999 b: 136), sondern sie ist eine Metapher im Rahmen der unterstellten intersubjektivistischen Lesart der praktischen Vernunft, die verständlich macht, warum Anerkennungskämpfe für das Recht so zentral sind. Letzteres kann indes nicht davon entlasten, die politisch-rechtliche Grundstruktur der Weltgesellschaft von den BürgerInnen selbst herstellen zu lassen. Aber die Etablierung der Grundstruktur kann als dialektisch-praktischer Akt der Abstraktion (von der eigenen und der Ethik der anderen) rekonstruiert werden, der wiederum der konkreten (normativen) Einsicht in die fundamentale Reziprozität geschuldet ist. Das praktische Wissen um die normative Verletzlichkeit ist damit konstitutiv für die Gestaltung unserer weltgesellschaftlichen Beziehungen als Kooperationsgemeinschaft. Relationalität und Interkulturalität wären Ergebnis der geglückten

Organisation eines vernünftigen welterschließenden Diskurses, in dem die Diskursteilnehmer Geltungsansprüche teilen und sich unter Voraussetzung von Reziprozität und Symmetrie im zuvor beschriebenen Sinne wechselseitig anerkennen.

Denn im Sinne dieser anerkennungskonstitutiven Dialektik findet das Recht seinen Ursprung ja gerade darin, dass Rechtsansprüche im postnationalen Kontext hochgradig umstritten sind, aber dennoch in abstrakter Hinsicht auf einen universalen Code wechselseitiger Rechtfertigung bezogen sein müssen, um als legitime Forderungen (reziprok) anerkannt werden zu können (vgl. Hitzel-Cassagens/Meisterhans 2009, Meisterhans 2009, 2010). Damit ist nicht gesagt, dass sie immer anerkannt werden, sondern nur, dass die Nichtanerkennung von Rechtsansprüchen zu neuen Anerkennungsforderungen oder gar -kämpfen führt, die unter legitimationstheoretischen Voraussetzungen nicht unberücksichtigt bleiben können. Nicht zuletzt ist das so erläuterte Unrecht eine Bedingung des Rechtsfortschritts. Andererseits ist dieser universale Code der Anerkennung zunächst ungesättigt und wird erst in einem dialektischen Spiel von rechtlicher Interpretation und Gegeninterpretation konkretisiert, wozu es allerdings zusätzlicher, institutionengestützter Entfaltungs- und Gestaltungsräume bedarf, die die Organisation eines vernünftigen Pluralismus[45] in Aussicht stellen.

Damit ist ein dynamisches Rechtsmodell angesprochen, das als universales Kooperations- und Konfliktlösungsmedium vielfältige Selbstinterpretationen und Weltdeutungen gleichberechtigt anerkennt und in rechtsbasierte Beziehungen zueinander setzt. Vor diesem Hintergrund werde ich später argumentieren, dass die Existenz (scheinbar) rechtsfreier Räume weniger das Ergebnis einer generellen Inkommensurabilität von Sprachspielen oder funktional bedingten Systemrationalitäten ist, sondern das einer beabsichtigten Entscheidung von machtvollen Akteuren, die etwa aus Gründen der Hegemonie nicht oder nur willkürlich regulieren wollen. Doch zunächst soll demonstriert werden, inwiefern die kantische Naturzustandskonstruktion im Rahmen einer praxisorientierten Detranszendentalisierung in eine Deutungsfolie für vielfältige Unrechtsnarrationen transformiert werden kann.

I. 9. Der Naturzustand als universale Projektionsfolie für Unrechts(vermeidungs)geschichten

Kann ein aus einer Naturzustandskonstruktion hypothetisch hergeleitetes Vertragsargument überhaupt als nichtmetaphysische Rechtfertigungsstrategie mobilisiert werden? Angesichts der bisherigen Ausführungen kann eine derartige Konstruktion faktische Herrschaftsverhältnisse sicherlich nicht mehr begründen; sie kann aber immerhin – so die These im Anschluss – eine aufklärerische Funktion übernehmen. Ich werde dementsprechend darlegen, dass in Perspektive einer Detranszendentalisierung die kantische Konzeptionalisierung des Naturzustands in eine Projektionsfläche für mögliche (Un-)Rechts(vermeidungs)geschichten verwandelt werden kann. Einen Hinter-

45 Ich beziehe mich auf einen Gedanken, wie er von Rawls in seinem Buch „Politischer Liberalismus“ formuliert worden ist, nämlich, dass ein vernünftiger Pluralismus vom Pluralismus als solchen zu differenzieren ist (vgl. Rawls 1998: 138ff.).

grund dieser Rekonzipierung bildet die Vorstellung, das Recht als Erfahrungsstiftungsbegriff zu entfalten, der im Wesentlichen auf die Verarbeitung und Vermittlung von Unrechtserfahrungen im Rahmen narrativ angelegter Skandalisierungspraxen ausgerichtet ist.

Es wurde bereits dargelegt, dass die Idee, das Recht als Erfahrungs*stiftungs*begriff zu entfalten, auf der Vorstellung beruht, dass Erfahrungen nicht nur ex post orientiert sind, sondern eine utopische Zukunftsorientierung aufweisen, die semantische Vorgriffe ermöglicht. Dementsprechend soll Kants Naturzustandskonstruktion als eine offene Projektionsfolie für sehr unterschiedliche Unrechtsnarrationen rekonzipiert werden, denn ich hatte zu Beginn der Arbeit im Anschluss an Oliver Gerstenberg argumentiert, dass Recht und Demokratie einen konstitutiven Zirkel bilden, der eine egalitäre Inklusionspraxis einerseits kontrafaktisch akzentuiert, andererseits aber ungesättigt ist[46] und deshalb rekursiv auf praktische Anerkennungsverhältnisse zielt.

Ein wesentlicher Ausgangspunkt besteht dabei darin, dass sich die BürgerInnen zum Recht durch Unrechts(vermeidungs)geschichten motivieren lassen und die kantische Naturzustandskonstruktion deshalb als Folie für universal angelegte Rechtsgeschichten reformuliert werden kann (in Anlehnung an die Idee eines *interpretativen Storytellings* vgl. paradigmatisch Rorty 1994, 1998, 2008; methodisch Glaser/Strauss 1967). Dieser Schritt ist zumindest dann möglich, wenn die Naturzustandskonstruktion dem Standpunkt der Zivilgesellschaft entspricht, der als Ergebnis eines vernünftigen Lern- und Antizipationsvorgangs rekonstruiert wird. Die universal angelegten, je nach Interpretationsrahmen traurigen oder auch schockierenden „Unrechts(vermeidungs)geschichten" vermitteln dann die wechselseitige Verpflichtungsnotwendigkeit zur Vermeidung von physischen und psychischen Verletzungen. Sie sind dazu in der Lage, weil sie darauf zielen, *Menschen als Menschen im Rahmen ihrer Fähigkeit zur Empathie* (mit einer ergreifenden Geschichte) anzusprechen.

Dieser Weichenstellung entsprechend kann die bei Kant rechtsmoralisch und hypothetisch ausgerichtete Argumentation also als Deutungsschema für vielfältige Narrationen reinterpretiert werden. Da das Apriori der Verfassungsidee nun praktisch gewendet werden soll, bedarf es allerdings einer Abgrenzung zu der Herangehensweise, welche die Naturrechtsidee als eine Prinzipien begründende Denkfigur heranzieht. Bekanntermaßen war es John Rawls, der das Konzept einer Naturzustandsbeschreibung im Rahmen seiner „Theory of Justice" (1972) erstmalig unter Bedingungen einer konstruktivistischen Herangehensweise als Gedankenexperiment entfaltete. Weil es aber im Folgenden nicht um die Begründung einer Prinzipienwahl geht, erfordert dies zunächst, sich mit Rawls' Konzipierung systematisch auseinanderzusetzen, um sich dann in einem nächsten Schritt von ihr zu distanzieren.

46 Der Logik eines kontra-faktischen Maßstabs entsprechend, kann das Ideal vollständiger Inklusion nie erreicht werden, wodurch jedes Rechts immer provisorisch (d. h. verbesserungswürdig und –fähig) ist. Dennoch gibt es hier unterschiedliche Grade der Annäherung an das Ideal wechselseitiger Anerkennung, Rechtfertigung und Inklusion. Kurzum, eine demokratisch verfasster Rechtsstaat mag diesem Ideal sicherlich mehr entsprechen, als eine wohlgeordnete (d. h. rechtlich), aber hierarchische Gesellschaft (vgl. auch Gerstenberg 1997: 118). Und dennoch handelt es sich bei letzterer auch um ein Provisorium, das qua Definition („wohlgeordnet") bereits in eine vernünftige Richtung geht.

Es fällt in exegetischer Hinsicht auf, dass bis in die heutige Diskussion hinein umstritten ist, ob die kantische Rechtsphilosophie hinsichtlich *des den Vertrag begründenden Rechtsgesetzes* als rechtsmoralische Theorie hypothetischer Geltungsbegründung verstanden werden sollte (vgl. Kersting 1996; Höffe 1999; Michelmann 1999; Gosepath 1998a/b; Apel 2002) oder ob es sich um eine radikaldemokratische Theorie handelt, die in allererster Linie auf die Positivierung des Rechts ausgerichtet ist (vgl. Maus 1992; Niesen 2005). Wir konnten bereits sehen, dass die vertragliche Einigung Pointe einer vernunftrechtlich begründeten und geschichtsphilosophisch explizierten Einsicht ist, die mit der Rechtspflicht (den gesetzlosen Zustand zu verlassen) korrespondiert. Der rechtsmoralische Anspruch des vernunftrechtlich begründeten Rechtsgesetzes *a priori* ist die Unterwerfung unter den Allgemeinwillen (vgl. Kant 1996 b: 430). Damit ist aber nicht impliziert, dass Kant *ausschließlich* im Lichte des Hypothetischen zu deuten ist (vgl. Kant 1996 a: 150). Denn wie insbesondere Ingeborg Maus herausgearbeitet hat, findet sich in Kants Kontraktualismus ein systematisch angelegter Republikanismus, der Momente einer möglichen radikaldemokratischen Deutung beinhaltet (vgl. Maus 1992) und meinem Argument entgegenkommt (s. n.). An dieser Stelle bleibt festzuhalten, dass bereits hier ein grundlegender Unterschied zu John Rawls bekannter, ursprünglich in seiner *„Theorie der Gerechtigkeit"* vorgenommenen (*Theory of Justice*, 1972) Reformulierung des kantischen Naturzustands vorliegt. Rawls formuliert einen auf einem hypothetischen Gedankenmodell basierenden Urzustand und zieht ihn zu einer prinzipiengeleiteten Rechtfertigung der Gerechtigkeit heran.

Im Kontrast dazu ist die Idee eines Naturzustands hier beliebig auszugestalten und ausschließlich mit der Aufgabenstellung betraut, Menschen als Mitglieder einer Weltbürgerrechtsgemeinschaft „im Werden" anzusprechen (Brunkhorst 2002 a: 263), d. h., dass die Naturzustandskonstruktion nun als eine motivationstheoretisch gerechtfertigte Strategie fungiert, die im idealen Falle eine abstrakte Solidarität unter Rechtsgenossen bewirken kann. Im Rahmen dieser Umstellung wird ein weiterer Unterschied zu Rawls' ursprünglicher Urzustandskonstruktion sichtbar (1972), die sowohl im exegetischen Sinne als auch im Kontext der hiesigen Reinterpretation unnötig rationalistisch verkürzt, d. h., zu stark auf die – vom hobbesschen Vertragsmodell abgeleitete – Figur des aufgeklärten Eigeninteresses abzustellen scheint. Um diesen Gedanken zu verdeutlichen, ist es sinnvoll, die kantische Vertragskonstruktion noch einmal genauer zu betrachten und sie mit dem Entwurf von Rawls zu kontrastieren.

Dabei fällt auf, dass es sich bei Kant um die vernünftige Idee einer kooperativ und allgemein ausgerichteten Verfassung handelt, nicht aber um einen strategisch motivierten Vertrag. Denn Kant unterscheidet im Staatsrecht zwischen dem empirischen und vernunftrechtlichen Souverän, d. h., die Herleitung eines verfassungsgebenden Volkes und die Konstitution des ursprünglichen Vertrags sind Ergebnisse der Deduktion der Vernunftidee des Staates a priori:

> „Der Ursprung der obersten Gewalt ist für das Volk, das unter derselben steht, in praktischer Absicht unerforschlich: d. i. der Untertan soll nicht über diesen Ursprung, als ein noch in Ansehung des ihr schuldigen Gehorsams zu bezweifelndes Recht (*ius controversum*), werktätig vernünfteln. Denn, da das Volk um rechtskräftig über die oberste Staatsgewalt (*summum imperium*) zu urteilen, schon als unter einem allgemein gesetzgebenden Willen vereint angesehen wer-

den muss, so kann und darf es nicht anders urteilen, als das gegenwärtige Staatsoberhaupt (*summus imperans*) es will. Ob ursprünglich ein wirklicher Vertrag der Unterwerfung unter denselben (*pactum subiectionis civilis*) als ein Faktum vorhergegangen, oder ob die Gewalt vorherging, und das Gesetz nur hinten nach gekommen sei, (...) das sind für das Volk, das nun schon unter dem bürgerlichen Gesetze steht, ganz zweckleere, und doch den Staat mit Gefahr bedrohende Vernünfteleien." (Kant 1996 b: 437 f.).

So gesehen ist also nicht die historische Faktizität des Vertrages ausschlaggebend als vielmehr „(...) eine Idee, die als praktisches Vernunftprinzip" einfordert, „der jetzt bestehenden gesetzgebenden Gewalt gehorchen zu sollen", ganz gleich, welchen Ursprung sie hat (ebd.). Somit ist offensichtlich, dass der kantische Gesellschaftsvertrag ein idealtypisch gerechtfertigter Entäußerungsvertrag ist, der zustande kommt, wenn Individuen den natürlichen Rechtszustand durch einen *positiven* Rechtszustand substituieren, indem sie sich auf eine allgemeine Gesetzgebung verständigen (vgl. Kant 1996 b: 429). Die Pointe, den Vertrag argumentationslogisch aus der Fiktion einer anarchischen Ausgangssituation abzuleiten, besteht also darin, dem apriorisch angelegten Vernunftrecht eine institutionentheoretische Wende zu geben. Dementsprechend wird die vernunftrechtlich gestiftete Verfassung bei Kant als unbedingte Forderung der praktischen Vernunft eingeführt, in der die Vertragsidee als ein „kategorischer Imperativ des Rechtsprinzips" fungiert (vgl. Kersting 1996: 200). Beide, Vertragsidee und kategorischer Imperativ, dienen damit als kritische Folie, die die Evaluierung bestehender Herrschaftssysteme und Gesellschaftssysteme ermöglicht und als Metakriterium eines rechtlichen und moralischen Universalismus herangezogen werden kann. Dementsprechend wird der vorrechtliche Zustand als Provisorium identifiziert, in dem Individuen zwar ein natürliches *Anrecht* zum Erwerb von Eigentum besitzen, es aber als *Recht* nur dann in Anspruch nehmen können, wenn sie es durch die republikanische Praxis positivieren. Daraus folgt, dass der natürliche Zustand nicht etwa einem Zustand der Ungerechtigkeit (*iniustus*) entspricht, sondern – angesichts der gewaltträchtigen natürlichen Anarchie – einem normativ bedenklichen Zustand der Rechtlosigkeit (Kant 1996 b: 430). Und in diesem Sinne beinhaltet das kantische Vernunftrecht *die unbedingte Pflicht*, das im Rahmen des Erlaubnisgesetzes provisorisch erworbene Eigentum durch einen Akt des öffentlichen Willens zu positivieren (vgl. Kant 1996 b: 430). Von daher zielt die Naturzustandskonstruktion weniger auf die Verwirklichung eines individuellen Partikularinteresses im Horizont eines allgemeinen Gesellschaftsvertrags, sondern auf die Idee *politischer* Gerechtigkeit im Kontext einer kooperativ ausgerichteten Verfassung:

> „Der rechtliche Zustand ist dasjenige Verhältnis der Menschen untereinander, welches die Bedingungen enthält, unter denen allein jeder seines Rechts teilhaftig werden kann, und das formale Prinzip der Möglichkeit desselben, nach der Idee eines allgemein gesetzgebenden Willens betrachtet, heißt die öffentliche Gerechtigkeit, welche in Beziehung entweder auf die Möglichkeit, oder Wirklichkeit, oder Notwendigkeit des Besitzes der Gegenstände (…) nach Gesetzen in die beschützende, die wechselseitig erwerbende (…) und die austeilende Gerechtigkeit (…) eingeteilt werden kann" (ebd.: 422 f.).

Nicht zuletzt deshalb ist Kants Kontraktualismus grundlegend von seinen kontraktualistischen Vorgängern zu unterscheiden. Während beispielsweise Rousseau und Hobbes den Gesellschaftsvertrag als pragmatische und ethisch-republikanische Notwendigkeit bzw. als existenzielle Überlebensstrategie identifizieren, die den aus den *Nützlichkeit*surteilen der Individuen entspringenden freien Willen zum Ausdruck bringt[47], besteht die Quintessenz der kantischen Gesellschaftsverfassung darin, dass sie rechtsmoralisch (d .i einem universellen Kooperationsschema entsprechend) unbedingt geboten ist (vgl. Kant 1996 a: 145).

So weit, so gut, wenden wir uns nun der konstruktiven Kontrafaktizität der Urzustandskonstruktion von Rawls zu: Die Urzustandskonstruktion von Rawls hat mit allen Kontraktualisten die Akzentuierung der konstruktiven Vorgehensweise gemein, deren Finesse sich aus einer hypothetischen und transzendentalen „Als-ob"-Konzeption von zentralen Begrifflichkeiten wie Vertrag, Souverän oder Selbstgesetzgebung sowie aus der Möglichkeit ergibt, eine Distanz zwischen transzendentaler Begründung und gesellschaftlicher Realität zu wahren (ähnlich vgl. Kersting 1996: 204). Den Hintergrund, nun an die kontraktualistische Tradition anzuknüpfen, bildet bei Rawls das rechtfertigungstheoretische Anliegen, eine Ausgangssituation zu entwerfen, die die Deduktion vernünftiger (verallgemeinerbare) Prinzipien in Aussicht stellt (vgl. Rawls 1998: 149). Ausdrücklich mit Kant teilt Rawls wiederum das Anliegen, einen moralischen Begriff der Autonomie im Lichte einer Gerechtigkeitstheorie zu formulieren, wenngleich seine Theorie in der neueren Überarbeitung nicht mehr umfassend und moraltheoretisch angelegt ist, sondern sich nur noch als politische Theorie der Gerechtigkeit versteht: Denn „(d)er politische Konstruktivismus ist eine Weise, die Struktur und den Inhalt einer politischen Konzeption zu verstehen" (ebd.: 169).

Mit Bezug auf die Idee politischer Gerechtigkeit herrscht also zunächst Übereinstimmung, da auch die weltbürgerliche Verfassung nicht umfassend auf alle menschlichen Handlungssphären bezogen ist. Eine weitere Übereinstimmung besteht darin, den Naturzustand als Darstellungsmittel zu reformulieren, um ein Gerechtigkeitsideal (bzw. einen Unrechtsvermeidungsethos) zu illustrieren, das Grundlage einer gerechten Ordnungsvorstellung (bzw. eines globalen demokratischen Konstitutionalismus) ist:

> „Die Leitidee besteht darin, den Urzustand zu benutzen, um Freiheit und Gleichheit in einer solchen Weise modellhaft darzustellen, dass vollkommen evident wird, zu welcher Übereinkunft die Parteien als Vertreter der Bürger gelangen würden" (Rawls 1998: 94).

Allerdings soll das anvisierte Verfassungsmodell nicht unter Rückgriff auf die Idee einer utilitaristisch begründeten rationalen Wahl erfolgen, da Rawls davon ausgeht, dass „(t)he theory of justice is a part, perhaps the most significant part, of the theory of rational choice" (1972: 16). Es kann also stattdessen verdeutlicht werden, dass der autonomietheoretische Grundsatz praktischer Intersubjektivität eine Antwort auf die *universale* Frage nach der *politisch* gerechtfertigten Grundstruktur ist und demgemäß einer Perspektive *praktischer, demokratisch herzustellender Normativität im Kontext des Rechts* gleichkommt. Vor diesem Hintergrund kann die aktualisierte Urzustandskonstruktion – wie sie in Rawls Spätwerk „Politischer Liberalismus" (1998) vorliegt – nur bedingt überzeugen, denn das Rationalitätskonzept wird dort zwar nicht mehr utilitaristisch, aber ethisch verstanden.

47 Zu einer alternativen Lesart von Rousseaus Staatstheorie im Sinne einer vernunftrechtlichen Durchdringung des Gemeinwillens siehe Schmalz-Bruns (2002: 271).

Ausschlaggebend für die hier vorgenommene Abgrenzungsbewegung gegenüber rationalistischen wie auch ethischen Denkfiguren ist, dass die kantische Verfassung vor allem einer vernunftrechtlichen Pointe entspricht, die sich zum libertären Kontraktualismus des 20. Jahrhunderts konträr verhält. Es ist nämlich von Bedeutung, dass die libertäre Begründung des Kontraktualismus in Abwesenheit zu metaphysischen oder vernunftrechtlichen Bezügen erfolgt und sich primär am Modell privatrechtlicher Verträge orientiert. Die Begründung ist also voluntaristischen Zuschnitts und unterscheidet sich von daher wesentlich von vernunftrechtlichen Begründungen (siehe dazu auch Schmalz-Bruns 2002: 268). Der zentrale Ausgangspunkt der kantischen Vernunftrechtskonstruktion ist zwar insofern analog zu dem Ausgangspunkt der „Theorie der Gerechtigkeit" zu sehen, als zum moralischen Handeln fähige Personen[48] hypothetisch vorausgesetzt werden, die sich im Natur- bzw. Urzustand auf vernünftigem Wege einigen sollen:

> „In justice as fairness the original position of equality corresponds to the state of nature in the traditional of the social contract. This original position is not, of course, thought of as an actual historical state of affairs, much less as a primitive condition of culture. It is understood as a pureley hypothetical situation characterized so as to lead to a certain conception of justice" (Rawls 1972: 12).

Gleichwohl ist die Idee rationaler Autonomie im Unterschied zu Rawls Urzustandsversion (vgl. auch 1998: 176) bei Kant selbst *nicht als Heuristik der rationalen Wahl und Dezision angelegt,* sondern als systematisches Resultat eines vernunftrechtlich begründeten Apriori des Rechtsgesetzes. Zieht man dies in Betracht, folgt daraus, dass die vernunftrechtliche Konstruktion des Vertrags im Kontext der Rechtslehre weder auf das dezisionistische und rationale Kalkül möglicher Zustimmung (vgl. Rawls 1972) noch auf die rationale Entscheidung, eine Konzeption des Guten auszubilden (vgl. 1998: 198), beschränkt werden kann, stattdessen aber auf die anerkennungstheoretische Pointe möglicher (bzw. hypothetischer) Verallgemeinerung zugeschnitten ist. Diese Einschätzung wird nicht zuletzt dadurch gestützt, dass Rawls in seiner ursprünglichen Interpretation der Theorie der Gerechtigkeit das Augenmerk primär auf die Möglichkeit der *rationalen* Rechtfertigung von Prinzipien (erst als utilitaristisch interpretierte Vernunft des Homo oeconomicus, dann als ethisches Vermögen moralischer Personen) konzentriert, während sich die kantische Systematik auf den Aspekt möglicher Verallgemeinerung von Prinzipien als Ausdruck (vernunft-)rechtssystematischer Immanenz bezieht. Dementsprechend ist die kantische Naturzustandskonstruktion Ausdruck einer Haltung, die auf den Aspekt autonomer Herrschaftsetablierung (ergo Selbstgesetzgebung) und Herrschaftskritik ausgerichtet ist, was impliziert, dass die Darstellung der Naturzustandskonstruktion sich an einer alle politischen Kontexte umfassenden Konzeption wechselseitiger Anerkennung und Selbstgesetzgebung orientiert und weniger – wie bei Rawls – mit der Rechtfertigung bestimmter Grundgüter befasst ist (vgl. Rawls 1972: 233 und 246 sowie Kapitel V, 1998: 151).

48 In Rawls' Theorie der Gerechtigkeit heißt es: „fair between individuals as moral persons, that is, as rational beings with their own ends and capable, I shall assume of a sense of justice" (Rawls 1972: 12).

Dieser Denkbewegung entsprechend kann die kantische Idee des Naturzustandstheorems in eine Bezugsfolie für narrative Anerkennungsforderungen transformiert werden, die Menschen deshalb *zu einer vernünftigen Rechtspraxis motiviert*, weil sie (Anerkennungs-)Konflikte im Rahmen universal ausgerichteter (Un-)Rechts(vermeidungs)geschichten empathisch vermittelt. Im Idealfall hätte die Wirkung einer derartigen Geschichte nämlich zur Folge, dass „wir die übrigen miteinander im Konflikt liegenden Ziele in den subjektiven Begriffen der Identitäten der anderen formulieren" (vgl. Mead 1983 b: 248). Dabei ist zu berücksichtigen, dass unter Bedingungen interkultureller Pluralität und unterschiedlich realisierter Rechtspraxen Anerkennungskonflikte sehr unterschiedlich angelegt sein können, d. h., dass sich Konflikte in nichtdemokratischen Gesellschaften durchaus von denen in „schon bestehende(n) Demokratie(n)" unterscheiden können (Forst 1999 b: 116). Nichtsdestotrotz entsprechen die den kantischen Naturzustand bebildernden Unrechtsgeschichten einem Motivationsrahmen, der offen genug bleibt, um Menschen – trotz ihrer unterschiedlichen kulturellen und politischen Herkünfte – zu animieren, sich auf das Recht einzulassen.

In diesem Lichte betrachtet, spricht also einiges dafür, die anerkennungstheoretischen Pointen der kantischen Rechtsphilosophie im Kontext Unrecht thematisierender Narrationen darzustellen, die *in diesem* Sinne als „ein Darstellungsmittel der öffentlichen Reflexion und Selbstaufklärung" Anwendung finden können (Rawls 1998: 94). Ein Fundament dieser Selbstaufklärung ist dann weniger die Einsicht in ein rationales Eigeninteresse, sondern die anthropologisch fundierte und auf Empathie ausgerichtete Möglichkeit wechselseitiger Verpflichtungsperspektiven (vgl. Mead 1983 c: 318, 327), die ihren Ursprung in der onto- und phylogenetisch erklärbaren Fähigkeit zur Rollenübernahme finden (vgl. Mead 1973: 193 f., 196 f.). Angesichts dieser Weichenstellung geht es weniger darum, eine mögliche Rechtsperspektive zu naturalisieren. Indes wird auf jene Bedingungen Bezug genommen, die erklären, warum es in den alltäglichen Kommunikationspraktiken gelingt, Geltungsansprüche zu universalisieren und gesellschaftliche Praxen zu rationalisieren (vgl. Edelstein/Habermas 1984). Der Nachweis dieser Bedingungen entlastet freilich nicht davon, *rechtliche* Anerkennungsgeltungen faktisch herzustellen, sondern diese universalpragmatische Betrachtungsweise unterstützt lediglich die Idee, dass der anvisierte Rechtsentwurf nicht notwendig auf die (letztendlich kontingente) Faktizität der westlich-liberalen Kultur der Demokratie („Hermeneutik der Demokratie") bezogen bleiben muss. Kurz, Unrechtsgeschichten vermitteln im Idealfall die Einsicht in die eigene normative Verletzlichkeit und Interdependenz, was wiederum dem *immanenten Fundament* einer jeden kooperativen Haltung entspricht (Honneth 1992). Damit liegt der Akzent aber nicht nur auf dem Erzählen einer traurigen (Un-)Rechtsgeschichte, die an die *vernünftige* Einsicht in die Kooperationsnotwendigkeit appelliert, sondern auch auf einem genuin sprachpraktischen Postulat, das die Möglichkeit unterschiedlicher Sprachspiele herausstellt, zugleich aber an der Möglichkeit einer universalen Horizontverschmelzung im Rahmen einer universal erläuterten Rationalität festhält. Denn es handelt sich dabei um eine Vernunftkonzeption, die die Empathie als Reflexionseigenschaft beschreibt und die in diesem Zusammenhang entstehenden moralischen Gefühle mit kognitivem Gehalt ausgestattet sieht (vgl. Honneth 1992: 222). Es wird damit ein Alternativentwurf zu einer *die universelle Begründbarkeit negierenden* Konzeption emotionaler Verletzlichkeit – wie sie prominent von Rorty befürwortet wird – formuliert:

> „We pragmatists argue from the fact that the emergence of the human rights culture seems to owe nothing to increased moral knowledge, and everything to hearing sad and sentimental stories" (Rorty 1998: 172).

Diese den Gedankengang Rortys kontrastierende Einschätzung ergibt sich wiederum aus dem Umstand, dass ein Eintreten für Menschenrechte nicht kulturalistisch (also partikular) begründet werden kann. Denn so richtig die von Rorty an verschiedenen Stellen vorgenommene Negation theoretisch hergestellter Letztbegründungen universeller Sollensgebote ist (vgl. Rorty 1989, 1994, 1998, 2008), folgt daraus nicht, dass eine notwendig auf einer universalen Sprachlogik basierende, kritische Perspektive aufgegeben werden muss (vgl. Rorty 2008: 321).[49] Wenn Rorty herausstellt, dass alle menschliche Welterzeugung ein Ergebnis der sich in vielfältigen Sprachspielen artikulierenden und dynamischen Sprachpraxis ist (vgl. 2008: 46), kann die Welterzeugung in Perspektive einer interkulturellen Vermittlung von Leiderfahrungen (1998: 172, 1989: 14) durchaus inklusiv sein und muss im Sinne ihres kreativen Innovationspotenzials (vgl. ebd. 1989: 154) nicht auf die außerordentlichen Fähigkeiten einiger Literaten (bzw. Literaturkritiker) begrenzt werden (ebd. 13 f., 140).

Die These, die nun im Raum steht, ist also, dass sprachlich vermittelte Metaphern ein kognitives Potenzial entfalten können, dazu allerdings einer inklusiven Praxisstruktur bedürfen, die nicht vom vereinzelten literarischen Genius, sondern von einer demokratisch zu organisierenden, letztlich universal orientierten Interpretatorengemeinschaft erzeugt wird. Von hier aus betrachtet entsprechen die von Rorty akzentuierten Loyalitätsgemeinschaften (vgl. Rorty 2008: 88) der Vorstellung einer mit sprachlich vermittelten Bildern arbeitenden und auf die Empathie des (inner- und intragesellschaftlichen) anderen zielenden Rechtfertigungsgemeinschaft, die sich nicht nur affirmativ auf das Bestehende bezieht, sondern in der Auseinandersetzung mit dem anderen notwendig auf Momente der kontrafaktischen Überschreitung und kreativen Innovation angewiesen ist (einen ähnlichen Schluss ziehen auch Tietz 2001: 89, 97,105 f. und Brunkhorst 2001: 157 in der Auseinandersetzung mit Rortys Eurozentrismus).

Darüber hinaus ist es aber auch von Relevanz, Unrechtsgeschichten von egozentrischen Idiosynkratien und/oder von manipulativ ausgerichteten „Dolchstoßlegenden" zu unterscheiden. Kurz: Auch vor diesem Hintergrund scheint es angemessen, Rortys Bezug zu Humes Konzept der „Sentiments" (vgl. 1998, 2008: 86ff.) mit einer kantisch inspirierten Universalpragmatik der reziproken Rechtfertigung zu verknüpfen.[50] Schließlich ist die von Rorty präferierte *Kultivierung* des Mitgefühls als Basis einer „eurozentrischen" Menschenrechtspolitik auf eine Zugänglichkeit und reflexive Ein-

49 Interessanterweise hat Rorty in einer Erwiderung auf Hauke Brunkhorst (2001) eingeräumt, dass die Annahme einer *den konkreten Kontext transzendierenden* (Sprach-)Logik im Zusammenhang des Gebens und Nehmens von Gründen zumindest dann angemessen ist, wenn sie nicht mit einer Metaperspektive letzter Gewissheiten gleichgesetzt wird (vgl. Rorty 2001: 108).

50 Rorty argumentiert in diesem Zusammenhang in Rückgriff auf Anette Baiers Idee einer neohumeanischen Gefühlsmoral, wonach die Moral einer praktischen Beziehung entspricht (2008: 87).

sicht des Gegenübers angewiesen, die erstens *jedem* Menschen unterstellt werden können muss und zweitens voraussetzt, dass Menschen den unmittelbar gegebenen Kontext zu transzendieren in der Lage sind.[51] Und schließlich kann die Vermittlung von Unrechtsgeschichten mit Rorty als ein poetischer Vorgang der Selbstkreation beschrieben werden (vgl. Rorty 1994: 81ff.), der über private Idiosynkratien insofern immanent hinausweist, als das Entstehen einer metaphorischen Neubeschreibung alter Worte immer dann wahrscheinlich ist, wenn Menschen auf phantasievolle Art und Weise miteinander ins Gespräch kommen und sich über ihre Zukunft unterhalten.

Daraus folgt, dass alle Menschen potenzielle Poeten sind, die ihre Phantasievorstellungen nicht nur privat ausleben, sondern mit anderen zusammen entwickeln und teilen. Dieser Vorgang ist einerseits kontingent, als er erst im Gespräch Konturen annehmen kann und dennoch Ausdruck eines autonomen (nicht etwa kontingenten) Umgangs mit dem Verlust ewiger Gewissheiten. Rortys Kritik der kantischen Suche nach einer universalen „Logik der moralischer Argumente" (Rorty 2008: 321), die schlicht verkennt, dass der Begriff der Autonomie notwendig auf ein Praxisverhältnis verweist, das nicht nur unabhängig von einer Vernunftinstanz gedacht (ebd. 324), sondern insbesondere vom platonischen Dualismus von Empirie und Nichtempirie befreit und kontextualisiert werden muss (ebd. 325), überzeugt m. E. deshalb nicht. Denn die Frage, die sich im Anschluss unmittelbar stellt, ist, ob es in kohärenter Weise gelingen kann, im Rückgriff auf Dewey einen evolutionär induzierten Praxisbegriff zu postulieren, der offensichtlich in allen Kulturen und Kontexten Bedeutung hat (vgl. ebd.), wenn gleichsam mit dem Verweis auf die Kontingenz menschlicher Praxis eine universale Grammatik des Verstehens und Kreierens angesichts vielfältiger Sprachspiele und Rationalitäten negiert wird. Dementsprechend folgt aus dieser Negation grammatikalischer Sprachuniversalien ein naturalistischer Zug, der mit Blick auf Rortys Kritik metaphysischer und biologistischer Objektivitätsvorstellungen nicht spannungsfrei ist (vgl. auch dazu Schulz 2001: 166 f.). Es liegt also nahe, dass sich die von Rorty im Anschluss an Dewey geforderte Phantasie im Kontext der kriseninduzierten und problemlösenden Neuausbildung praktischer Identitäten nur dann antithetisch zu einem detranzendentalisierten Praxisbegriff verhält, wenn eine Existenz unterschiedlicher (Sprach-)Logiken und nicht nur unterschiedlicher Sprachspiele postuliert wird. Vor diesem Hintergrund scheint es gewinnbringend, Rortys Forderung, die philosophische Reflexion als ein nicht herausragendes Moment kulturpolitischer Praxis zu identifizieren, aufzugreifen und sie mit einem sprachimmanent hergeleiteten universalen Prinzip empathiebegründeter Selbstobjektivierung zu verknüpfen.

Übertragen auf die Sprache des Rechts impliziert dies, dass ein Unrechtsvermeidungscode als experimentelle Problemlösungsstrategie entfaltet werden kann, die durch Anerkennungskrisen provoziert wurde und gleichsam einer vernunftgeleiteten Selbsttherapie gleichkommt, die ihren Anfang explizit in der subjektiven Enttäuschung

51 An dieser Stelle kommt damit auch ein Gedanke zum Tragen, der u. a. von Tugendhat gegenüber dem ethischen Relativismus formuliert worden ist und in dem Vorwurf eines relativistischen Selbstwiderspruchs mündet (1993).

erwarteter „Ichideale“ nimmt.[52] Es ist also denkbar, dass die in rechtliche Praktiken involvierte Personen aus der Teilnehmerperspektive heraus das Recht auf kreativem Wege rechtfertigen, indem sie an die Empathie der universalen Kommunikationsgemeinschaft appellieren (Mead 1983 d: 203). Spannt man nun den Bogen zu Kant (und auch zu Kelsens Grundnorm s. n.), heißt das, das Naturzustandstheorem als Deutungsschema und Projektionsfläche für Narrationen mit emanzipativem Gehalt zu reinterpretieren, die aus der Rechtspraxis immanent abgeleitet werden und sie permanent durchdringen. Mit Blick auf Rawls’ Theorie der Gerechtigkeit kann durchaus konzidiert werden, dass der im Naturzustand konstruierte kantische Besitzbürger zur Verdeutlichung der Knappheit bestimmter Ressourcen sowie menschlicher Endlichkeit etabliert wurde und in diesem Sinne in der Tat auf die Figur des aufgeklärten Eigeninteresses abgestellt ist. Im Kontext der Gesamtarchitektur ist dies aber nur zweitrangig: Zwar ist die kantische These von der pazifizierenden Wirkung des (demokratisch generierten) Rechts, wonach selbst „ein Volk von Teufeln“ (Kant 1996 a: 224) im Rahmen seines Selbstinteresses auf bellizistische Handlungen verzichten würde, utilitaristisch infiltriert. Gleichwohl bleibt auch dieser argumentatorische Zug mit der rechtsmoralisch begründeten Idee autonomer Selbstgesetzgebung verbunden. Denn die Konsequenz, die Kant daraus bekanntermaßen zieht, ist, dass die Republik eine partizipative Wende erfährt.

Berücksichtigt man die in der Friedensschrift ausdrücklich akzentuierte Mitbestimmung über die Entscheidung zum Kriegseintritt (ebd.), sieht man, dass die kantische Staatslehre weniger voluntaristisch, sondern als rechtsmoralisches Konzept des Rechts (bzw. der Gerechtigkeit) entfaltet wird, dessen Pointe die interne Verklammerung der vernunftbegründeten Obligation zur Selbstbestimmung und der diskursiven Praxis des öffentlichen Vernunftgebrauchs ist. Vor diesem Hintergrund ist die These von der Notwendigkeit einer aus der Naturzustandskonstruktion abgeleiteten Kooperationspflicht dann nicht als instrumentelle oder voluntaristische Anordnung zu begreifen, sondern als moralische, die autonomiepraktisch erläutert werden kann. Statt wie Kant die Bereitschaft zur wechselseitigen Anerkennung im Recht als apriorische Einsicht darzustellen, wird sie nun also als praktische Rechtsnormativität entfaltet, die die Menschen durch Rechtsgeschichten als Menschen in universaler Perspektive anspricht. Darüber hinaus hat das Konzept vernünftiger Narrationen den Vorteil, dass Individuen (und nicht etwa wie bei Rawls 1972 und 1998 Parteien) als zur praktischen Reflexion befähigte Personen angesprochen werden und mehr noch, dass dieses Konzept letztlich auf einer Autonomiekonzeption fußt, die die tiefe strukturelle Verwobenheit des Individuums mit anderen zum Ausgangspunkt wählt (vgl. Nussbaum 2000:

52 Honneth schreibt mit Bezug auf eine emanzipativen Dialektik im Kontext moralischer Identitätskrisen: „Hier wird die moralische Krise in der Kommunikation also dadurch ausgelöst, daß normative Erwartungen enttäuscht werden, die das tätige Subjekt an die Achtungsbereitschaft seines Gegenübers glaubte stellen zu können. Insofern repräsentiert dieser zweite Typ moralischer Scham [i. U. zum ersten Typ selbstverschuldeter Schuldgefühle, Anmerkung N. M.] die Gefühlsregung, von der ein Subjekt überwältigt wird, wenn es aufgrund der Mißachtung seiner Ich-Ansprüche nicht einfachhin weiterhandeln vermag, das, was es in einer derartigen Empfindung über sich selbst erfährt, ist die konstitutive Abhängigkeit seiner eigenen Person von der Anerkennung durch andere“ (Honneth 1998: 224).

110). Da Geschichten, die darüber berichten, wie es ist, wenn Rechte nicht in Anspruch genommen werden können, zum Recht *motivieren*, es aber nicht *begründen*, trifft der von Habermas gegenüber Rawls Konstruktivismus formulierte Vorwurf eines expertokratischen Monologismus (vgl. Habermas 1991: 191ff., 1999b: 80) ebenso wie die Kritik an der Fiktionalität des Naturzustands (bzw. in der rawlschen Fassung des Urzustands) als „Arrangement künstlicher Unwissenheit" (vgl. Habermas 1991: 14) die hier entfaltete Konzipierung nicht. Es wird vielmehr das ursprünglich von Dworkin (vgl. 1984: 253) monierte motivationstheoretische Defizit eines gänzlich hypothetisch konstruierten (und damit von der Lebenswelt der Individuen abgekoppelten) Verfassungsentwurfs überwunden, womit wiederum an eine Idee von Rawls angeknüpft werden kann, die am Beispiel des Versprechens demonstriert, dass Menschen grundsätzlich die moralische Fähigkeit besitzen, einen Gerechtigkeitssinn auszubilden.

> „The parties are assumed to be capable of a sense of justice and this fact is public knowledge among them. This condition is to ensure the integrity of the argument made in the original position. (...) their capacity for a sense of justice insures that the principles chosen will be respected. (...). The assumption only says that the parties have a capacity for justice in a purely formal sense: taking everything relevant into account, including the general facts of moral psychology, the parties will adhere to the principles eventually chosen" (Rawls 1972: 145).

Mein Ausgangspunkt ist von daher ein Personenbegriff, der ein politisches Anerkennungsbedürfnis im Rückgriff auf universalpragmatische Überlegungen rekonstruiert und in diesem Sinne eine menschliche Fähigkeit, nämlich Anerkennungsbedürfnisse moralisch-praktisch reflektieren zu können, identifiziert. Dementsprechend ist auch davon auszugehen, dass die grundlegende menschliche Fähigkeit zur moralischen Reflexion und (Re-)Evaluation ihren (motivationalen) Ursprung in der Notwendigkeit zur kooperativen Gestaltung des Sozialen findet (vgl. Rawls 1998: 54). Die Reflexion über normative Anerkennungsbedingungen fungiert so als motivationstheoretische *Ermöglichungsbedingung des Rechtsgesetzes* und dient damit der Etablierung einer Verfassung.[53] Dabei schützt die motivationstheoretische Erläuterung des Grundes einer Verfassungsetablierung nicht davor, das *analytische* Augenmerk auf die Illustration jener sozialen und institutionellen Rechtfertigungspraktiken zu legen, die zumindest ansatzweise einem universalen Rechtscode der Anerkennung entgegenkommen. Im Rückgriff auf die aktuelle Völkerrechtsdebatte wird deshalb an anderer Stelle demonstriert, dass bereits ein Umdenken stattfindet, das auf einen – zwar in der konkreten Implikation umstrittenen, aber dem Projekt einer weltbürgerlichen Herrschaftsausübung entgegenkommenden – Emanzipationsprozess verweist.

53 Diese intersubjektivistische Lesart des Naturzustandsarrangements kann außerdem als eine Form der Berücksichtigung der internalen Dispositionsfähigkeit verstanden werden, die ein Institutionendesign in seiner konkreten (Re-)Interpretation zumindest implizit voraussetzen muss. Es lässt sich diese Struktur der Argumentation weiter fortführen, etwa in Form der Frage, welcher soziomoralischen oder gar internalistischen Voraussetzungen ein globales Verfassungsmodell, das auf einem deliberativen Demokratieverständnis fußt, bedarf (ähnlich Goodin 2003: 7).

I. 10. Zum Zusammenhang von Verfassung und einem experimentell ausgerichteten Weltbürgerrecht

Ich habe in der Auseinandersetzung mit Rawls argumentiert, dass die kantische Verfassungsidee weniger Ergebnis eines hypothetischen Vertragsschlusses von in Bezug auf ihr Eigeninteresse aufgeklärten Individuen ist, sondern auf die Etablierung eines anerkennungskonstitutiven Verfassungsmodells zielt. Im Folgenden soll die Idee einer demokratischen Verfassung mit der eines Weltbürgerrechts verbunden werden, das als ein monistisch ausgelegtes, aber regional und sektoral differenziertes Kooperationsrecht präsentiert wird.

Dazu ist lohnenswert, Kants ursprünglich konzipierte Weltbürgerrechtsmodellierung noch einmal genauer zu betrachten. Denn die kantische Rechtslehre erfährt durch die *Formulierung eines Weltbürgerrechts* einen systematischen Höhepunkt (vgl. Kant 1996 a: 213, 1996 b: 429), wodurch sie sich von vorangegangen kontraktualistischen Rechtsarchitekturen in einem Punkt wesentlich unterscheidet: Erstmalig wird ein institutionelles Schema präsentiert, das die vernunftrechtliche Beziehung von Personen auch in *fremden* Staaten normativ reguliert. Von Bedeutung ist in diesem Zusammenhang, dass Kant mit dem – zwar nur als *Besuchsrecht* identifizierten – Weltbürgerrecht einen Gedanken formuliert, der in rechtssystematischer Hinsicht einen entscheidenden Vorgriff auf aktuelle Völkerrechtsvorstellungen offenbart (vgl. auch Brunkhorst 2005).

> „Das Weltbürgerrecht soll auf Bedingungen der allgemeinen Hospitalität (Wirtbarkeit) eingeschränkt sein. Es ist hier, wie in den vorherigen Artikeln, *nicht von Philanthropie, sondern vom Recht die Rede*, und da bedeutet Hospitalität (Wirtbarkeit) das Recht eines Fremdlings, seiner Ankunft auf dem Boden eines andern wegen, von diesem nicht feindselig behandelt zu werden. (…) Es ist kein Gastrecht, worauf dieser Anspruch nehmen kann (…), sondern ein Besuchsrecht, *welches allen Menschen zusteht*, sich zur Gesellschaft anzubieten, vermöge des Rechts des *gemeinschaftlichen Besitzes der Oberfläche der Erde*, auf der, als Kugelfläche, sie sich nicht ins Unendliche zerstreuen können, sondern endlich sich doch neben einander dulden zu müssen, *ursprünglich aber niemand an einem Ort der Erde zu sein mehr Recht hat, als der andere*" (Kant 1996 a: 213 f.; Hervorhebungen N. M.).

Man kann sich ohne Weiteres vorstellen, dass diese Formulierungen im ideengeschichtlichen Kontext des 18. Jahrhunderts einer begriffliche Sensation gleichen, denn ein so verstandenes Weltbürgerrecht adressiert nicht nur den Staatsbürger, sondern erstmalig das staatenlose, „nackte" Individuum als kosmopolitisches Rechtssubjekt (Brunkhorst 2005: 11). Schaut man auf die mit der weltbürgerlichen Argumentation verbundene scharfe Kritik an der damaligen Kolonialpraxis, hat die individualrechtlich ausgerichtete Architektur im Kern zwei Konsequenzen: Sie ergänzt die staatszentrische Föderation einerseits in friedenspolitischer Hinsicht (d.h., sie postuliert nur ein Recht auf Besuch, kein Recht auf dauerhafte Bleibe, Missionierung, Besatzung usw.) und begründet dies andererseits mit der Idee, dass ein rechtlich verfasster, interkultureller Austausch Emanzipationsprozesse auf beiden Seiten fördert.

> „Auf diese Art können entfernte Weltteile mit einander friedlich in Verhältnisse kommen, die zuletzt öffentlich gesetzlich werden, und so das menschliche Geschlecht endlich einer weltbürgerlichen Verfassung immer näher bringen können" (Kant 1996 a: 214).

Demnach erscheint es in systematischer Hinsicht angemessen, an einen Gedanken anzuknüpfen, der bereits in den ersten Kapiteln angesprochen wurde und zum Ausdruck bringt, dass diese weltbürgerliche, letztlich auf der Idee globaler Rechtsgenossenschaft (Brunkhorst 2002 b) und auf dem autonomietheoretisch begründeten Postulat der Selbstgesetzgebung fußende Konzeption einer über den nationalen Kontext hinausgehenden Konstitutionalisierung bedarf. Die Voraussetzung ist dabei allerdings, dass der ursprüngliche Vertrag (bzw. das bereits bestehende Recht) nicht durch revolutionäre, wohl aber durch evolutionäre – demokratisch organisierte und rechtlich domestizierte – Transformationsprozesse[54] modifiziert werden kann (vgl. Kant 1996 b: 441 mit Bezug auf die Idee einer parlamentarischen Transformation). Gleichwohl bedarf es im Kontext dieser Interpretation einer weiteren Erläuterung, da der innerhalb der Präliminarartikel der Friedensschrift (Kant 1996 a) traditionell entfaltete Souveränitätsbegriff doch in einem gewissen Kontrast zur Idee einer vernunftrechtlich begründeten Obligation steht, einen (alle Menschen dieser Erde inkludierenden) Vertrag zu stiften (vgl. Kant 1996 b: 441; vgl. auch Lutz-Bachmann 1999; Höffe 1999; Horn 1996). Es muss demzufolge gezeigt werden, dass die Akzentuierung des klassischen Souveränitätsbegriffs[55] in autonomietheoretischer und republikanischer Perspektive nicht zwingend, wenn nicht gar widersprüchlich ist.

Ein Ansatzpunkt für diese Behauptung findet sich, wenn in Betracht gezogen wird, dass Kant in den Präliminarartikeln auf das klassische Völkerrecht (in Anlehnung an Vattel 1959; Bodin 1996 u. a.) rekurriert, im ersten Definitivartikel seiner Rechtslehre aber das republikanische Vertragsgründungspostulat als ein zur Souveränität qualifizierendes Kriterium in den Vordergrund stellt (ebd. ff.). Damit ist die Überlegung angesprochen, dass in den Präliminarartikeln (der Friedensschrift) ein Vorgriff auf normative Prämissen stattfindet, die erst in den Definitivartikeln eine Begründung erfahren (vgl. Lutz-Bachmann 1999). Dies mag ein Grund sein, der erläutert, warum Kant unterschiedliche Positionen im Hinblick auf die Ausrichtung des Souveränitätsbegriffs vertritt. Doch ein weiteres Motiv spielt in diesem Zusammenhang eine Rolle: Selbst gesetzte Lernprozesse können sich nur im Medium eines (bereits bestehenden) Rechts vollziehen. Und nicht zuletzt ist es mit Blick auf den empirischen Status quo sinnvoll, davon auszugehen, dass Staaten bereits rechtlich verfasst sind. Vor diesem Hintergrund beruht die Beweispflicht auf einer Argumentation, die ausweist, inwiefern praktische Rechtsentwicklungen, der geforderten *„republikanischen Regierungsart"* (vgl. Kant 1996 b: 464) in zweifacher Hinsicht entgegenkommen, d. h. in Bezug auf einen erweiterten Souveränitätsbegriff und in Bezug auf gesellschaftliche Lernprozesse. Kurzum, es wird darum gehen, diese Transformationsschritte als autonomietheoretisch begründet darzustellen.

In einem ersten Schritt ist zu bedenken, dass Kant die Idee der Selbstgesetzgebung „im *Geiste* jenes ursprünglichen Vertrags (*anima pacti originari*)" (ebd., Hervorhe-

54 Mit Blick auf die Reichweite der Transformation (Stichwort: Paradigmenwechsel im Recht) kann allerdings durchaus von einer individualrechtlichen Revolution *im* Recht gesprochen werden (vgl. dazu auch Brunkhorst 2008 a).

55 Der zwischenstaatliche Friede soll stattdessen durch die Errichtung eines Friedensvertrags (*pactum pacis*) zwischen vernünftigen Republiken im Rahmen eines neu zu konstituierenden Völkerrechts gewährleistet werden (vgl. Kant 1996 a: 213).

bung N. M.) ausrichtet, woraus rechtssystematisch folgt, eine Regierungsart zu identifizieren, die das Prinzip der Freiheit mit der Bedingung des Zwangs zu vereinen in der Lage ist. Und diese ist – wie bereits erläutert wurde – gerade nicht an die historisch kontingente Form des Nationalstaats gebunden (vgl. dazu auch Beitz 1979), sondern kann auf vielfältige Formen der Rechtsinteraktion bezogen werden. Daraus folgt, das Weltbürgerrecht im Kontext eines praktisch ausgelegten Vernunftmaßstabs auf den bereits ausgewiesenen strukturellen Zirkel von Verfassung und Demokratie zu beziehen, dem ein substanzieller Rechtscode politisch-rechtlicher Inklusion zu Grunde liegt. Diese Denkfigur beinhaltet demnach trotz ihrer globalen Ausrichtung die Möglichkeit, im Rahmen einer Stufenordnung regional und sektoral differenziert zu werden, so dass die Weltbürgerrechtsidee an faktische Rechtsentwicklung im Mehrebenenkontext angepasst werden kann (siehe dazu auch Brunkhorst 2005: 10 und das nächste Kapitel).

Die von Kant in den Präliminarartikeln präsentierte Bundlösung erscheint im Lichte dieser Überlegungen dagegen als Vorschlag, der sich nicht entschieden genug von der Vorstellung exklusiv nationalstaatlich zentrierter Souveränität löst und – wie gezeigt werden kann – gerade deshalb Verselbstständigungs- bzw. Selbstermächtigungstendenzen im Rahmen eines längst überstaatlich organisierenden Rechts ein Einfallstor bietet. In einer Art ist die Bundlösung aber dennoch von Interesse: Denn immerhin beinhaltet sie bereits ein – wenn auch rudimentäres, föderales – Organisationsprinzip, das im Rahmen einer weltbürgerlichen Verfassungsarchitektur als Modell eines überstaatlichen Bundes (teil-)souveräner und republikanischer Gliedstaaten reformuliert werden kann (vgl. Brunkhorst 2007 b), also eine stufenlogische Differenzierung des Souveränitätsbegriffs in Aussicht stellt. Ein zentraler, mit der Vorstellung einer souveränitätstheoretischen Stufung einhergehender Gedanke ist, dass ein subsidiär angelegtes Föderalismusprinzip thematisch auf die Idee menschenrechtsrelevanter (d. h. über den Nationalstaat hinausgehender) Herrschaftsfragen bezogen bleiben muss.

Das so verstandene Weltbürgerrecht entspricht damit der Idee eines auf der überstaatlichen Ebene verankerten grundrechtlichen Korrektivs, das nationale Grundrechte nicht substituiert, sondern ergänzt. Denn im Grunde liegt die Quintessenz einer föderalen Organisation des Weltverfassungsrechts darin, „die Verrechtlichung und Konstitutionalisierung des Völkerrechts so weit zu treiben, dass die Konturen demokratischer Gewaltenteilung auch im inter- und übernationalen Recht erkennbar werden" (vgl. Brunkhorst 2005: 4.) Und in Perspektive eines emanzipativ wirkenden Rechtsfortschritts heißt das vor allem, einen Gegenpol „zur (…) massiven Marginalisierung der staatlich organisierten Demokratien" zu bilden, was damit einhergeht, „neue Quellen demokratischer Legitimation" zu identifizieren (ebd.). Dementsprechend bieten die den Nationalstaat in seiner allumfassenden Rolle relativierenden Entwicklungen Demokratisierungschancen, die auf der Grundlage eines Mehrebenensystems regionale und sektorale Differenzierungsprozesse ermöglichen. In diesem Sinne scheint es in regionaler Hinsicht angemessen, ein Prinzip der *Kontinentalstaatlichkeit* zu etablieren.

> „In vielen Bereichen der Politik (…) sind die Einzelstaaten bereits heute gezwungen, sich zu größeren Einheiten zusammenzuschließen. Diese Notwendigkeit resultiert aus der dem von Teubner u. a. geltend gemachten Prozeß einer zunehmenden Bedeutung des Merkantil-, also Privatrechts und der Einflüsse, die von Seiten des privaten Kapitals auf die Imperative der Politik

einwirken. Der europäische Prozeß mag als Beleg für diese Perspektive gelten" (Lutz-Bachmann 2002: 43).

In funktionaler Hinsicht scheint es deshalb viel versprechend, an eine noch zu explizierende Idee von Gunter Teubner und Andreas Fischer-Lescano anzuknüpfen, die im Kern darauf hinausläuft, dass funktional bedingte und sektorenspezifische Differenzierungsprozesse konstitutionell eingegrenzt werden, wenn Forderungen aus einer sich selbstorganisierenden Zivilgesellschaft systematisch in die Rechtsgenese und Durchsetzung einbezogen werden (s. n.).

Ein weiterer Gesichtspunkt, der für ein föderal ausgerichtetes Kontinentalstaatsprinzip und ein sektorales (bzw. systemspezifisches) Design spricht, besteht darin, dass es unter Bedingung einer Subsidiarität und Stufenlogik explizit auf gesellschaftliche Lernprozesse angewiesen ist und damit „Kants konsequentes demokratisches Postulat, daß nicht einmal die Demokratie gegen den Willen des Volkes eingeführt werden darf", konsequent verinnerlicht (Maus 2002 a: 243). So betrachtet, verliert die sicherlich nicht unbegründete Warnung, den Nationalstaat als wichtige Organisationseinheit der Volkssouveränität voreilig zu verabschieden (ebd. 238, vgl. Müller 2008), m. E. an Substanz. Denn das Prinzip subsidiär verstandener Kontinentalstaatlichkeit und das Prinzip eines demokratisch-hierarchisch gewährleisteten Schutzes gesellschaftlicher Selbstorganisation im Kontext sektoraler Systemlogik erweitert und vertieft den demokratischen Prozess gleichzeitig. D. h.: Das – in seiner konkreten Herleitung noch zu erläuternde – stufenlogisch ausgerichtete Gewaltmonopol eines konstitutionell ausgerichteten Rechts bleibt auf exklusiv *überstaatlich angelegte* Herrschaftsprobleme bezogen (s. n.).

Soweit bleibt festzuhalten, dass der Nationalstaat weiterhin als *ein* wichtiger Ort gesellschaftlicher Selbstbestimmungspraxen anerkannt und die „faktische Heterogenität der Staatenwelt" explizit honoriert wird (Maus 2002 a: 243, 2007).Von daher verhält sich das derartig fundierte weltbürgerliche Verfassungsrecht zu allen Versuchen einer „Zwangsdemokratisierung" geradezu antithetisch und berücksichtigt als Erfahrungsstiftungsbegriff ausdrücklich, dass im Medium des provisorischen Rechts Unrechtsgeschichten als „Emanzipations- oder Zukunftserzählungen" (ebd.) den Rechtsfortschritt ermöglichen.[56] Wiederum mit Blick auf die damit einhergehende hermeneutische Offenheit ist es nicht unwahrscheinlich, dass das Recht integrations- und legitimationsstiftend wirken kann.

Gemäß dieser praxiszentrierten Verortung fungiert das Weltrecht als *rechtliche* Inklusionsform, die – wie später en detail gezeigt wird – sich zu einem auf *politischen* Selbstermächtigungen ruhenden kulturimperialistischen „Weltkriegsprogramm" antithetisch verhält (vgl. Maus 2002 a: 232). Denn Aufgabe des Weltbürgerrechts ist es ja gerade, in Perspektive einer kontinuierlichen Verfassungs(r)evolution (vgl. Brunkhorst 2007 b: 89) vielfältige Unrechtsgeschichten aufzunehmen und an bestehende Normenbestände anzuschließen. Oder, sofern dies nicht möglich ist, sie als mythologische Begründungen zu brandmarken und d. h., sie als *Rechtspathologie zu* markieren.

56 Diese emanzipative Ausrichtung markiert übrigens einen wesentlichen Unterschied zu „mythologischen Ursprungserzählungen" im Kontext konservativer, exklusiv substanzialistisch interpretierter Rechtsauffassungen (vgl. Maus 2002 a: 234 in Anlehnung an Carl Schmitt).

Denn wie Hauke Brunkhorst treffend bemerkt: „Für das konkrete Ordnungsdenken [etwa Schmittscher Prägung ist es ja gerade charakteristisch, dass es eine] möglichst hohe ‚Elastizität' und ‚Flexibilität' des Rechts fordert, [um so den ohnehin] verhassten Rechtspositivismus" zu Gunsten von unhaltbaren, hegemonial induzierten Mythologisierungen abzuschaffen (vgl. Brunkhorst 2005 b: 6).

Um den Missdeutungen eines konkreten Ordnungsdenkens vorzubeugen, scheint es sinnvoll, die Idee des Föderalismus nicht nur mit der einer *deliberativen Repräsentation* und *demokratischen Integration* zu verklammern, sondern ebenso mit einer mehrstufigen Organisation von Spezialgewalten im Kontext eines supranational ausgerichteten G*ewaltenteilungsschema*s (vgl. dazu auch Brunkhorst 2007 b). Und soweit das Gewaltenteilungsschema als wesentlicher Gesichtspunkte der Herrschaftsteilung und -kontrolle betrachtet werden kann, verdeutlicht dies angesichts komplexer Globalisierungsprozesse, dass sich das weltbürgerliche Herrschaftsproblem nicht nur auf die territoriale Dimension (Regionen), sondern auch auf den Aspekt der funktionalen Differenzierung (z. B. des globalen Wirtschaftssystems) konzentrieren muss (s. n.).

Mit Blick auf die Besorgnis eines globalen „Zentralisierungsdespotism" ist festzuhalten, dass die Idee der Herrschaftsteilung ein entscheidendes Strukturprinzip der republikanischen Regierungsart darstellt, dessen Fehlen im Kontext der plebiszitären Demokratie Kant bekanntlich veranlasste, die Direktdemokratie als despotisch zu verurteilen (Kant 1996 b: 462). So gesehen ist es plausibel, dass mit dem Problem einer exklusiven Herrschaftskonzentration im Rahmen eines Gewaltenteilungsschemas und einem Konzept der wechselseitigen Herrschaftskontrolle umgegangen werden kann. Nicht zuletzt nährt die Verschränkung der Herrschaftsdimensionen nämlich die Erwartung, dass utopische und ambivalente Potenziale der Rechtspraxis auf verschiedenen Ebenen der Weltgesellschaft identifiziert werden können, die im Rahmen von Krisenphänomenen neue Formen der Kooperation hervorrufen.

Im Hinblick auf das demokratietheoretisch bedenkliche Auseinanderbrechen der lückenlosen demokratischen Legitimationskette heißt das, dass auch eine bisher „stark fragmentierte, untereinander weitgehend zusammenhangslose, neue Gewaltengliederung Demokratisierungschancen" offenbart, die sich unterhalb des hoffnungslos utopischen Niveaus einer direkt oder parlamentarisch demokratischen Weltrepublik erschließen". (Brunkhorst 2005: 14) Denn insofern es eine angemessene Lesart des Autonomiebegriffs ist, wonach nur die Unrechtsbetroffenen selbst die Etablierung des Weltbürgerrecht vorantreiben können, liegt es nahe, die bisherige Evolution des Rechts als praktisch-kommunikative Auseinandersetzung um institutionelle Anerkennungsbeziehungen zu deuten. Die Idee einer kooperativ und gewaltenteilig organisierten Verfassungsstruktur kann dann als eine den gesellschaftlichen Praxen inhärente entfaltet werden, die dem evolutionären Prozess gesellschaftlichen Experimentierens entspricht (so auch Brunkhorst 1998; Dewey 1996; Mead 1983a/b/c/d; Piaget 1972a/b, 2003). Und weil ein auf Verallgemeinerungs- und Rechtfertigungsprozesse zielender Experimentalismus inhaltsoffen[57], aber mit Blick auf den Verfahrensmodus nicht be-

57 „Inhaltsoffen" bezieht sich nun auf die Menschenrechtsinhalte (im Unterschied zu den Verfahrensinhalten).

liebig ist, würdigt er die kreativ-anarchischen Praktiken ausdrücklich und wird so der Idee eines „lernfähigen Rechts" gerecht (Maus 2002 a: 232).

Kurzum: Jede fehlgeschlagene Handlungskoordination bietet die Chance kollektiver und individueller Lernprozesse (vgl. auch dazu Habermas 1998 a: 38, 1998 b: 165; Schmalz-Bruns 2002: 266 f.), weshalb es auch vernünftig scheint, ein auf den verschiedenen Interaktionsebenen angelegtes konstitutionelles Weltbürgerrecht mit Mechanismen der institutionellen Selbstkorrektur auszustatten. Daraus folgt: Das Weltbürgerrecht ist mit der Aufgabenstellung zu betrauen, *allgemein gerechtfertigte* Anerkennungsforderungen aufzugreifen und sie als konstitutive Elemente eines institutionellen Lernens zu honorieren und demokratisch sowie gewaltenteilig zu organisieren. Damit bietet das Weltbürgerrecht im Idealfall einen strukturellen Rahmen, in dem es gelingt, dezentral angelegte sowie funktional und hegemonial bedingte Herrschaftsprobleme konstitutionell zu domestizieren und nicht zuletzt ist durch den Einbezug narrativer und deliberativer Selbstaufklärung ein hohes Maß an institutioneller Responsivität gesichert. Dies ist theoretisch auch deshalb von Relevanz, weil der Einbezug narrativer Selbstexplikationen zu der gegenüber dem epistemischen Prozeduralismus (vgl. exemplarisch Estlund 1997; Schmalz-Bruns 2002) formulierten Kritik, wonach deliberative Modelle kognitiv und kulturell zu viel voraussetzen, einen wichtigen Kontrapunkt setzt.

Ein Hintergrund dieser Kritik deliberativer Modelle ist ja bekanntlich, dass sie hochgradig exklusiv und elitär erscheinen (vgl. exemplarisch Bohman 1996: 110, 112-132; Greven 2003; zur Bedeutung demokratischen Lernens vgl. Preuß 1998). So sei die Gefahr eines Elitismus insbesondere auf die mit den zahlreichen parlamentarisch „ausgegliederten deliberativen Gremien und Policynetzwerken" einhergehenden Komplexitäten zurückzuführen, die demokratietheoretisch bedenkliche Unübersichtlichkeiten erzeugen und außerdem kaum realisierbar erscheinen (vgl. Greven 2003: 85). Schaut man sich allerdings interkulturelle Skandalisierungspraxen insbesondere im Bereich der Menschenrechte genauer an (vgl. Fischer-Lescano 2005; Blome 2004, 2009), ergibt sich ein anderes Bild: Die Forderungen nach Anerkennungen sind ja gerade deshalb erfolgreich, weil sie sich einer Sprache bedienen, die die Menschen als universale Rechtsgenossen anspricht.

So gesehen ist es plausibel, insbesondere Menschenrechtsorganisationen als Agenten einer „(welt-)gesellschaftlichen Arbeitsteilung" zu identifizieren, die durch Momente solidarischen Handelns und einer „positive[n] Erfahrung einer ungezwungenen Selbstverwirklichung" bestärkt werden (Honneth 1999: 48, Hervorhebung N. M.). Damit denke ich, relativiert die Idee einer gesellschaftlicher Herrschaftsteilung und -ausübung das Bedenken, dass im Kontext deliberativ ausgerichteter Demokratiemodelle die Demokratie durch die kritische Öffentlichkeit substituiert werden soll (vgl. Maus 2002 a: 238). Die Selbstgesetzgebungsprozesse haben nämlich eine doppelte Struktur, einerseits werden sie von einer überstaatlich und sich selbst organisierenden Zivilgesellschaft erkämpft, indem sie transnationale Gestaltungskompetenzen einfordern, und andererseits entsprechen sie der Idee individualrechtlich begründeter kommunikativer Mitbestimmungs- und gerichtlich verbriefter Klagemöglichkeiten (s. n.). Die Rechtsbetroffenen haben gemäß der Idee einer Autoren- und Adressatengleichheit also den Status von *Verfassungsinterpretatoren* (vgl. Häberle 2003: 429ff., 1975), der von tugendethischen Überlastungen aber insofern verschont wird, als das Augenmerk auf der rationalen Organisation der gesellschaftskonstituierenden Prozeduren liegt (vgl. Honneth 1999: 41).

Eine bisher noch offene Frage ist allerdings, wie die arbeitsteilige Selbstverwirklichung unter Bedingungen zunehmender Komplexitätssteigerung, drastisch abnehmender Transparenz sowie dem Ansteigen „horizontal wie vertikal interdependenter Prozessabläufe" trans- und supranationalen Regierens gewährleistet werden kann (vgl. Greven 2003: 86). Man kann Autoren wie Michael Greven prima facie zustimmen, wenn dieser im Anschluss an Ingeborg Maus konstatiert, dass die Lösung dieser Probleme nicht in der Formulierung eines hyperkomplexen, die BürgerInnen gänzlich (motivational-kognitiv) überfordernden und damit entmündigenden Politikmodells liegen kann (ebd. 87, FN 33). Andererseits scheint eine zu skeptische Beurteilung der Einflussmöglichkeiten einer sich transnational organisierenden Zivilgesellschaft ebenfalls nicht ganz frei von paternalistischen Denkfiguren. Es liegt daher nahe, narrative Rechtfertigungspraxen und Experimente in das Deliberationskonzept explizit einzubeziehen und als ein mögliches Modell einer Verfassungsinterpretatorengemeinschaft im Kontext einer sich öffnenden (Welt-)Gesellschaft zu präsentieren. „Verfassungen" sind somit „nicht nur juristisches Regelwerk, sondern auch Ausdruck eines kulturellen Entwicklungszustands" und ein „Mittel der kulturellen Selbstdarstellung" für weltgesellschaftliche Zivilgesellschaften und in diesem Horizont ein „Spiegel" ihres „kulturellen Erbes" sowie „Fundament" ihrer „Hoffnungen" (Häberle 2008: 2.).

Verfassungen können von daher als „[l]ebende Verfassungen" verstanden werden, die „ein Werk aller Verfassungsinterpreten der offenen Gesellschaft sind". Daraus folgt, dass Verfassungen „der Form und der Sache (...) Ausdruck und Vermittlung von Kultur[, ein] Rahmen für [die] kulturelle Reproduktion und Rezeption [sowie] Speicher von überkommenen ‚kulturellen', Informationen, Erfahrungen, Erlebnissen [und] Weisheiten" sind (vgl. Häberle 2008: 2; vgl. auch 1975; zur Idee der lebendigen Verfassung erneut Ehrlich 1969). Damit schließt sich der im ersten Teil der Arbeit entfaltete Kreis zwischen Politik, Recht und Kultur. Verfassungen sind eine immanent rekonstruierte Vorbedingung und ein Resultat einer sich selbst bestimmenden Zivilgesellschaft, weshalb dieses Potenzial einer Institutionalisierungs- sowie Positivierungsperspektive bedarf, etwa durch Etablierung politischer Verfahren, in die zivilgesellschaftliche Interaktionen nicht nur repräsentativ einbezogen werden, sondern auch Entscheidungsrelevanz erhalten sollten (s. n.). Angesichts der bisherigen Diskussion der experimentellen Dialektik weltbürgerlicher Konstitutionalisierung sind Dissense und Regressionen, aber auch funktionale Fragmentierungen und hegemonial bedingte Selbstermächtigungen im Kontext eines lebenden Rechts durchaus möglich, was aber nicht zwangsläufig bedeutet, dass diese – wie auch die anschließende Diskussion eines monistischen Positivismus und der Kritik systemtheoretischer Ansätze zeigt – rechtsimmanent nicht aufgelöst werden können (zur gegenteiligen Ansicht in kantisch inspirierter Perspektive im Hinblick auf die Dissensanfälligkeit Gosepath 1998 a: 26, 1998 b: 228). Dieser Gedankengang scheint zumindest dann angemessen, wenn die mit ethischen und funktionalen Ausdifferenzierungsprozessen einhergehende Dissensanfälligkeit als normativer und funktionaler Ursprung der demokratischen (Verfassungs-)Rechts(r)evolution verstanden wird (Brunkhorst 2007 b, 2008a/b).

Kurz: Dissensbedingte Auseinandersetzungen können durch das Recht *zivile* Formen des Konfliktaustrags annehmen. Angesichts der weltgesellschaftlichen Komplexität und Praktikabilität ist außerdem denkbar, dass das Konzept der Selbstgesetzgebung in einer weniger voraussetzungsreichen Variante eines *negativ* definierten Konsenses konzipiert wird (vgl. Forst 1999 a), was allerdings damit einhergeht, dass sie über eine Logik der wechselseitigen Blockaden hinausreicht und der Idee wechselseitiger Rechtfertigungspraxis verbunden bleibt (s. n.).

I. 11. Zur Normativität des Positivismus im Kontext pluraler Gesellschaften: Autonomie des Rechts oder der Herrschaftsbetroffenen?

Die in der kantischen Rechtsphilosophie bereits angelegten Positionen einer notwendig monistischen Perspektive auf das Recht sollen nun im Anschluss an die „Reine Rechtslehre" von Hans Kelsen als begriffliche Möglichkeit einer mehrdimensionalen Institutionalisierungsperspektive diskutiert werden. Ein dementsprechender Gedanke ist, die Konzepte des Rechts*positivismus* und Rechts*monismus* auf systematische Weise zu verknüpfen, sodass dies einer Logik wechselseitiger Anerkennung entspricht. Kelsens Rechtslehre bietet für die Konstruktion eines postnationalen Rechtsbegriffs einige attraktive Anknüpfungspunkte, die allerdings in normativer Hinsicht ergänzungsbedürftig sind. Analog zur kantischen Rechtsphilosophie richtet auch Kelsen den Fokus auf formale Verfahren, die gleichsam universal ausgerichtet sind. Nun mag irritieren, dass ausgerechnet in einer Arbeit, in der zu Gunsten einer immanenten Substanzialität des rechtlichen Prozeduralismus argumentiert wird, Bezüge zu einem (scheinbar) wertfreien Positivismus hergestellt werden. Der konzeptionelle Hintergrund dieser Bezugnahme besteht darin, dass Kelsens Positivismus als *demokratischer* Positivismus reformuliert und als monistisches Prinzip auf das Völkerrecht übertragen werden kann[58]. Das geschieht, indem illustriert wird, dass Kelsens Positivismus keineswegs wertfrei ist und dessen rechtstheoretische Finesse gerade im Kontext demokratischer Verfahren zur Geltung kommt. Diese Diskussion wird u. a. zeigen, dass der Zugriff, den im Besonderen systemtheoretisch inspirierte Autoren auf Kelsen wählen, nicht zwingend in einer entstaatlichten und radikalpluralistischen Rechtskonzipierung münden muss. Ein Hintergrund ist dabei eine Debatte, in der AutorInnen, die die Möglichkeit der Geltungsbegründung negieren und für eine Eigenlogik des Rechts plädieren (Fischer-Lescano/Teubner 2005, 2006; Fischer-Lescano 2005), ihr Argument u. a. in Rückgriff auf Kelsens Rechtslehre formulieren.

Bisher wurde argumentiert, dass die Systematik der *kantischen* Rechtslehre auf ein Positivierungsargument ausgerichtet ist, das autonomietheoretisch gerechtfertigt werden kann und der rechtsinternen Idee der (Verfahrens-)Gerechtigkeit entspricht. Offen ist bisher, wie genau die These der Immanenz hergeleitet werden soll. Ich beginne mit

58 Zur Kritik des prozeduralen Neutralitätsanspruchs im Positivismus vgl. auch Dworkin (1998).

der Annahme, dass gerade aus der für Kelsen zentralen Negation metaphysischer Begründungen weniger ein rechtlicher Relativismus als vielmehr ein demokratietheoretisches Argument folgen müsste. Erst recht, wenn man bedenkt, dass er zugleich die Universalität des Rechts unterstreicht, die m. E. ebenfalls weniger einer wertfreien Logik entspricht als vielmehr einer inklusiv zu gestaltenden Rechtspraxis, die entsprechender Institutionen bedarf. Wenden wir uns also zunächst den Grundlinien seiner Rechtslehre zu. Kelsen vertritt eine wert*relativistische* Position, d. h., die Rechtsordnung wird (als Werteordnung) durch die Annahme einer (Grund-)Norm konstituiert, deren Funktion darin besteht, die

> „(…) [o]bjektive Geltung einer positiven Rechtsordnung, das ist (...), durch menschliche Willensakte gesetzte Normen einer im großem und ganzen wirksamen Zwangsordnung, zu begründen" (ebd. 205).

Im Gegensatz zur nichtpositivistischen oder gar einer der naturrechtlichen Tradition verbundenen Rechtstheorie ist die Geltung einer Norm im Rahmen des Kelsens rechtstheoretischen Solipsismus von Kelsen unabhängig von einer rechtsexternen Beurteilung dergestalt, etwa, ob sie wahr, richtig oder falsch ist (vgl. Kelsen 1992: 143 f.). Das Recht wird stattdessen im Rahmen der „Reinen Rechtslehre" material entkernt und als ein von der politischen Form unabhängiger, aus einem System von Normen bestehender Zwangsapparat eingeführt. Denn Kelsen betont, dass das positivierte Recht aufgrund seines „höchst relativen Charakter[s] der in Betracht kommenden Werturteile" (ebd. 117) allein aus der rechtimmanenten Logik der Sanktion abgeleitet werden kann. Die Grundfrage der „Reinen Rechtslehre" ist also die nach dem Geltungsgrund einer Rechtsordnung, die mit dem Verweis beantwortet wird, dass der Geltungsgrund einer Rechtsordnung weder direkt aus der Faktizität (etwa einer bestehenden Verfassung) noch aus extrarechtlichen Begründungszusammenhängen abzuleiten ist.

Der Geltungsgrund einer Rechtsordnung wird indes auf eine hypothetisch vorausgesetzte Grundnorm zurückgeführt (vgl. Kelsen 1992:197), die weniger als kausalgesetzliches Verhältnis und vielmehr als Vorgang, in dem ein rechtserzeugender Akt (beispielsweise eine Verfassungsgebung) als rechtssetzender Akt (um-)gedeutet wird, bestimmt ist (ebd.). In diesem Zusammenhang fungiert die Grundnorm demnach als hypothetische Konstruktion, die als vorausgesetzte zum letzten Geltungsgrund avanciert und in rechtssystematischer Hinsicht von jenen Normen, die aufgrund von normativen Begründungsinhalten gesetzt werden, unterschieden werden muss. Ein diesem (angeblich) neutralen Begründungsaspekt entsprechender Gedanke ist, dass ein beliebiger Normensetzungsakt als rechtserzeugender Tatbestand – unter Voraussetzung des Vorhandenseins einer Grundnorm – interpretiert werden kann (ebd. 198). Die entlang der material entkernten Grundnorm konzeptionalisierte Rechtsordnung ist durch eine grundlegende Deutungsoffenheit gekennzeichnet und in diesem Sinne dynamisch, da eine distinkte Deutung des Rechtsprozesses und nicht etwa eine außerrechtliche Rechtfertigung eines Normeninhaltes den Geltungsgrund festlegt.

> „Eine Rechtsnorm gilt nicht darum, weil sie einen bestimmten Inhalt hat, das heißt: weil ihr Inhalt aus dem einer vorausgesetzten Grundnorm im Wege einer logischen Schlussfolgerung abgeleitet werden kann, sondern darum, weil sie in einer bestimmten, und zwar in letzter Linie in einer von

einer vorausgesetzten Grundnorm bestimmten Weise erzeugt ist. Darum und nur darum gehört sie zu der Rechtsordnung, deren Normen dieser Grundnorm gemäß erzeugt sind. Daher kann jeder beliebige Inhalt Recht sein. (...) Grundnorm ist nicht eine materielle Norm, die, weil ihr Inhalt als unmittelbar einleuchtend angesehen, als höchste Norm vorausgesetzt (...) wird. Die Grundnorm ist jene Norm, die vorausgesetzt wird, wenn die Gewohnheit, durch die die Verfassung zustande gekommen ist, oder wenn der von bestimmten Menschen bewusst gesetzte, verfassungsgebende Akt objektiv als ein normerzeugender Tatbestand gedeutet wird" (Kelsen 1992: 201).

Daraus folgt also, dass die Grundnorm eine *vorausgesetzte*, inhaltsneutrale sowie rein formal bestimmte Hypothese ist, aus der – entlang einer rechtslogischen Operation – Verfahren zur Erzeugung von Rechtsnormen deduziert werden (ebd. 200ff.). Dementsprechend ist die Grundnorm auch nicht gleichbedeutend mit den Normen der jeweiligen Rechtsordnung, sie ist ihnen vielmehr *vorgelagert*, sodass die Legitimität einer Verfassung (bzw. eines Rechtssystems) nicht aus ihrer positiv-rechtlichen *Faktizität* resultiert, sondern aus dem ihr vorausgegangenen menschlichen *Deutungsakt.* Interessanterweise verhält sich die Vorstellung einer hypothetischen Voraussetzung im Grunde genommen analog zu einer rechtstechnischen Bewegung, wie sie bereits im Kontext der kantischen Naturzustandskonstruktion bemüht wird, nämlich unter Absehung der empirischen Ausgangslage, den Geltungsgrund des Systems der Rechte hypothetisch bestimmen zu wollen (ebd. 202). Die Grundnorm in der Fassung von Kelsen hat allerdings keinen transzendenten Wert oder Bezugspunkt; sie wird vorausgesetzt, um den *subjektiven Sinn* eines rechtsetzenden Aktes als *objektiven*[59] (Sinn) reformulieren zu können, was architektonisch möglich ist, da die praktische Vernunft nicht mehr als wollende, als Normen setzende Instanz konzipiert ist, sondern nur als erkennende. Diese Umstellung des Vernunftbegriffs ist damit ein weiterer systematischer Grund der Postulierung einer strikten Inhaltsneutralität der Rechtslehre (ebd. 198). Denn Kelsen ist vom weberschen Postulat einer notwendigen wissenschaftlichen Zurückhaltung im Hinblick auf mögliche Werturteile maßgeblich inspiriert (vgl. Weber 1951: 488) und folgt in dieser Hinsicht der neukantianischen Erkenntnistheorie, in der Wissen und Wollen als zu separierende Sphären beschrieben werden (vgl. Kelsen 1992: 66). Dieser Zug, die begründungstheoretische Wertneutralität als eine notwendige Bedingung von der Emanzipation von transzendenten Geltungsbegründungen zu beschreiben, provoziert jedoch den Einspruch, dass hier der Begründungsrahmen aufgrund des funktionalistischen Paradigmas unnötig eingeschränkt wird und implizite normative Annahmen verschleiert werden.

Denn gerade eine Absage an absolute, metaphysische Geltungsbegründungen (vgl. Kelsen 1992: 226) müsste aus *rechtslogischen* Gründen demokratische Konsequenzen haben. Wie ist dies zu verstehen? Es ist Kelsen sicherlich zuzustimmen, wenn er den „sozialen Charakter der Moral" betont, somit angesichts des Werterelativismus die Relativität der Moral herausstellt (ebd. 60) und schließlich eine Politisierung und „Hy-

59 Die Terminologie „objektiv" sollte nicht dazu verleiten, Kelsen als Vertreter einer objektiven Wertlehre misszuverstehen. „Eine relativistische Wertlehre bedeutet nicht – wie vielfach missverstanden wird –, daß es keine Werte und insbesondere keine Gerechtigkeit gebe, sondern daß es keine absoluten, daß es nur relative Werte, keine absolute, sondern nur eine relative Gerechtigkeit gibt" (ebd. 69).

permoralisierung“ des Rechtsbegriffs zu verhindern sucht. Da der Geltungsgrund der Grundnorm aber ausschließlich auf die von jeglichem Gerechtigkeitsinhalt unabhängige *Deutung* der Faktizität des Rechts zurückgeführt wird (ebd. 204), stellt sich unweigerlich ein kontraproduktives Relativismusproblem. Der Rechtsbegriff wird nämlich nicht demokratisch begründet, sodass pathologische Formen der Verregelung nicht kritisiert werden können. Es ist dies also ein Argument, wonach Kelsen sich *gerade aus Gründen der rechtsimmanenten* Erzeugung von Geltungsansprüchen für deren demokratische Organisation einsetzen müsste, zumal Kelsen sich *außerhalb* der „reinen“ Rechtslehre emphatisch zur Demokratie und zum Parlamentarismus bekennt (vgl. Kelsen 1963: 24ff.). Und in diesem Sinne kann die Aufforderung, sich von metaphysischen Geltungsbegründungen abzuwenden, ebenso autonomietheoretisch verstanden werden. Denn offensichtlich versteht Kelsen die Rechtsbewertung in allererster Linie als individuelle Gewissensentscheidung. Zieht man diese Weichenstellung in Betracht, ist es naheliegend, dass auch Kelsens Annahmen (zum Recht) von bestimmten Vorstellungen zehren, die nicht (nur) erkennende, sondern ebenso wertende Annahmen zur Grundlage haben. Von daher scheint es widersprüchlich, dass Kelsen, der offensichtlich selbst von dem Anspruch geleitet wird, das Recht von metaphysischen Begründungsfiguren zu befreien und deshalb die normative Entscheidung darüber, ob die Rechtslehre legitim ist, individualisiert, diese *demokratische Konsequenz* in seiner Rechtslehre nicht zieht. Ganz anders in „Weltanschauung und Staatsform“:

> „Daß Staats- oder Gesellschaftstheorie und Ethik in den innigsten Beziehungen stehen, ist nicht zu verwundern. Denn im Grunde genommen sind beide von einander gar nicht zu trennen, jene nur ein Teilgebiet dieser“ (Kelsen: 1933: 41).

So gesehen ist Kelsen weder ein amoralischer Nihilist noch ein Fatalist, weshalb übrigens der einst von Radbruch formulierten Vorwurf, das gesetzliche Unrecht in der Terrorherrschaft der Nationalsozialisten resultiere aus dem Relativismus der positivistischen Rechtslehre, überzogen scheint:

> „Der Positivismus hat in der Tat mit seiner Überzeugung ‚Gesetz ist Gesetz‘ den deutschen Juristenstand wehrlos gemacht gegen Gesetze willkürlichen und verbrecherischen Inhalts. Dabei ist der Positivismus gar nicht in der Lage, aus eigener Kraft die Geltung von Gesetzen zu begründen“ (Radbruch. 2003 b: 213).

Kelsen ist vielmehr ein aus rechtsnormativen Gründen überzeugter Relativist[60], der in einem transzendental legitimierten Werteabsolutismus die Gefahr einer Politisierung und Ideologisierung des Rechts sieht und deshalb die normative Einschätzung einer Rechtsordnung nicht nur als subjektive und individuelle Entscheidung auffasst, sondern die Rechtsordnung insgesamt im Sinne eines rechtstheoretischen Solipsismus als hypothetische Konstruktion versteht. Wenngleich Radbruchs Kritik des Rechtspositivismus in der zuvor zitierten Weise nicht zugestimmt werden soll, scheint es dennoch vielversprechend, im Anschluss an Radbruch (vgl. 2003 b: 210 und 2003 a: § 1, §2) die Rechtsphilosophie nicht mit der wissenschaftlichen Erkenntnis eines (scheinbar) objektiven Rechts, sondern mit der Formulierung politik-praktischer, moralischer (bzw. rechtsnormativer) Bekenntnisse zu betrauen, die wiederum in einer praktisch verstan-

60 Zu der Akzentuierung der Relativität des Gerechtigkeits- und Moralbegriffs (vgl. ebd. 69).

denen, also intersubjektiv generierten Rechtsidee zur Geltung kommen können. Denn das Recht soll zwar einerseits in seiner Funktion von der Moral entlasten – d. h., es kann in dieser Hinsicht mit Kant (vgl. 1996 b: 325) als *äußeres* Verhältnis qualifiziert werden, das sich zu moralischen Dispositionen einzelner Individuen *relativ* unabhängig verhält, andererseits sind es aber gerade rechtsnormative (also legitimatorische) Gründe, die es erforderlich werden lassen, Rechtsbetroffene mit einem Autorenstatus zu versehen.

> „Also ist das allgemeine Rechtsgesetz: handele äußerlich so, daß der freie Gebrauch deiner Willkür mit der Freiheit von jedermann nach einem allgemeinen Gesetz zusammen bestehen könne (…). Wenn die Absicht nicht ist, Tugend zu lehren, sondern nur was recht sei vorzutragen, so darf und soll man selbst nicht jenes Rechtsgesetz als Triebfeder der Handlung vorstellig machen" (Kant 1996 b: 338).

Kelsen aber radikalisiert die kantische Idee, das Recht (als äußeres Verhältnis) von der Ethik (als innerem Verhältnis) zu trennen, indem er betont:

> „Obgleich die Rechtswissenschaft Rechtsnormen und sohin die durch sie konstituierten Rechtswerte zum Gegenstand hat, sind jedoch ihre Rechtssätze – so wie die Naturgesetze der Naturwissenschaft – eine wertfreie Beschreibung" (Kelsen 1992: 60).

Kommt man im Unterschied dazu angesichts der bisherigen Diskussion zu dem Schluss, dass Anerkennungskontexte entsprechend differenziert werden können und demokratische Anerkennungsbekenntnisse dem Recht *immanent* sind, ist diese Radikalisierung nicht zwingend. Und dies impliziert, das Recht in begrifflicher Hinsicht mit dem rechtsnormativen Verweis zu rechtfertigen, dass es soziale Kooperationen und gesellschaftliche Ordnungen deshalb ermöglicht, weil es einen allgemeinen und zentralisierenden Charakter aufweist (Kant 1996 b: 430ff., Kelsen 1992: 32, 35). Es ist in dieser Hinsicht außerdem naheliegend, das Recht als notwendig einheitliches System zu fassen – und zwar im rechtslogischen und normativen Sinn, um systemimmanent bedingte Prinzipien der Universalität und Einheitlichkeit als kritischen Maßstab an faktische (provisorische) Rechtsverhältnisse anlegen zu können. Denn die *logische* Einheitlichkeit des Rechtssystems stellt für Kelsen eine weitere wesentliche Voraussetzung für dessen *Wirksamkeit* dar, d. h., die sinnkonstitutive Funktionalität des Rechts avanciert zu einem *Legitimitäts*kriterium, das mit der Forderung der Demokratie verknüpft werden kann:

> „Wenn weder die eine noch die andere Interpretation möglich ist, schreibt der Gesetzgeber etwas Sinnloses vor, liegt ein sinnloser Normsetzungsakt und insofern überhaupt kein Akt vor, dessen subjektiver Sinn als sein objektiver gedeutet werden kann, und sohin liegt keine objektiv gültige Rechtsnorm vor" (ebd. 211).

So betrachtet kann die Garantie einer erkenntnismäßigen Einheit des Rechts auch in eine *praktische Forderung* transformiert werden, die Rechtslogik im Sinne allgemeinen *Rechtfertigungslogik* zu generieren, was mit der normativen Erwartung einhergeht, auch die richterliche Rechtbegründung und -anwendung zumindest transparent und im Rahmen allgemeiner Begründungen universal *nachvollziehbar* zu vermitteln. Dieser Gedanke gewinnt zusätzlich an Bedeutung, wenn berücksichtigt wird, dass Kelsen sich in der Rechtslehre (vgl. 1992: 92) von der realistischen Mär einer neutralen Ableitungsmethode, die letztlich auf einer naturwissenschaftlichen Kausalitäts- und Prophezeiungslogik basiert, entschieden abgrenzt und stattdessen den kreativen Aspekt der Rechtserkenntnis betont:

„Rechtsnormen sind, wie schon hervorgehoben, keine Aussagen, weder über künftige noch über vergangene Ereignisse. Sie beziehen sich zwar in der Regel auf zukünftiges menschliches Verhalten, doch sagen sie nichts darüber aus, sondern schreiben es vor, ermächtigen oder erlauben es. Die von der Rechtswissenschaft formulierten Rechtssätze hingegen sind in der Tat Aussagen, aber nicht Aussagen – wie das Naturgesetz – darüber, daß etwas geschehen wird, sondern, weil die von ihnen beschriebenen Rechtsnormen vorschreiben, ermächtigen oder (positiv) erlauben – Aussagen darüber, daß etwas dem von der Rechtswissenschaft zu beschreibenden Recht zufolge geschehen soll“ (vgl. 1992: 91)“

Dem Problem der richterlichen Rechtsschöpfung könnte also damit begegnet werden, dass die Urteilbegründung an gesellschaftliche Erwartungen und Praxen zurückgebunden werden muss (vgl. dazu auch Venzke/Bogdandy 2009). Dem entspricht, den von Kelsen im Anschluss an Kant formulierten Dualismus von Erkenntnistheorie bzw. theoretischer Philosophie und praktischer Philosophie zu überwinden, um so den Kreis der (Rechts-)Autorenschaft zumindest idealtypisch zu erweitern. Ein Ergebnis dieser monistischen Lesart besteht dann darin, dass *alle* Rechtsbetroffenen (und nicht nur juridische Eliten) auf demokratische Weise in diskursive Begründungszusammenhänge inkludiert werden. Auf der Basis dieser Weichenstellungen könnte auch die justizialpaternalistische Ambivalenz (vgl. Maus 1992, 2002 a, 2007) von ausschließlich funktionalistisch verstandenen Rechtslehren (wie etwa systemtheoretische Rechtstheorien) überwunden werden (s. n.). Damit liegt der Fokus nicht nur auf der systematischen Erläuterung allgemeiner Rechts- und Formprinzipien, deren Geltung ausschließlich in der strukturellen Herstellung eines sinnhaft Ganzen begründet ist (vgl. Kelsen 1928), sondern ebenso einer inklusiven Auslegung des Rechts. Eine analytische Konsequenz, die sich aus dieser ordnungskonstitutiven Rechtslogik ergibt, ist übrigens auch, dass Fragmentierungs- und Differenzierungsprozesse selbst Teile einer rechtlichen Dynamik sind, die auf die integrative und koordinative Funktionsleistung des Rechts bezogen bleiben (s. u.)

Und da Kelsen ganz zu Recht auf den Umstand verweist, dass das Medium des Rechts – sofern es einmal installiert wurde – immer schon auf weitere Ebenen (des Rechts) zielt, d. h., sich – in Form eines *interpretativen* Regresses – auf verschiedenen Ebenen und Sektoren der Weltgesellschaft ansiedelt (ebd. 331), entspricht dies einer kommunikationsmonistischen These, die an der Idee einer *allgemeinen Begründung* festhält. Im Sinne der allgemeinen Begründung scheint es dann auch angebracht, sie nicht nur demokratietheoretisch zu wenden, sondern sie zur monistischen Auslegung von Staaten- und Völkerrecht heranzuziehen. Denn in Kelsens „Reiner Rechtslehre“ ist das *Völkerrecht und Staatenrecht als einheitliche, zwangsläufig monistische Rechtsordnung* konzipiert, in der nur darüber zu entscheiden ist, in welchem der beiden Kontexte (des nationalen oder des internationalen) eine Grundnorm vorausgesetzt wird (vgl. Kelsen 1992: 336). Der Geltungsgrund des Rechts ist somit unabhängig davon, ob das Völkerrecht oder der Staat als Primat des Rechts identifiziert wird, immer in einem bestimmten Setzungsakt zu suchen, der – im Rahmen eines interpretativen Regresses (ebd. 204) – als delegierendendes Verhältnis allen möglichen einzelnen Rechtsnormen gegenübersteht.

> „Der Staat, das sind wir. Die Tendenz dieser Erkenntnis ist nicht auf Verabsolutierung, sondern umgekehrt auf die Relativierung des Staates gerichtet. Sie löst den Begriff der Souveränität als Ideologie bestimmter Herrschaftsansprüche auf und beseitigt dadurch das schwerste Hindernis, das der Einsicht entgegensteht, dass über den Staaten ein sie in ihrem territorialen und personalen Geltungsbereich rechtlich gegenseitig abgrenzendes, die Staaten auf solche Weise allererst koordinierendes Völkerrecht gilt oder doch gelten kann. Der Staat wird als Rechtswesen nicht als absolut höchstes Rechtswesen, er wird als rechtliche Zwischenstufe erkannt" (Kelsen 1933: 54).

Um es auf den Punkt zu bringen: Im erkenntnistheoretischen Rahmen einer stufenmonistischen Auslegung des Rechts bleibt jeder weitere Rechtsakt innerhalb einer Stufenfolge deshalb auf das bestehende Recht bezogen, weil ein Recht setzender Akt (sei es eine staatliche Verfassung oder ein internationaler Vertrag) als Grundnorm (hypothetisch) *vorausgesetzt* wird (vgl. Kelsen 1992: 336). Und der systematische Schluss, der bereits jetzt aus der Diskussion über die Rechtslehre von Kelsen gezogen werden kann, ist, dass angesichts dieser Überlegungen die Völkerrechtsordnung weder „einer Letztinstanzlichkeit des nationalen Rechts" (Brunkhorst 2005 in Anlehnung an Triepel) unterworfen werden muss – wie von national-etatistischen Positionen unterstellt (vgl. Weil 1983) – noch muss ihr ein gänzlich am transnationalen, spontanen Modus orientiertes Verständnis zu Grunde gelegt werden (vgl. Fischer-Lescano/Teubner 2006; Fischer-Lescano 2005). Die Souveränitätsnorm ist bei Kelsen in allererster Linie ein juristisch definiertes Element der Rechtsordnung und entspricht damit im Anschluss an die Grundnorm einem hypothetischen Entwurf. Die Grundnorm und die Souveränitätsannahme befinden sich also in einem konstruierten Ableitungsverhältnis, das nicht mit einem machtpolitischen Tatbestand oder einer ontologischen Position gleichgesetzt werden kann. So scheint es zunächst analytisch konsequent, dass Kelsen das Völker- und Staatsrecht nicht nur als einheitliche Ordnung entfaltet, sondern auch mögliche (Normen-)Kollisionen innerhalb der Rechtssphären ausschließen kann. Wird darüber hinaus in Betracht gezogen, dass nach Kelsen eine weitere grundlegende Eigenschaft des Rechts die allgemeine *Sanktionierbarkeit* ist, muss sie auch nicht auf einen – in Hinsicht auf unverhältnismäßige Tugenderwartungen – durchaus ambivalenten Modus moralischer und in diesem Sinne freiwilliger Selbstverpflichtungen (man denke beispielsweise an transnationale Unternehmen, die sich auf bestimmte Standards ausschließlich freiwillig verpflichten) begrenzt bleiben, sondern kann mit dem Demokratieprinzip verschränkt werden. Dafür spricht in systematischer Hinsicht nicht zuletzt auch die in der Rechtslehre aufgezeigte Verschränkung von Zurechenbarkeit, Verantwortlichkeit und Sanktionierbarkeit[61], die mit der Forderung verbunden werden kann, rechtliche Entscheidungen sowohl in der Begründungs- als auch in der Anwendungsdimension als *rechtfertigungsbedürftig* auszuweisen (zu diesem Punkt vgl. auch Bogdandy/Venzke 2009). Zieht man nämlich mit Blick auf faktische Globalisierungsprozesse in Betracht, dass auch ohne die Existenz eines globalen Leviathans unlängst über Staatgrenzen hinaus Rechtszwänge existieren (vgl. Kelsen 1992: 329; ebd.),

61 „Wenn die mit dem Wort ‚sollen' im Rechtssatz ausgedrückte Verknüpfung von Bedingung und Folge als ‚Zurechnung' bezeichnet wird, so ist damit keineswegs ein neues Wort in die Disziplin eingeführt, die schon von jeher mit dem Begriff ‚Zurechnungsfähigkeit' operiert. Zurechnungsfähig ist, wer wegen seines Verhaltens bestraft, daß heißt dafür zur Verantwortung gezogen werden kann" (vgl. Kelsen 1992: 85).

scheint es aus legitimatorischen Gründen naheliegend, sie einer öffentlichen Rechtfertigung zu unterziehen. Soll die Rechtsbegründung und -anwendung also nicht nur für den Richter, sondern auch für eine breite Öffentlichkeit nachvollziehbar sein, bedarf es hierzu eines Institutionenarrangements, indem die Rechtsentscheidungen allgemein im Sinne der universalen Rechtslogik verständlich vermittelt werden. Bemerkenswert ist in diesem Zusammenhang, dass Kelsen übrigens selbst von der erkenntnistheoretisch begründeten Richtigkeit der Idee des Weltstaats ausgeht, wenngleich er ihn (ähnlich wie Kant in seiner Rechtslehre) in absehbarer Zeit für praktisch nicht realisierbar hält und deshalb „nur" für die erkenntnismäßige Einheit des Rechts plädiert:

> „Die ganze hier angedeutete rechtstechnische Bewegung hat letzten Endes die Tendenz, die Grenzlinie zwischen Völkerrecht und einzelstaatlicher Ordnung zu verwischen, so daß als letztes Ziel der realen, auf zunehmende Zentralisation gerichteten Rechtsentwicklung die organisatorische Einheit einer universalen Weltrechtsgemeinschaft, das heißt die Ausbildung eines Weltstaats erscheint. Derzeit kann jedoch von einem solchem *noch* [Hervorhebung N. M.] keine Rede sein. Nur eine erkenntnismäßige Einheit allen Rechts ist gegeben; das heißt: man kann das Völkerrecht zusammen mit den einzelstaatlichen Rechtsordnungen ebenso als ein einheitliches System von Normen begreifen, wie man einzelstaatliche Rechtsordnung als Einheit anzusehen gewohnt ist" (Kelsen 1992: 329).

Wird die These einer erkenntnismäßigen Einheit des Rechts mit dem Demokratieprinzip verknüpft und berücksichtigt man schließlich, dass das Prinzip der Sanktion den Aspekt der Zurechenbarkeit enthält, ergibt sich folgendes Bild: Eine ausschließlich horizontal und transnational konzipierte Version des Rechts (etwa in der Version einer Globalverfassung, vgl. Fischer-Lescano 2005: 210, 258) verfehlt offensichtlich die für Kelsen zentrale Pointe einer stufenlogisch verbrieften Sanktionierbarkeit. Und in diesem Zusammenhang betrachtet, schließt sich dann der Kreis von Demokratie und Sanktion, denn nur ein Recht, das in seiner *Entstehung* und *Wirkung* von seinen *Subjekten* nachvollzogen und gegebenenfalls *korrigiert* werden kann, ist sanktionsbefugt.[62] Sollte sich diese, die funktionale Autonomie des Rechts relativierende Deutung bestätigen, verschiebt sich die Sichtweise auf das Recht hin zu einem Recht kommunizierender Menschen, in das sich Rechtsbetroffene auf demokratische Weise einbringen. Diese Blickrichtung bildet augenscheinlich einen elementaren Gegenpol zu der – noch genau zu besprechenden – systemtheoretischen Suggestion, wonach anonyme Systemeigenschaften „Leitstrukturen hervorbring[en] und Zusammenhänge herstell[en]" (vgl. Fischer-Lescano 2005: 220). Vor diesem Hintergrund wird bereits deutlich, warum es von Relevanz ist, dass – wenn schon nicht auf sie *direkt* Einfluss genommen werden kann – die Genese und Durchsetzung von Regelungen zumindest transparent und durch gute Gründe einsehbar und anerkennungswürdig sein sollte. Unter dieser Voraussetzung können sich nämlich in einem dialektischen Prozess von umstrittenen Ansprüchen dynamische, gleichwohl unter konkretem Fallibilismusvorbehalt stehende Synthetisierungen herausbilden, die in bestimmten diskursiven Settings, seien es Gerichte, Nichtregierungsorganisationen, Parlamente oder transnatio-

62 Dementsprechend hat eine selbst gesetzte Handlungskoordinierung eine normative Erwartungsstabilität zur Voraussetzung (vgl. Fischer-Lescano 2005: 221), die m. E. jedoch mehr als nur der Symbolik einer akteursfreien Systemlogik bedarf (ebd.).

nale Assoziationen artikuliert werden. Sollte sich die demokratierelevante Anerkennungslogik im obigen Sinne als richtig erweisen, hat dies systematische Konsequenzen für den bei Kelsen in Form der Grundnorm vorausgesetzten Geltungsgrund, der ja den systembedingten Anlass zur *logischen* Deduktion aller weiteren Normen gibt.

> „Da bei dem dynamischen Charakter des Rechts eine Norm darum gilt, weil und insofern sie auf eine bestimmte, daß heißt durch eine andere Norm bestimmte Weise erzeugt wurde, stellt diese den unmittelbaren Geltungsgrund für jene dar. Die Beziehung zwischen der die Erzeugung einer anderen Norm regelnden und der bestimmungsgemäß erzeugten Norm kann in dem räumlichen Bild der Über- und Unterordnung dargestellt werden. Die Erzeugung regelnde ist die höhere, die bestimmungsgemäß erzeugte ist die niedere Norm. Die Rechtsordnung ist (...) ein Stufenbau verschiedener Schichten von Rechtsnormen (...). Ihre Einheit ist durch den Zusammenhang hergestellt, der sich daraus ergibt, daß die Geltung einer Norm, die gemäß einer anderen Norm erzeugt wurde, auf dieser anderen Norm beruht, deren Erzeugung wieder durch andere bestimmt ist; ein Regreß, der letztendlich in der vorausgesetzten Grundnorm beruht" (Kelsen 1992: 228).

Ein Ergebnis der bisherigen Diskussion könnte dann darin bestehen, den Geltungsgrund des Rechts als rechtsnormativ begründeten Anerkennungscode zu reformulieren, der nicht nur notwendig, sondern gleichsam hierarchisch – einer lexikalischen Ordnung entsprechend – als oberstes Prinzip dem Recht grundsätzlich vorausgesetzt werden muss. Dieser monistisch-hierarchischen Deutung scheint prima facie eine globalisierungsbedingte Vielzahl von größtenteils lose gekoppelten privatrechtlichen Arrangements, die bestenfalls einem vergleichsweise provisorischen „Projektrecht" entsprechen, unversöhnlich gegenüberzustehen (vgl. Günther 2001: 540). Auf den zweiten Blick erweist sich diese Gegenüberstellung jedoch als hinfällig, da die dem Recht inhärente Normativität *und* Funktionalität auf einer konstitutiven Gleichheits- und Allgemeinheitsgarantie (d. i. Gleiches gleich und nach allgemein einsehbaren Kriterien zu behandeln) ruht (ebd.). Und obwohl fragmentierte rechtliche Regime eine massive Beeinträchtigung der Transparenz von Repräsentations- und Entscheidungsstrukturen sowie Verantwortlichkeiten hervorrufen können, bleiben sie durch die systembedingte universale Logik in das Gesamtsystem Recht eingebunden. D. h., trotz einer Dezentrierung des funktional prozessierenden Rechts bedarf es eines universalen Fixpunkts, der in Form eines „Meta Codes" nicht nur die Bedingung dafür ist, die Vielfalt des Rechts einheitlich zu organisieren, sondern auch Voraussetzung ist, diese als solche zu erhalten.

Anstelle einer demokratietheoretisch problematischen, funktionalen Verengung des Rechts auf konkrete Rechtsinhalte und Sektoren erscheint es also viel versprechender, das partiell ausgerichtete Recht über Allgemeinheitsbezüge offen zu halten. Es wurde ja bereits darauf verwiesen, dass der Rechtspluralismus selbst ein normatives und damit notwendig reflexives Konzept ist (vgl. Mohr 1997), was systemtheoretisch inspirierte Autoren wie Gunther Teubner und Andreas Fischer-Lescano allerdings vehement bestreiten (vgl. Fischer-Lescano/Teubner 2006: 130). Es wird deshalb in der anschließenden Diskussion dargelegt, dass trotz aller Betonung der Multiperspektivität des Rechts letztlich auch systemtheoretisch inspirierte Autoren von einer Koppelungsleistung (des Rechts) ausgehen, die m. E. anspruchsvoller ist, als die Autoren letztlich zu suggerieren suchen (vgl. ebd.: 170)[63].

Eine über partielle Koppelungsleistung hinausgehende, d. h. vor allem *organisationsrechtliche* Koordination – man denke etwa an die Idee des (Normen-)Kollisionsmanagements (ebd.) – ist demzufolge unentbehrlich, soll der Zustand eines rein chaotischen Nebeneinanders von (scheinbar) antagonistischen Normenkonflikten überwunden werden. Denn selbst wenn das Recht nur *eine* Funktionslogik *von vielen* in der Weltgesellschaft sein sollte (ebd.), muss es als *basales* Koordinierungsmedium die spontanen, in Teilen gar anarchisch oder hegemonial verzerrten Normenbildungspraktiken und -prozesse domestizieren. Wäre das Recht dazu nicht in der Lage, stellte sich die Frage, wozu es überhaupt rechtlicher Regulierungen bedarf. Und schließlich ist darauf zu verweisen, dass selbst ein davon abweichendes Verhalten nicht als Negation des Rechts zu verstehen ist, sondern als Bestätigung (ebd. 1992: 331) der dem Recht immanenten Dialektik. Die daraus resultierende analytische Konsequenz besteht außerdem darin, dass es keine rechtsfreien Räume mehr gibt, sondern nur pathologische und provisorische, wobei provisorische (also noch nicht oder ungenügend institutionalisierte) Rechtsinteraktionen (im Unterschied zu pathologischen) bereits auf die Verallgemeinerungslogik verweisen, während pathologische Rechtsentwicklungen schlicht illegal sind (vgl. auch ebd. 116).[64]

> „Daß auch das Delikt nicht – wie das Wort ‚Un-recht' besagt – eine Negation des Rechtes, etwas, das im Gegensatz zum Recht nicht Recht ist, sondern nur eine spezifische Bedingung ist, an die das Recht spezifische Folgen knüpft, daß also zwischen dem so genannten ‚Unrecht' und dem Recht kein Widerspruch vorliegt, geht schon aus früher Gesagtem hervor. Es liegt daher keine logische Schwierigkeit darin, daß durch einen Akt, der als Delikt qualifiziert ist, gültige Rechtsnormen erzeugt werden" (ebd. 331).

Insgesamt betrachtet sind es also diese Erkenntnisse, die die Annahme stützen, dass trotz der von Kelsen postulierten strikten Wertneutralität es nicht zwingend ist, seine Theorie mit dem funktionalistischen und (scheinbar) anti-normativistischen Vokabular etwa systemtheoretischer Ansätze zu verbinden (vgl. Luhmann 1986: 55 f. und 63). Das Zwischenergebnis der bisherigen Diskussion lautet dementsprechend, dass Kelsen weniger zur Rechtfertigung eines heterarchisch ausgerichteten transnationalen Rechts geeignet sein könnte als vielmehr zur Rechtfertigung hierarchischer und monistischer Rechtsstrukturen. Denn die sich aus dieser ordnungskonstitutiven Rechtslogik ergebende Erkenntnis ist, dass Fragmentierungs- und Differenzierungsprozesse selbst Teil einer rechtlichen Dynamik darstellen (vgl. auch Koskenniemi 2008 a), die auf die integrative und koordinative Funktionsleistung des Rechts bezogen bleiben (s. n.). Vor diesem Horizont betrachtet verhalten sich die an Kant und Kelsen orientierten Aus-

63 Die Autoren schreiben dem Recht die Funktion eines Kollisionsmanagements zu.

64 Brunkhorst schreibt hierzu am Beispiel des amerikanischen Unilateralismus: „Die USA lassen sich mit einer Spinne im Netz vergleichen, die ein dicht gewebtes Netz globaler Rechtsnormen spinnt und sich selbst in einem Netz verfängt, es immer zerreißt, aber dabei immer tiefer in seine klebrigen Fänge gerät. Anders als die Spinne können die USA das normative Netz, das sie geschaffen haben, deshalb nicht so wie die Spinne beherrschen, weil auch das hegemonial verzerrte Recht kein Privateigentum ist und deshalb jederzeit gegen seinen Erzeuger zurückschlagen kann" (Brunkhorst 2005: 4).

führungen doch in einem gewissen Widerspruch zur systemtheoretischen Rechtsarchitektur, die im Folgenden diskutiert werden soll und deren zentrale Ausgangsvermutung ist, dass der

> „(...) globale Rechtspluralismus (...) nicht einfach Folge eines politischen Pluralismus, (...) sondern Ausdruck tiefer gesellschaftlicher Widersprüche [ist], die von kollidierenden Sektoren der Weltgesellschaft produziert werden" (Fischer-Lescano/Teubner 2006: 23 f.).

Damit ist in dieser Perspektive jeder Versuch, das Recht als *universal* gültiges System zu konzipieren, augenscheinlich zum Scheitern verurteilt (vgl. exemplarisch Willke 1992, 1998; Luhmann 1993; Fischer-Lescano/Teubner 2006; Fischer-Lescano 2005; Albert/Stichweh 2007). Denn die Etablierung einer rechtlichen Metaebene, welche die Auflösung sozialer Konflikte oder gar Widersprüche zum Ziel hätte, sei in Anbetracht zunehmender „Rechtszersplitterung" reduktionistisch und verkenne, dass das weltgesellschaftliche System hoch dynamisch sowie von segmentär-sektoralen und funktionslogischen Differenzierungen geprägt ist (Fischer-Lescano/Teubner 2006). Dementsprechend sind

> „(...) hochgetriebene Ansprüche an den Umgang mit der Rechtsfragmentierung runterzuschrauben, weil jene ihren Ursprung gar nicht im Recht, sondern in den gesellschaftlichen Umwelten hat. Das Recht ist nur ein Kollisionsmanagementinstrument unter vielen" (ebd.: 170).

Einwände dieser Art sind ernst zu nehmen. Gleichwohl malt die Systemtheorie nicht nur ein düsteres Bild, sondern sieht sich in neuerer Generation durchaus einer normativen Perspektive der Transnationalität verpflichtet (ebd.). Das bietet interessante Anknüpfungspunkte, die im Folgenden im Rahmen meiner globalen Verfassungsmodellierung berücksichtigt werden. Ich beginne zunächst mit der These, dass letztlich auch die Systemtheorie trotz der Prämisse radikaler Fragmentierung von – wenn auch sehr basalen – Einheitsvorstellungen im Rahmen des Konzepts der Interlegalität ausgeht, deren Zustandekommen wiederum ein Ergebnis eines koevolutiven Prozesses ist. Eine mit Blick auf eine evolutionäre Eigendynamik wesentliche Annahme ist nämlich, dass diese auf ein Wechselspiel von rechtsexternen und rechtsinternen Funktionslogiken und Differenzierungen zurückgeführt werden kann:

> „Die neuartige Binnendifferenzierung des Weltrechts in deterritorialisierte Regimes kann nun als systeminterne Wiederholung der Differenz von Rechtssystem und seinen gesellschaftlichen Umweltsystemen verstanden werden" (ebd.: 40).

Trotz dieser evolutionstypischen Nicht-Identität von Binnen- und Umweltdifferenz (ebd.) kann es aber unter bestimmten Voraussetzungen auch in dieser Sichtweise Anknüpfungspunkte für zivilgesellschaftliche und nichtstaatliche Jurisdiktionsformen geben. Die entstehen immer dann, wenn eine *intersystemische Koppelung* durch die Verknüpfung von primären „self-contained regimes" mit sekundärrechtlichen Rechtsnormierungen zustande kommt und so gleichsam eine reflexive Institutionalisierungsperspektive eröffnet (ebd. 54). Diese Weichenstellung ist in Anbetracht der differenztheoretischen und antagonistischen Ausrichtung, die ja gerade dadurch gekennzeichnet ist, dass der hierarchische Rechtsbegriff negiert und deshalb die Hinwendung zum heterarchischen Rechtsverständnis gefordert wird, einigermaßen beachtlich, wenn auch nicht ganz spannungsfrei. Denn die Heterarchie ermögliche zwar eine Koppelung *autokonstitutioneller Regimes*, die dem Umstand Rechnung tragen, dass in „der Fragmentierung des globalen Rechts (...) genuine Verfassungskonflikte [wirken,] die letztlich über autonome Rechtsregimes vermittelt auf in der Weltgesellschaft institutionalisierte Rationalitätskollisionen zurückzuführen sind" (ebd. 57). Gleichwohl entspricht diese Koppelung nur einer *punktuellen Assoziierung,* die im Lichte dieser Einschränkung aber eine vergleichsweise weitreichende Funktion hat:

> „Der Clou struktureller Koppelung ist, dass sich beide Prozesse, Rechtsprozess und Sozialprozess, in ihren Beeinflussungsmöglichkeiten wechselseitig beschränken und anregen" (ebd.: 165).

Die Spannung, die sich nun aus den Rationalitätskollisionen akzentuierenden Formulierungen ergibt, ist, dass sie es entweder zweifelhaft erscheinen lassen, im Rahmen minimaler Koppellungsleistungen reflexivitätsverbürgende und deshalb normativ begrüßenswerte Effekte erzielen zu können. Oder aber sie provozieren die Vermutung, dass der hier angesprochene Koppelungsprozess sich nicht so lose darstellt, wie an dieser Stelle suggeriert (s. o.). Dies gilt erst recht, wenn man in Erinnerung ruft, dass in systemtheoretischer Perspektive angesichts der (Welt-)Rechtsfragmentierung die Politik und das Recht als Teilsysteme immer nur *teil*rationale Risikobewältigungen betreiben können und deshalb Gefahr laufen, despotisch zu werden (vgl. Fischer-Lescano/Teubner 2006: 32 in Referenz auf Luhmann 2000: 219). Vor dem Hintergrund dieser skeptischen Deutung Luhmanns ist allerdings fraglich, ob eine gesellschaftliche Selbstorganisation im Rahmen des systemtheoretischen Paradigmas – wie von Fischer-Lescano und Teubner unterstellt – überhaupt *emanzipatorisch* wirken kann (vgl. ebd.: 57, 165).

Auch die von Fischer-Lescano in einem anderen Zusammenhang formulierte Globalverfassung, in der die Selbstorganisation des Rechts im Sinne eines dynamischen Prozessierens des – in Peripherie und Zentrum ausdifferenzierten – poststaatlichen Weltrechts ebenfalls im Mittelpunkt steht (vgl. Fischer-Lescano 2005: 19-29), ist nicht ganz frei von dieser Ambivalenz, da dort ebenfalls Rechtsbildungsprozesse als autopoetische Vorgänge beschrieben werden, die die Erwartungsstabilität[65] des sozialen Systems „Recht" zu erhalten suchen. Am Beispiel der argentinischen Madres illustriert der Autor, wie öffentliche Proteste an der Peripherie die rechtlichen Zentren des „lex humana" – in der Folge als „global remedies" bezeichnet – im Moment der strukturellen Koppelung beeinflussen können. D. h., rechtsexterne Kommunikationsläufe aus den Subsystemen der Weltgesellschaft können Irritationen hervorrufen, welche die jedem sozialen System inhärenten Invisibilisierungen von systeminternen Paradoxien aufbrechen und das normative Erwarten – damit die Erwartungsstabilität – stören (ebd.). Solche Momente des Enttäuschens (des normativen Erwartens) führen dann zu einem Paradoxiemanagement, bei dem die Irritationen aus der Umwelt nach systemeigener Logik verarbeitet werden.

Auch hier entstehen Schnittstellen, die das System Recht mit dem System Politik strukturell koppeln und so einer Globalverfassung entsprechen, die gleichsam mit Momenten einer obligatorischen Gerichtsbarkeit ausgestattet werden soll (vgl. Fischer-Lescano 2005: 276). Dieser Lesart steht allerdings angesichts der machtasym-

65 Erwartungsstabilität bezeichnet den Prozess des normativen Erwartens (vgl. Fischer-Lescano 2005: 28).

metrisch bedingten Verzerrungen der aktuellen Völkerrechtspraxis entgegen, dass sich sowohl Verfassungen wie auch Gerichte m. E. ohne universallegalistische wie auch subjektzentrierte und d. h. autonomietheoretische Ausrichtung in einer begrifflich wie praktisch prekären Situation befinden. Eine offene Frage ist nämlich, wie es etwa zivilgesellschaftlichen Akteuren gelingen soll, eine prominente und gestaltende Rolle zu übernehmen, wenn zugleich keine allgemein-legal gesicherten Handlungsräume in Aussicht stehen, die eine reflexive, also auf wechselseitige Rechtfertigungen ausgerichtete Verfassungspraxis unter Gleichen überhaupt erst ermöglichen.

Es ist also nicht unwahrscheinlich, dass eine obligatorische Gerichtsbarkeit ohne demokratische Rechts(durch)setzung die Gefahr in sich birgt, dass sie den Subjekten äußerlich bleibt und so einer sich selbst ermächtigenden juristischen Expertokratie im Kontext von sektoral begrenzten Rechtsregimen Vorschub leistet. In dieser Hinsicht erscheint es angebracht, die horizontale Politiksteuerung durch hierarchisch verbürgte und universal ausgerichtete Inklusionsgarantien zu ergänzen. Bewerkenswert ist vor diesem Hintergrund, dass Fischer-Lescano wie Kelsen immerhin von einem *kommunikativen Rechtsmonismus* ausgeht, der eine universale Ebene der Normenbegründung in Aussicht stellt (vgl. ebd. 265). Im Horizont dieser kommunikationstheoretischen Annahmen wird deshalb davon ausgegangen, dass es zwar keine *demokratische,* im Sinne einer *einheitlichen* Weltverfassung geben könne, die Globalisierung aber immerhin zur Evolution einer Globalverfassung geführt habe, in der eine strukturelle Koppelung von Recht und Politik zu Gunsten der Menschenrechtsgenese möglich sein soll. Global Governance und Global Law sind in diesem Sinne

> „(...) strukturell zu einer Entscheidungseinheit gekoppelt. Die Form der strukturellen Koppelung ist auf der Ebene der Weltgesellschaft die der Globalverfassung. Diese schränkt die nationalstaatliche Souveränität nicht ein, sondern ist Bedingung ihrer Möglichkeit. Wie eine jede solche Ordnungseinheit, hat auch das globale System einen Namen, in der Selbstbeschreibung des weltpolitischen Systems: »Internationale Gemeinschaft«; eine Selbstbeschreibung, die das Recht intern formuliert, die dem horizontalen Moment von globale governance einem *vertikalen Aspekt zufügt*" (ebd.: 253; Hervorhebung N. M.).

In dieser Formulierung scheint es allerdings so, dass die beschriebenen Scharnierstellen zwischen Recht und Politik zumindest latent von hierarchisch induzierten (und nicht nur kommunikationstheoretischen) Einheitsvorstellungen zehren, die im Kontext der systemtheoretischen Theorieanlage vehement dementiert werden. M. E. müsste gerade die Akzentuierung einer Konfliktorientierung in einem Institutionendesign münden, das den Umgang mit den Dissensen nicht nur im Lichte von gesellschaftlichen Widerstandspraxen thematisiert, sondern ebenso reflektiert, wie die zivilgesellschaftlich hervorgebrachten Alternativvorschläge nachhaltig und dauerhaft in ein komplex angelegtes rechtsstaatliches Verfahren integriert werden können. Augenscheinlich ist damit ein Verfassungsmodell angesprochen, das über die in einer heterarchischen Spontanverfassung angelegten Schnittstellen von Recht und Politik hinausreicht, in denen zivilgesellschaftliches Menschenrecht ausschließlich über medialisierte Skandalisierungsprozesse generiert wird. Es scheint somit angemessen, die einen universalen Geltungsanspruch erhebenden und deshalb als Eckpfeiler einer neuen *ordre publique* identifizierten *interlegalen Rechts* (ebd. 13 und 47) verstärkt in ein monistisches Institutionenkonzept einzubinden, was vor dem Hintergrund einer kantisch-kosmopolitischen Perspektive voraussetzt, die intersubjektive Autonomie als grundlegende Kategorie eines mit staatlichen Elementen ausgestatteten Rechts zu konzeptionalisieren. Prima facie schließt die systemtheoretische Fokussierung auf ein entsubjektiviertes Evolutionsparadigma und die daraus resultierende Hervorhebung funktional induzierter Kontingenz und ungeordneter Spontaneität einen Brückenschlag zu demokratietheoretischen Überlegungen aus, die kantisch inspiriert sind. Denn gerade die These einer funktional bedingten Rechtsanarchie scheint einer kantischen Blickrichtung, deren Pointe die rechtliche Domestizierung des wildwüchsig Politischen ist, unversöhnlich gegenüberzustehen. Darüber hinaus könnte aus systemtheoretischer Perspektive eingewendet werden, dass der Zustand relativer Anarchie für die Mobilisierung des gesellschaftlich-emanzipativen Potenzials geradezu konstitutiv ist.

Gegen diese Vorstellung spricht jedoch, dass die Emanzipation im Zustand der Anarchie nur im herrschafts*freien* Raum vorstellbar ist. Das, was den Zustand der Anarchie normativ auszeichnet, ist die Idee der Egalität und unbegrenzten Handlungsfreiheit, die aber unter realen Bedingungen einer zumindest partiellen (welt-)gesellschaftlichen Hegemonie gerade gefährdet scheint. Demgemäß provoziert eine Entstaatlichungsperspektive ohne ein demokratisches „Empowerment" und allgemein ausgerichtete rechtliche Inklusionsgarantien die Frage, wie es – angesichts der verstärkten Akzentuierung evolutionärer Kontingenz – sozialen Akteuren gelingen kann, den Rechtsprozess von außen derart weitreichend und permanent zu irritieren, dass sie rechtsinterne Reflexionen auf rechtsfunktional begründete Schließungen hervorrufen.[66] Mit anderen Worten: Die angesprochene Kontingenzformel des Rechts[67], die als paradoxaler Begriff der Gerechtigkeit von außen an das Recht herangetragen wird und es veranlasst, die normativen Erwartungen aus der Umwelt als kontingente Notwendigkeiten zu transzendieren, scheint voraussetzungsreicher als nahe gelegt wird. Von daher könnte es gerade wegen der antimetaphysischen Betonung unversöhnlicher,

66 „Das Netzwerk rechtlicher Operationen, das auf externe Irritationen reagiert, bildet sich in anderen Kontexten als die Irritationen von Einzelkonflikten, die vor die Gerichte gelangen. Diese externen Irritationen lösen eine eigenständige Dynamik aus, die das Recht in eine unvermeidliche Inkongruenz zu Individualkonflikten, zu den rechtlichen Maßstäben für deren Lösung und zu Prinzipien der Gerechtigkeit hineintreibt. Maschinerien der Produktion sozialer Normen dringen von der Peripherie in die Zentren des Rechts ein, indem sie sozialen Normen in Rechtsnormen transformieren" (Teubner 2007: 7).

67 Die Kontingenzformel des Rechts wird von Teubner wie folgt umrissen: „Der Begriff ist schwierig und wird leicht missverstanden. Gemeint ist, dass die Thematisierung von Gerechtigkeit überall im Rechtssystem eine irritierende soziale Dynamik in Gang setzt, die die Kontingenz des Rechts allen drastisch vor Augen führt: Gerechtes Recht könnte/müsste anders sein! Die Gerechtigkeitsirritation beginnt schon beim Auftauchen sozialer Konflikte, setzt sich bei deren Übersetzung in die artifizielle Sprache des Rechts, in der Rechtsanwendungspraxis, in den Anwaltstaktiken, in den Auslegungsstreitigkeiten, in der juristischen Entscheidungsfindung, in der Rechtsdurchsetzung, in der Regelbefolgung fort und endet bei der Nichtbefolgung von Rechtsnormen und -entscheidungen, beim Protest der Menschen und ihren Revolten gegen die Ungerechtigkeiten des Rechts" (Teubner 2007: 8). „Und ihre Dynamik enthüllt ein Paradox. Die notwendige Suche nach dem Unbestreitbaren erzeugt, wenn sie als Suche beobachtet werden kann, immer wieder neue Kontingenzen. Notwendige Kontingenz – kontingente Notwendigkeit" (ebd.: 9). „Die Kontingenzformel zielt [damit] nicht auf eine dem Recht immanente, sondern eine das Recht transzendierende Gerechtigkeit. Interne Konsistenz plus Responsivität gegenüber ökologischen Anforderungen – dies ist die Doppelformel juridischer Gerechtigkeit."

komplexitätsbedingter Antagonismen sowie der normativen Anerkennung des Widerspruchs als wesentlichem Merkmal moderner, gesellschaftlicher Differenzierung erforderlich sein, einen institutionellen Rahmen, der Momente der transzendenten Kooperation und Auseinandersetzung im Rahmen einer *allgemeinen* Ausrichtung ermöglicht, zu etablieren. Dieser rechtsmonistische Gedankengang entspricht jedoch nicht – wie unterstellt – einer Rückkehr zur national-territorialen Einheitsfiktion (vgl. Teubner 2006: 16).

Im Gegenteil, die Ablösung von territorialen Kategorien ist ja Quintessenz der kantisch-kosmopolitischen Perspektive, die sich zur These einer gesellschaftlichen Selbstorganisation nicht automatisch *antithetisch* verhält. So gesehen ist die These einer gesellschaftlichen Selbstorganisation vielmehr eine wichtige und in diesem Sinne komplementär angelegte Idee, die das kantische Argument vom Rechtsstaat erweitert und einer Integration von nichtstaatlichen Assoziationsformen nicht notwendig entgegensteht. In diesem Sinne kann dann auch an der Utopie (nicht Fiktion) eines einheitlich geordneten Zusammenspiels von Politik und Recht festgehalten werden. Denn einiges spricht dafür, dass das Recht auf vielseitige Kooperationsformen angewiesen ist, die ihre Voraussetzung in der symmetrischen und allgemeingültigen Organisation der für Rechtsinterpretationen relevanten Beziehungen finden. Nicht zuletzt hat die kantische Rekonstruktion ja gezeigt, dass symmetrische Beziehungen *nicht naturwüchsig* entstehen, sondern intersubjektiv gestiftet werden müssen, was mit der Annahme irreversibler Logiken der „Eigenrationalitätsmaximierung verschiedener weltweit agierender Funktionssysteme“ freilich kollidiert (Fischer-Lescano/Teubner 2006: 24 in Referenz auf Luhmann 1997). Die Konsequenz des systemtheoretischen Verweises auf eine die Einheit des Rechts dementierende Hyperkomplexität besteht deshalb darin, dass der Aspekt einer allgemeinen und demokratischen Herrschaftskonstitution ausgeblendet werden muss. Einige systemtheoretisch inspirierte Ansätze versuchen, dieses Defizit durch hegemonietheoretische, d. h. machtkritische Ansätze u. a. im Rückgriff auf Antonio Gramscis Staatsverständnis zu kompensieren (vgl. Buckel 2006; Buckel/ Fischer-Lescano 2007: 85; Hanschmann 2008; allgemein zum Hegemonieparadigma Laclau 1991 und Gramsci 1999).

Diese Ansätze sind insofern instruktiv, als sie durch ihre Fokussierung auf die Konstitutionsbedingungen von Herrschaftsideologien über die Ideologieanfälligkeit eines als *politisch* charakterisierten Rechts aufklären und so die in analytischer und normativer Hinsicht beobachtbare Ambivalenz rechtlicher Praktiken verdeutlichen. Hegemonie- wie auch systemtheoretische Ansätze sind damit aufgrund ihrer differenz- und konflikttheoretischen Ausrichtung sowie ihrer Fokussierung auf komplexe Funktionsprozesse im Besonderen zur Analyse von hybriden Rechtsinteraktionen geeignet (vgl. Teubner 2000, 2005, 2006, 2007; Fischer-Lescano 2005; Fischer-Lescano/Teubner 2006; Buckel 2006).

Die pessimistische Einschätzung, wonach das Recht sich funktional verselbstständigt, ist in einer kantisch inspirierten Perspektive allerdings derart zu differenzieren, als dies als wichtiger Hinweis auf eine dem Recht inhärente Ambivalenz verstanden wird, die in einem dialektischen Gesamtzusammenhang betrachtet werden kann. Und d. h., zu reflektieren, dass das begrifflich inklusiv ausgerichtete, aber in faktischer

Hinsicht (noch) provisorische Recht rechtliche Exklusionen und hegemonial indizierte Verzerrungen produziert („dark legacies"), die zivilgesellschaftlich initiierte Gegenbewegungen („counter legacies") provozieren, die ihrerseits im Rahmen einer dialektisch interpretierten Rechtsevolution wichtige Korrektivfunktionen übernehmen.

So gesehen sind system- und hegemonietheoretische Ansätze zur analytischen Aufdeckung dieser Rechtspathologien wesentliche Stützen, was damit einhergeht, mithilfe systemtheoretischer Ansätze die gesellschaftliche Selbstorganisation in den Fokus der Analyse zu stellen. Daran ändert auch nichts, dass Nationalstaaten – faktisch betrachtet – weiterhin eine prominente Rolle spielen (vgl. Müller 2005, 2008), da die weltgesellschaftliche Globalisierung sich längst als Prozess zunehmender Entgrenzung präsentiert, der mit einer Aufwertung komplexer Mehrebeneninteraktionen einhergeht (vgl. Wolf 2000; Albert 1998, Albert/Stichweh 2007). Nimmt man diese vermittelnde Position ein, scheint die oben suggerierte Frontstellung zum Einheitsdenken und damit die einhergehende These fundamentaler Depolitisierung (vgl. Fischer-Lescano/Fischer-Lescano 2006: 53) vielmehr als ein Resultat der Gleichsetzung von Politik und Nationalstaat.

Es ist vor diesem Hintergrund für eine *geordnete* Spontanität zu plädieren und im Anschluss an Fischer-Lescanos Argument davon auszugehen, dass innerhalb der Weltgesellschaft schon längst diskursive Verfassungskämpfe stattfinden (vgl. Fischer-Lescano 2005: 273), die trotz aller Vielheit einen einheitlichen Trend der skandalisierenden Bezugnahme (was nicht heißt, dass es die gleichen Themen sind) innerhalb von sich überlappenden Weltöffentlichkeiten etablieren. Damit diese einer hegemonialen Kolonialisierung des Weltrechts entgegenwirken können, bedarf es allerdings rechtlich garantierter Diskursforen, die auf den verschiedenen Ebenen der postnationalen Konstellation anzusiedeln wären und den Rechtsprozess aktiv beeinflussen. Dahingegen ist fraglich, ob der systemtheoretische Rechtsbegriff angesichts seiner funktional-genetischen Anlage den emanzipativen Charakter des Rechts voll ausschöpfen kann; u. a. deshalb, weil er die sich aus der verallgemeinerbaren (monistischen) Struktur des Rechts ergebende Normativität dementiert. Zwar präsentieren Autoren wie Andreas Fischer-Lescano und Gunther Teubner ihre Entwürfe im Unterschied zu Luhmann explizit als normative (vgl. Fischer-Lescano/Teubner 2006: 132; Fischer-Lescano 2005), gleichwohl verhindert die differenztheoretische Ausrichtung den Blick für die Normativität eines legalen Monismus.

Ein möglicher Schluss der bisherigen Diskussionen, der nun einer genauen Prüfung unterzogen werden soll, ist, dass der *Rechtsmonismus* und der *kommunikative Monismus* deshalb in einem engen Zusammenhang stehen, weil sie die tragenden Säulen einer Herrschaftskonstituierung sind. Dieser Schluss basiert auf der zuvor entfalteten Erwartung, dass es gerade im Hinblick auf die angesprochene Entkolonialisierungsperspektive einer monistischen Ausrichtung des Rechts bedarf, die aber – wie nun gezeigt wird – über die Idee einer Nondomination hinausgeht (vgl. Niederberger 2006, 2007; Bohman 1996, 2002, 2005, 2007).

I. 12. Recht als Dominanzvermeidung?

Ein Hintergrund der folgenden Diskussion ist die, u. a. von Bohman am Beispiel der europäischen Integration vertretene These, dass reflexive Deliberationen längst zu einer Verfassung geführt haben und deshalb auf die auf einem Verfassungsvertrag ruhende Integration nicht mehr angewiesen sind. Diese Deutung entspricht einem organischen Verfassungsverständnis, das – wie wir noch sehen werden – in der völkerrechtlichen Diskussion prominent diskutiert wird und i. U. zu einem evolutionär-funktionalen Verständnis auf die Existenz bereits substanzialisierender Verfassungsgehalte verweist.

> „It is in this sense that the European Union already has a constitution; it is a legal order that not only demands the fusion of the horizons of the various constitutional traditions, this order is based upon explicit norms built into its Treaties that can be used by various actors in process of deliberation, adjucation, legislation and polity-making" (Bohman 2005: 8). „Thus, a constitution provides the basis for an ongoing conversation about the nature of democracy in the European Union (...)" (ebd.: 15). „Given the absence of uniformity among legal orders at lower levels and the endorsement of second order norms for a variety of reasons, such testing does not suggest anything like a common will expressed in a fixed social contract. Rather the analogy to a conversation suggests that each can remain true to its democratic and constitutional commitments reflexively only by submitting themselves to the judgements of others" (Bohman 2005: 15, vgl. auch 2007).

Auch der Philosoph Andreas Niederberger argumentiert mit Blick auf die Konzeptionalisierung des Weltrechts in eine ähnliche Richtung und schlägt in Anschluss an Pettit (1997, 2. Kap.) eine Umstellung vom Modus der Autonomie zu dem der *Nicht-Dominierung* bzw. „non-domination" vor:

> „Das gesamte soziale Leben besteht in Interaktionen mit anderen sowie in Einwirkung von uns auf andere oder von anderen auf uns selbst; es gibt weder einen Lebensvollzug, bei dem wir nicht auf andere angewiesen sind und bei dem Handlungen keine Konsequenzen für andere Handlungen haben, noch gibt es politische Prozesse, die nicht durch Bedingungen konditioniert sind, über die diejenigen nicht verfügen können, die die Auseinandersetzung führen, deliberieren und entscheiden" (Niederberger 2006: 187).

Die Grundlage dieser gedanklichen Bewegung ist also, dass die Ermöglichung individueller Partizipationschancen im Kontext von weltgesellschaftlichen Abhängigkeitsverhältnissen und Komplexitätserfordernissen in den Hintergrund rückt und es stattdessen nötig wird, strukturell relevante Interessen zu identifizieren. Damit ist offensichtlich, dass Niederberger und Bohman verstärkt von intersubjektiven Verwiesenheiten und Praktiken und nicht nur von funktionalen Eigendynamiken ausgehen, da sie postnationale Demokratisierungschancen eher skeptisch einschätzen und dahingehend strukturelle Korrekturmöglichkeiten suchen (ebd.). Wenngleich die Idee der *Nichtdominierung* prima facie – in Anbetracht nicht zu hoch bemessener normativer Ambitionen – attraktiv scheint, bleiben doch Zweifel, ob sie autonomietheoretischen Überlegungen entsprechen kann. Wird das Prinzip individueller Autonomie nämlich durch das der *strukturellen Abhängigkeit* substituiert, stellt sich unmittelbar im Anschluss die Frage, wer, wenn nicht *die Betroffenen selbst*, die strukturell relevanten Interessen identifizieren soll. Diese Selbstidentifikation muss – gerade im sensiblen Bereich der Menschenrechte – in Perspektive wechselseitiger Rechtfertigung und nicht in einer der strukturellen Interessen ermöglicht werden, da der Vorgang einer Interessenidentifikation praktische Momente der gemeinsamen Reflexion zur Voraussetzung hat.

Kurz, eine supranationale Verfassungsgründung ist deshalb von demokratietheoretischem Belang, da gerade sie Verfassungsdiskussionen initiiert, die Praktiken der gesellschaftlichen Selbstaufklärung sowie des interkulturellen Lernens fördern. Vor diesem Hintergrund ist denkbar, dass die Idee einer Nichtdominierung begrifflich zu defensiv angelegt ist, vor allem dann, wenn einer willkürlichen Instrumentalisierung von Menschenrechten entgegengewirkt werden soll. Dieser wiederum auf Pettit (1997) zurückgehende Vorschlag struktureller Inklusion basiert auf zwei Säulen: einem institutionellen Wechselspiel von administrativen Gewalten einerseits sowie Vetorechte garantierende Instanzen andererseits, wobei an die Idee einer gewaltenteilig verbrieften Balancierung noch anzuknüpfen sein wird. Insofern Vetorechte aber eine wichtige Korrektivfunktion übernehmen sollen, können sie m. E. nicht nur als partikularistische „Ex-post-Rechte“ angelegt werden, sondern als korrigierende Momente im Spiel der wechselseitigen Rechtfertigungspraxis; nicht zuletzt, um einer möglichen Instrumentalisierung durch Dritte entgegenzusteuern. So betrachtet, scheint es konsequent, dass Andreas Niederberger, der die Problematik *instrumenteller* Vetorechte ebenfalls diskutiert, eine *autonomietheoretische* Fundierung der Vetorechte herausstellt (vgl. Niederberger 2006: 189). Denn so richtig die normative Forderung ist, Dominanzstrukturen zu verhindern, erschöpft sich dieser Prozess nicht in einer Herrschaftsbegrenzung (vgl. Bohman 2002: 77), sondern verweist im Sinne einer Gleichursprünglichkeitsannahme begriffslogisch wie auch praktisch auf den Aspekt der Herrschaftskonstitution.

Klärungsbedürftig ist vor diesem Hintergrund, inwiefern die Idee der Herrschaftskonstituierung einer Transformation des Souveränitätsbegriffs bedarf. Wir werden sehen, dass das klassische Souveränitätskonzept durch ein Modell der gestuften Souveränität re-interpretiert werden kann, um im Rahmen des monistischen Paradigmas zu gewährleisten, dass die Kommunikationsdynamiken miteinander vermittelt bleiben und vor allem auch legitimiert werden. In einer ersten Rekapitulation kann deshalb geschlossen werden, dass, wenn eine Verselbstständigung der Menschenrechte zu Lasten der demokratischen Praxis vereitelt werden soll (vgl. Maus 2002 a: 244 f., 254ff., 2007), es sinnvoll erscheint, das Individuum als *aktiv* selbstgesetzgebendes, d. h. als autonomes und handlungsfähiges Rechtssubjekt zu konzeptionalisieren (so übrigens auch Frankenberg 1997: 27). Weil die Ermöglichung kollektiver Lernprozesse eine wesentliche Grundlage des Rechtsfortschritts darstellt, bedarf es einer Verfassungsarchitektur, die sich als ein offenes Handlungsprogramm versteht (vgl. ebd.: 28). In diesem Horizont wird deutlich, dass ein menschenrechtliches Weltbürgerrecht über ein Normenkollisionsrecht weit hinausreicht (vgl. Fischer-Lescano/Teubner 2006), eben weil es einem öffentlichen Medium der Herrschaftskonstitution und nicht nur der Idee einer Dominanzvermeidung entspricht. Gelänge es hingegen nicht, grundlegende Normenkonflikte und Willkür durch das Erstellen eines sinnhaften Ganzen zu überwinden, ist mit Kelsen zu schließen, dass es als legales System in sich zusammenbricht und deshalb seine Legitimität einbüßt.

Ich habe bisher aus Gründen nachmetaphysischer Begründungserfordernisse eine interne Begründungsstrategie in systematischer Referenz auf die kantische und die „Reine Rechtslehre“ entwickelt. Bisher offengeblieben ist allerdings, welche Anknüpfungspunkte das Völkerrecht in phänomenologischer Hinsicht bietet. Im Angesicht der bisherigen begrifflichen Überlegungen soll nun an die völkerrechtliche Debatte angeschlossen werden. Ich beginne mit einer knappen Skizzierung des traditionellen Völkerrechtsverständnisses und dem für ihn zentralen Spannungsbogen von nationaler Souveränität und globalem Recht.

II. Teil: Institutionentheoretische Spezifikationen des kosmopolitischen Konstitutionalismus

II. 1. Einleitung: Das Völkerrecht im Spannungsfeld von territorialer Souveränität und universaler Rechtsidee

Das für das klassische Völkerrechtsverständnis vergleichsweise unumstrittene Verhältnis von staatlicher Souveränität und universaler Rechtsidee ist mittlerweile Gegenstand eines Diskussionsprozesses, der sich zunehmend von bisher gängigen Kategorien zu befreien scheint. Historisch betrachtet, nimmt das faktische Völkerrecht seinen Anfang in der Etablierung des westfälischen Staatensystems, was erklärt, warum zunächst nur Staaten als wesentliche Akteure in Erscheinung treten.

Doch bereits in dieser frühen Phase des Völkerrechts ist dies nicht etwa Folge eines völkerrechtlichen „Naturgesetzes", sondern Ausdruck einer damals geläufigen normativen Betrachtungsweise, die besagt, dass überstaatliche Gestaltungs- und Einigungsmöglichkeiten unter realpolitischen Bedingungen weder wünschenswert noch praktikabel sind. Zwar gab es bereits zu Beginn des 20. Jahrhunderts Phasen, in denen eine koordinationsrechtliche Vereinbarung angestrebt wurde (etwa im Kontext des Völkerbundes), gleichwohl war insbesondere während der europäischen Kolonialzeit und des europäischen Imperialismus die Vorstellung dominierend, dass Staaten im Rahmen eines überstaatlichen Regelwerks niemals auf machtabsolute Ansprüche verzichten werden (vgl. Blome 2004).

Es mangelte zunächst an dem für das moderne (d. h. egalitär ausgerichtete) Rechtsverständnis paradigmatischen Grundgedanken einer gleichberechtigten Anerkennung und friedensethischen Ausrichtung. Erst der im Jahre 1919 etablierte Völkerbund und der im Anschluss im Jahre 1928 beschlossene, das Recht zum Kriege brandmarkende Briand-Kellogg-Pakt zielten auf die Vorstellung, dass Staaten ihre internationalen Beziehungen in einem dezentral verfassten Rechtssystem zu Friedenszwecken koexistenzrechtlich koordinieren sollen (vgl. Hobe/Kimminich 2005; Blome 2004).[1] Damit hatte die Gewalt(verzichts)norm wie auch die der Rechtsgleichheit[2] faktisch unterschiedlicher Staatssysteme im Unterschied zur Souveränitätsnorm erst im Kontext des Völkerbunds und auch nur bis zum Beginn des Zweiten Weltkriegs eine gewisse Blütezeit. Dabei waren die Idee eines die internationalen Beziehungen pazifizierenden Rechts (vgl. Grotius 1993; Kant 1996a/b) ebenso wie die Souveränitätsnorm (vgl. Bodin 1996) längst Thema der rechtsphilosophischen Auseinandersetzung und Herrschaftsbegründung. Dass sich zunächst nur die Souveränitätsnorm erfolgreich durch-

1 Dieser zentrale Grundsatz der Kriegsvermeidung findet sich bis heute in der Charta der Vereinten Nationen in Artikel 2 Nr.1, in der die souveräne und rechtlich verbürgte Gleichheit der Nationalstaaten fest verankert ist (vgl. Fassbender 2004: 3ff.; Weil 1983; Tomuschat 1993).

2 Das Organ der UN, das dieser Vorstellung am deutlichsten entspricht, ist die Generalversammlung der Vereinten Nationen (Art. 18 Abs. 1 der UN-Charta).

setzte, mag historisch betrachtet kein Zufall sein, denn sakrale und naturrechtliche Bezüge zur Rechtfertigung politischer Herrschaft mussten zunehmend dem realpolitischen Anspruch einer Herrschaft über das Recht weichen.

Die Idee einer Herrschaft durch das Recht – so kann in rekonstruktiver Einstellung veranschaulicht werden – konnte sich politisch erst durchsetzen, als die mit dem imperialistischen und nationalistischen Chauvinismus einhergehenden Kriegsverbrechen eine Umorientierung in der internationalen Staatenwelt erzwangen (vgl. Fassbender 2004). Dieser von vielen Rückschlägen begleitete Prozess der Verrechtlichung der internationalen Beziehungen kann aber nicht darüber hinwegtäuschen, dass das Völkerrecht (wie das Recht insgesamt) in begriffsimmanenter Hinsicht auf der Idee einer Kooperation gründet, die insbesondere mit dem Ende des Ost-West-Konflikts und der im Anschluss einsetzenden Globalisierung eine maßgebliche Intensivierung erfahren hat (vgl. Blome 2004).[3] Darüber hinaus ist das Verhältnis von staatlicher Souveränität und überstaatlichem Recht nicht nur Ausdruck zeithistorisch bedingter normativer Leitvorstellungen (vgl. Fassbender 2004: 9), sondern ebenso Resultat eines umkämpften Konzepts. So hat die realpolitische Geringschätzung des Rechts immer auch Gegenbewegungen provoziert (Hitzel-Cassagnes/Meisterhans 2009, vgl. Koh 2000; Koskenniemi 2001; Brunkhorst 2008 a, Sacriste/Vauchez 2007). Beispielsweise gab es bereits in den 1920er-Jahren Bestrebungen, eine staatenübergreifende „Global Legacy“ zu etablieren, deren Befürworter sich aus einem internationalen Netzwerk insbesondere juridischer Experten zusammensetzten und im politisch-administrativen Umfeld von Genf zusammentrafen (Sachriste/Vaucher 2007). Bereits in dieser frühen Phase war das pragmatisch ausgerichtete Ziel formuliert worden, das Völkerrecht vom dualistischen Rechtsparadigma zu Gunsten einer monistischen Auslegung zu befreien. Neben diesen juridischen Eliten im Genfer Milieu waren es insbesondere die bereits im 19. Jahrhundert entstandenen, international orientierten sozialen Reform- und Friedensbewegungen, die neben marxistischen insbesondere kantische Motive aufgegriffen und für eine rechtlich befriedete Weltordnung kämpften (vgl. ausführlich dazu Brunkhorst 2008 a: 35-39).

Dass sich diese Reformideen bereits in einer frühen Phase des 20. Jahrhunderts zumindest partiell – trotz der stärker werdenden faschistischen und stalinistischen Gegenbewegung – durchsetzen konnten, kann insbesondere mit Blick auf Vertragsinterpretationen und Urteilskommentare der 1930er-Jahre rekonstruiert werden (vgl. Koskenniemi 2001, 2005; vgl. dazu auch Hitzel-Cassagnes/Meisterhans 2009; Brunkhorst 2008 a). Bereits hier standen Fragen einer überstaatlichen Schiedsgerichtsbarkeit auf der Agenda, die im Anschluss an den Ersten Weltkrieg und an die Friedensverhandlungen und -vertragsschlüsse sowie Wiedergutmachungsvereinbarungen zur Etablierung von Streitschlichtungsverfahren führten (vgl. Hitzel-Cassagnes/Meisterhans 2009).[4] Wenngleich das Versailler System und der Völkerbund angesichts der zu schwach institutionalisierten Idee eines „dispute-settlements“ mit Blick auf die Auf-

3 Die folgende Darstellung ist nur zu Illustrationszwecken – sie beansprucht keine Vollständigkeit.
4 Zu nennen sind hier insbesondere die Haager Friedenskonferenzen, das Genfer Protokoll (1924), die Pan-American Convention on Conciliation and Arbitration (1928) und der Briand-Kellog-Pakt (1929).

gabe der Friedenssicherung katastrophal scheiterten, kann dies insgesamt als ein dialektischer Lernprozess aufgefasst werden, der Momente der Rechtsprogression und -regression gleichermaßen beinhaltete (vgl. Brunkhorst 2008 a: 38) und an die nach dem Zweiten Weltkrieg angeknüpft werden konnte.

Damit wird angesichts dieser groben Konturierung bereits deutlich, dass die Idee der „(...) Souveränität kein induktiv aus der Beobachtung der Wirklichkeit des internationalen Systems gewonnener Begriff [ist,] dem gesetzesmäßig eine faktische Unabhängigkeit der Staaten entspricht [sondern um einen] normative[n] Begriff" handelt (Delbrück 1996: 193), der im Verhältnis zu anderen, mit der Idee des Rechts assoziierten, erfahrungsbasierten Vorstellungen immer wieder neu austariert wird. In dieser Hinsicht war die Verarbeitung der mit zwei Weltkriegen einhergehenden katastrophalen Erfahrungen maßgeblich. Denn sie bildeten das Fundament dafür, dass sich das voluntaristische Völkerrechtsverständnis des 19. und 20. Jahrhunderts sukzessive in das Rechtsverständnis einer auf das Gemeinwohl verpflichteten internationalen Gemeinschaft wandeln konnte, was schließlich in der Gründung der Vereinten Nationen gipfelte (vgl. Fassbender 2004: 211). Von entscheidender Bedeutung ist in diesem Zusammenhang, dass die Unantastbarkeit innerstaatlicher Souveränität nun in ein friedensethisch begründetes und grundlegendes Interventionsverbot transformiert wurde (vgl. ebd.; Weil 1983; Brock 2005a/b), das mit dem die Staaten übergreifenden Solidarisierungsprinzip korrespondierte (vgl. Fassbender 2004: 9; Tomuschat 1993: 210). Somit wurden die rechtlichen Beziehungen der Staaten zueinander mit der Etablierung der Vereinten Nationen derart grundlegend transformiert, dass das Prinzip rechtlicher Koexistenz zunehmend durch den Primat der Kooperation ersetzt wurde:

> „Given the developments triggered by the UN Charter, today a community model of international society would seem to come closer to reality than any time before in history" (Tomuschat 1993: 211).

Bedenkt man nun, dass in einer traditionellen Sichtweise des Völkerrechts Beziehungen zwischen Staaten – trotz ihrer rechtsimmanent kooperativen Ausrichtung – einer vergleichsweise rudimentären Verregelung, d. i. entweder in Form von diplomatischen Beziehungen oder auf Basis eines „Koexistenzrechts" freiwilliger Selbstbindungen unterliegen (vgl. Weil 1983), ist die trans- und supranationale Expansion des Rechts geradezu von revolutionärer Qualität. Nichtsdestotrotz ist – wie wir im folgenden Kapitel sehen werden – trotz der grundsätzlichen Einigkeit in der Debatte darüber, dass ein Wandlungsprozess stattfindet, die *Reichweite* und *normative Dignität* dieser Transformation umstritten (vgl. Verlage 2009: 188ff.). Bis heute sind völkerrechtliche Verträge und das Gewohnheitsrecht als primäre Rechtsquelle zu identifizieren und darüber hinaus ist die aktuelle Völkerrechtsordnung nicht mehrheitlich kodifiziert (vgl. Hobe/ Kimminich 2004: 2). Von daher ist es nicht unplausibel anzunehmen, dass gerade die Lokalisierung der Rechtsquellen im Kontext des internationalen Vertrags- und Gewohnheitsrechts eine gewisse Vagheit und Unübersichtlichkeit im Kontext der Normenbildung und -durchsetzung provoziert (s.n.). Die Diffusität des Völkerrechtsbegriffs lässt sich bereits an der Schwierigkeit einer eindeutigen Definition ablesen und verdeutlicht, wie unterschiedlich das Verhältnis von nationalem Recht und Völkerrecht in analytischer, begrifflicher und normativer Hinsicht im Hinblick auf dessen Qualität, Reichweite und Bedeutung eingeschätzt werden kann.

Ein gewisser Konsens scheint inzwischen immerhin darin zu bestehen, dass sich das Recht zunehmend auf überstaatlicher Ebene ausdifferenziert (vgl. Günther 2001). Damit ist also, trotz aller Diversität der konzeptionellen Diskussionen zum Status quo und zur Zukunft des Völkerrechts, ein in empirischer Hinsicht rekonstruierbarer Umbruch in Sichtweite, der sich insbesondere an zwei Phänomenen ablesen lässt: Zum einen daran, dass Staaten zunehmend im Kontext komplexer Interdependenzen eingebunden sind, und zum anderen daran, dass sich das völkerrechtliche Akteursspektrum erweitert (Internationale Organisationen, Nichtregierungsinstitutionen usw.). Darüber hinaus lässt sich in jüngerer Zeit eine die nationale Souveränitätsidee transzendierende Tendenz beobachten, die nahelegt, dass sich das Völkerrecht sukzessive für individualrechtliche Perspektiven öffnen kann (vgl. Kokott 1999; Blome 2004, 2009). Nimmt man diese beiden Entwicklungen als Grundlage, kann das Völkerrecht in einer ersten Definition wie folgt umrissen werden:

> „[Das] Völkerrecht umfasst zum einen die Prinzipien und Verhaltensregeln, an die sich Staaten gebunden fühlen und die sie deshalb in ihren gegenseitigen Beziehungen beachten, sowie solche Rechtsregeln, die sich auf die Funktionsweise internationaler Institutionen und Organisationen sowie deren Beziehungen zueinander und in deren Beziehung zu Staaten und Individuen beziehen und schließlich einige Regeln, die auf Individuen und nichtstaatliche Einheiten insoweit Bezug nehmen, als diese Einheiten in den Kreis der internationalen Rechtsgemeinschaft einbezogen sind“ (Hobe/Kimminich 2004:8).

Interessant ist an dieser ersten Definition, dass hier die Idee einer internationalen Rechts*gemeinschaft* angesprochen ist, die bereits in der Kelsen-Diskussion thematisiert wurde und über den Dualismus von nationalem Recht und Völkerrecht hinausreicht. Ungeachtet der Tatsache, dass mit Blick auf die Geschichte des Völkerrechts die Realisierung einer kosmopolitisch ausgerichteten Rechtsidee nicht geradlinig vollzogen wurde, ist der Paradigmenwechsel im Völkerrecht vor allem durch den traumatischen Schock, den die nationalsozialistische Terrorherrschaft hinterließ, eingeleitet worden. Dieser Paradigmenwechsel vollzog sich zunächst in Perspektive einer friedensethischen Orientierung. Mit Gründung der Vereinten Nationen wurde auf Grundlage der Etablierung einer *Gewaltverzichtsnorm* ein Bruch mit dem für das klassische Völkerrecht typischen Paradigma eines *ius in bello* herbeigeführt (vgl. Verlage 2009; Brock 2005a/b; Fassbender 2004).

Ein anderes Bild ergibt sich allerdings mit Blick auf die Durchsetzung der Menschenrechtsidee. Zwar war die Universalisierung von Unrechtserfahrungen für die Internationalisierung von individuellen Rechtsansprüchen wesentlich und gipfelte schließlich in der Forderung einer menschenrechtlich begründeten Staatenverantwortlichkeit (Levy/Sznaider 2006: 661), dennoch spielte die Idee der Menschenrechte gegenüber der Friedensethik zunächst eine untergeordnete Rolle. Die friedenspolitische Umdeutung des *Rechts zum Kriege* zu einem *den Krieg einschränkenden Recht* wirkte zunächst als Hemmschuh einer universalen Menschenrechtspolitik. Auch wenn die Nürnberger Kriegsverbrecherprozesse im Kontext des Genozids standen und damit einen ersten Meilenstein in der Entwicklung der Menschenrechtsgerichtsbarkeit darstellten, war die Menschenrechtspolitik der Vereinten Nationen bis zum Ende des Ost-

West-Konflikts von einer friedensstrategisch begründeten Defensivität gekennzeichnet. Bis in die heutige Diskussion hinein besteht die Besorgnis, dass eine forcierte Menschenrechtspolitik konflikthaft und kriegsfördernd ist (vgl. Maus 1992, 2002 a, 2007; Cohen 2008; Weil 1983; Müller 2005, 2006, 2008). Nichtsdestotrotz wird in jüngster Zeit verstärkt zu Gunsten einer internationalen „Rule of Law“ plädiert, die in Form kontextunabhängiger Rechtsprinzipien international und transnational Anwendung finden sollen (vgl. Watts 1993: 25). Dies geht insbesondere mit einer Entwicklung einher, die die Adäquatheit der staatszentrischen und damit dualistischen Denkweise auch empirisch infrage stellt (vgl. Bruno 1997: 6).

> „[Denn] spätestens seit dem Jahr 1928, dem Jahr des Briand-Kellogg-Pakts, allerspätestens aber seit dem Inkrafttreten der UN-Menschenrechtskonvention von 1966 hat das klassische Völkerrecht einschließlich des humanitären Kriegsvölkerrechts zumindest in den Texten internationaler Abkommen und Organisationen eine entscheidende Weiterentwicklung erfahren. (...) Diese verkehrt seinen ursprünglichen Sinn, die Beziehungen zwischen Staaten zu ordnen, die Krieg, also organisierte Massentötungen, als legitimen Konfliktregulationsmechanismus akzeptiert haben, geradezu in sein Gegenteil: Mit der Kodifizierung und innerstaatlichen Ratifizierung von Menschenrechten hat sich das Prinzip einer letztinstanzlich staatsgebundenen Souveränität mindestens auf dem Papier allmählich aufgelöst und damit nolens volens einem schwach ausgeprägten Weltbürgerrecht eine gewisse Geltung verschafft“ (Brumlik 2004: 3).

Andere Autoren akzentuieren ebenfalls in monistischer Perspektive bestimmte inhaltliche Leitlinien bzw. Rechtsprinzipien – insbesondere Rechtsschutzgarantien, Transparenz, universale Anwendung und Kohärenz (Günther 2001: 541). Mit Blick auf diese Debatten stützt die nach zwei Weltkriegen einsetzende Menschenrechtspolitik die Erwartung, dass die Relativierung der Souveränitätsnorm für eine universale bzw. monistische Deutung von Menschenrechten – trotz einer nicht zu leugnenden Ambivalenz hinsichtlich der Legitimität und Effektivität von Völkerrechtspraktiken (vgl. Verlage 2009: 312ff.; Maus 2002a/b, 2007; Brock 2002, 2005a/b/c, 2007; Müller 2005, 2006, 2008) – wesentlich ist, wie nun veranschaulicht werden kann.

II. 2. Ius Cogens – auf dem Weg zu einem verpflichtenden Völkerrecht?

Ein paradigmatischer Umbruch im klassischen Völkerrechtsdenken lässt sich seit einigen Jahren im Rahmen der lebhaften völkerrechtlichen Diskussion des Konzepts der *Internationalen Gemeinschaft* im Zusammenhang mit der (Durch-)Setzung von Menschenrechten ablesen (vgl. exemplarisch: Delbrück 1996, 2000, 2001, 2002; Bryde 1994; Fassbender 1998, 2004, 2006a/b, 2007; Tomuschat 1995). Diese Diskussion bewegt sich vor allem entlang der generellen Fragestellung, welchen Verpflichtungscharakter Normen des Völkerrechts und letztlich der Menschenrechte haben können und sollen. Dies hat zur Konsequenz, dass konstitutionalistisch orientierte Autoren – trotz aller Dissense über die konkreten Implikationen rechtlicher Grundbegriffe – dem Völkerrecht einen über das Einzelstaateninteresse hinausgehenden Verpflichtungscharakter einschreiben und einen möglichen Zwangscharakter des Völkerrechts diskutieren (vgl. Verlage 2009). Hierbei berufen sie sich in erster Linie auf Artikel 53 der

Wiener Vertragsrechtskonvention von 1969, der die Kategorie des zwingenden Völkerrechts (*Ius Cogens*) einführt:

> „Im Sinne dieses Übereinkommens ist eine zwingende Norm des allgemeinen Völkerrechts eine Norm, die von der internationalen Staatengemeinschaft in ihrer Gesamtheit angenommen und anerkannt wird als eine Norm, von der nicht abgewichen werden darf und die nur durch eine spätere Norm des allgemeinen Völkerrechts derselben Rechtsnatur geändert werden kann"[5]

Hinter der völkerrechtlichen Terminologie des *Ius Cogens* verbirgt sich die Vorstellung der Existenz zwingender Normen im Völkerrecht, die, im Gegensatz zum änderungsfähigen Völkerrecht („*Ius Dispositivum*"), nicht durch einzelne Staaten beliebig abgeändert werden können. Besonders hervorzuheben ist in diesem Zusammenhang, dass in den Artikeln 53 und 64 der Wiener Vertragsrechtskonvention die Frage aufgeworfen wird, wie mit völkerrechtlichen Verträgen umgegangen werden muss, die im Widerspruch zu einer zwingenden Norm des allgemeinen Völkerrechts stehen. Gemäß Art. 53 und 64 ist ein Vertragsabschluss nichtig, wenn er den Grundsätzen des *Ius Cogens* und damit den Überzeugungen der Internationalen Rechtsgemeinschaft widerspricht:

„Ein Vertrag ist nichtig, wenn er im Zeitpunkt seines Abschlusses im Widerspruch zu einer zwingenden Norm des allgemeinen Völkerrechts steht" (ebd. Artikel 53).

Das setzt allerdings voraus, dass eine Norm, um *Ius-Cogens*-Status zu erhalten, im kollektiven Rechtsbewusstsein der Staaten tief internalisiert und in deren Gemeinschaftsinteresse sein muss; damit hat zugleich die Annahme Relevanz, dass nicht die *Form* einer Norm, sondern deren *Inhalt* entscheidend ist. Diese Form der Substanzialisierung ist allerdings nicht unproblematisch, insbesondere weil in der völkerrechtlichen Diskussion und Praxis kein Konsens darüber besteht, welche Normen *Ius-Cogens*-Status erhalten sollen (vgl. Delbrück 1996: 25). Nichtsdestotrotz handelt es sich um eine weitreichende Innovation, dass das Völkerrecht im Horizont eines verpflichtenden Kooperationsrechts diskutiert wird. Eine herausragende Rolle spielt dabei die bereits angesprochene Vorstellung einer verpflichteten internationalen Gemeinschaft[6] (vgl. Fassbender 2004, 2007). Diese bringt die Ernsthaftigkeit des Vorhabens zum Ausdruck, eine *machtpolitische* Verabsolutierung des Souveränitätsanspruchs einzelner Staaten immerhin zu Gunsten der Idee einer Einbindung in eine wertbezogene, wenn auch in ihrer konkreten Definition umstrittene Grundordnung zu überwinden.

Relevant ist die Vorstellung einer internationalen Gemeinschaft jenseits des einzelstaatlichen Interesses nicht nur für das Konzept des *Ius Cogens,* sondern auch für eine weitere Kategorie, die mit dem zwingenden Völkerrecht im engen Zusammenhang steht: die so genannten Verpflichtungen *Erga Omnes*. Die wesentliche Prämisse dieser Kategorie wiederum ist, dass alle Staaten ein rechtliches Interesse an dem Schutz bestimmter Normen haben (vgl. „International Commission on Intervention and State Souvereignity[7]" und die International Law Comission der Vereinten Nationen von

5 Vgl. http://www.admin.ch/ch/d/sr/c0_111.html.

6 Zur Idee einer *Verfassung* der Völkerrechtsgemeinschaft vgl. bereits Alfred Verdross (1926).

7 http://www.iciss.ca/report-en.asp, Stand: 2. 9. 2008.

2001[8]) Von besonderer Bedeutung ist in diesem Zusammenhang neben der Wiener Vertragsrechtkonvention das Urteil des Internationalen Gerichtshofs (IGH) im sogenannten *Barcelona Traction*-Fall aus dem Jahre 1970. Dieses Urteil dokumentiert die Realität einer verpflichteten internationalen Staatengemeinschaft, die in dieser Deutung darüber hinaus den Status eines eigenständigen Rechtskörpers zugesprochen bekommt (vgl. Verlage 2009:180). Das IGH-Urteil ist in der völkerrechtlichen Diskussion als kleine Sensation bewertet (vgl. Frowein 1983: 243) worden, denn erstmalig wurde eine allgemeine Staatenverpflichtung auf der Grundlage, dass

> „(…) [e]s sich hier um Grundnormen der Völkerrechtsgemeinschaft handelt, deren Charakter als zwingend jedenfalls nach dem Zweiten Weltkrieg nicht mehr ernsthaft in Zweifel gezogen werden kann" (explizit thematisiert ebd.).
>
> Diese Interpretation ist bis heute wegweisend[9], nicht zuletzt bildet sie die Grundlage einer Diskussion, in der nicht nur die Existenz einer Internationale Gemeinschaft postuliert wird, sondern auch, dass sie sich an moralischen Werten zu orientieren habe, die die Menschheit als Ganzes betreffen.
>
> „Actually concerns of the international community go even further. Are they not also moral foundations, which must be preserved in order to secure that mankind remains in a status of civilisation, so that peace in international relations and individual enjoyment of human rights remains a realistic prospect? (…) Massive violations of human rights in one country may at least lead to flows of refugees and may be the first sign of an imminent outbreak of armed hostilities. Thus, there is a clear need for international action to avert such dangers" (Tomuschat 1993: 215).

Diese Werte sind – so das Argument – insbesondere in die UN-Charta eingegangen. Eine Grundnorm der UN Charta ist das Gewaltverbot. Zum Menschenrechtsschutz hingegen lassen sich nur sehr allgemeine Referenzen ausweisen (zweiter Absatz der Präambel in Art. 1 Ziff.3, in Art. 13 Ziff.1 lit. sowie in Art. 55 der UN-Charta), da die Friedensabsicht nach wie vor im Vordergrund steht und dementsprechend die gesamte Architektur der Vereinten Nationen bestimmt. Diese friedensparadigmatische Aus-

8 www.un.org/law/ilc, Stand 23.10 2008

9 Ein Beispiel, das die aktuelle Bezugnahme auf Ius Cogens durch Gerichte belegt, ist der so genannte Fall Kadi des Europäischen Gerichts Erster Instanz (EuG) aus dem Jahr 2005. Im Zuge der Anti-Terror-Bekämpfung nach dem 11. September sind vom UN-Sicherheitsrat die Resolution 1267 und eine Reihe von Folgeresolutionen verabschiedet worden. Auf Basis dieser Resolutionen sind so genannte Terrorlisten erstellt worden, die mit der Forderung an die UN-Mitgliedstaaten einhergehen, terrorverdächtigen Individuen und Körperschaften den Zugang zu Geld und Vermögenswerten zu vereiteln sowie terrorverdächtige Individuen in ihren Ein- und Durchreiseaktivitäten zu behindern. Der Sicherheitsrat bezieht sich damit auf das in Kap. VII der Satzung der Vereinten Nationen verankerte Prinzip, den Weltfrieden zu wahren, und behandelt den internationalen Terrorismus als dessen zentrale Bedrohung. Die Bindungswirkung der Resolution ist jedoch durch das o. g. Urteil des EuG vom 21.09. 2005 mit dem Verweis auf bestehendes *Ius Cogens* zur Disposition gestellt worden. Da die Resolution mit Menschenrechten kollidiert, nämlich dem Recht auf Eigentum und den Anspruch auf rechtliches Gehör, argumentierte das Gericht wie folgt: „Das Völkerrecht erlaubt also die Annahme, dass es eine Grenze für den Grundsatz der Bindungswirkung der Resolutionen des Sicherheitsrats gibt: Sie müssen die zwingenden fundamentalen Bestimmungen des Jus cogens beachten" (vgl. T-315/ 01, [„Kadi"] Rdn. 231**)**. In seinem Urteil wies das EuG die Klage des Terrorverdächtigen Kadi zwar als unbegründet zurück, dennoch etablierte es bereits einen rechtlichen Argumentationsrahmen, der die Grundlage für die Aufhebung des in erster Instanz formulierten Urteils durch den Gerichtshof der Europäischen Gemeinschaften (EuGH) im Jahr 2008 bildete (vgl. http://curia.europa.eu/jurisp/cgi-bin/gettext.pl?where=&lang=de&num).

richtung schlägt sich insbesondere an der legal bindenden Verpflichtung zum Gewaltverbot nieder, deren Konsequenz die strikte Auslegung des Interventionsverbots in innere Angelegenheiten souveräner Staaten ist und den Schutz der Menschenrechte in den Hintergrund treten lässt:

> „Die Anerkennung der Menschenrechte in der Satzung der Vereinten Nationen, die Verabschiedung der völkerrechtlich *nicht verbindlichen* [Hervorhebung N. M.], wohl aber erheblichen Allgemeinen Erklärung der Menschenrechte von 1948, vor allem aber der Abschluss einer Vielzahl von die Rechte des einzelnen Menschen schützenden Verträgen, an ihrer Spitze die Pakte von 1966, scheinen den Befund einer Rückkehr des Völkerrechts zu stützen. Dazu gehört auch die Festlegung des Verbots der Gewaltanwendung zwischen Staaten" (Frowein 1983: 241).

Diese vergleichsweise zurückhaltende Auslegung zum Thema Menschenrechte mag dann auch erklären, warum sich die UN, trotz humanistischer und universaler Bezüge, zunächst am Gedanken des Gleichgewichts souveräner Staaten orientierte (vgl. Delbrück 1996: 23 f.). Doch eine weitere Komponente dürfte an dieser Stelle von Bedeutung sein. Die defensive Auslegung der Menschenrechte ist nicht zuletzt auf die Art und Weise zurückzuführen, wie Menschenrechte begründet werden. Dabei scheinen insbesondere *vorpositive* Vorstellungen, die sich nicht ausreichend von naturrechtlichen Begründungsformen lösen (vgl. ebd.: 24), vor allem mit Bezug auf die Menschenrechtsidee und das staatspositivistisch ausgelegte[10] Souveränitätsdogma, die institutionentheoretische Blickrichtung zu verstellen.

> „Daß es sich hier (…) nur um eine punktuelle, praktische, nicht aber um eine generelle, theoretisch begründete Konsensbildung gehandelt hat, zeigt sich beim Vergleich mit dem Schicksal z. B. der geographisch wie inhaltlich universalen Menschenrechtskodifikationen, bei denen es trotz formalrechtlicher Inkraftsetzung und verbaler Übereinstimmung anders als beim Genozidabkommen immer wieder zu Dissensen über den Inhalt der Wertaussagen bzw. über ihre jeweilige Konkretisierung kommt" (ebd.: 25).

Zieht man eine erste Bilanz, scheint es naheliegend, dieses Spannungsverhältnis zwischen dem Friedens- und dem Menschenrechtsparadigma nicht nur auf den hohen Abstraktionsgrad der Menschenrechtsnormen zurückzuführen, sondern auch auf konkurrierende *vor*politische (bzw. vorrechtliche) Maßstäbe, die den Blick auf Inhalte begründende, institutionelle Praxen verstellen (s. n.). Angesichts dieses Verdachts lohnt es, die friedensrelevanten Bedenken, die supranational ausgerichtete (Menschen-)Rechtskonzipierungen hervorrufen, noch einmal genauer zu betrachten.

II. 3. Zum friedensparadigmatisch begründeten Rechtsdualismus im Völkerrecht

Ein im Rahmen einer konservativen Auslegung des Völkerrechts prominenter und in friedensparadigmatischer Hinsicht typischer Ansatz ist der des französischen Völkerrechtlers Prosper Weil. Die Quintessenz seiner Überlegungen besteht darin, dass das Vorhaben, dem Völkerrecht in Form von *Ius Cogens* und *Erga Omnes* eine über die

10 Zur restmetaphysischen Konturierung eines substanzialistisch aufgeladenen Staatspositivimus insbesondere im Kontext des deutschen Rechtshegelianismus (vgl. Brunkhorst 2003 b).

freiwillige Staatenkooperation hinausgehende Verpflichtung einzuschreiben, schlichtweg gefährlich und deshalb abzulehnen ist.

> „The consequences of such an upheaval are too obvious. The sovereign equality of states is in danger of becoming an empty catch phrase; for now some states are more equal than others" (Weil 1983: 441).

Wird das Völkerrecht normativ überhöht – so die These –, gefährdet dies die Stabilität der gesamten Völkerrechtsarchitektur. Denn angesichts der Faktizität asymmetrischer Machtbeziehungen und der kulturellen Heterogenität der Staatenwelt könne eine egalitäre Ausrichtung des Völkerrechts nur funktionieren, wenn auf eine Privilegierung bestimmter ethischer Werte und Moralvorstellungen verzichtet wird. Damit kommt erneut der Gedanke zum Tragen, dass kulturelle Differenzen im globalen Maßstab nicht vermittelt werden können, weshalb die Aufgabenstellungen des Völkerrechts ausschließlich auf die Überwindung anarchischer Strukturen zu begrenzen ist und dazu sei, so Weil, ein Koexistenzrecht vollkommen ausreichend.

> „The emergence of legal rules intended to temper this condition of anarchy, in the proper sense of the term, was stimulated - as it always has been by a twofold necessity: first, to enable these heterogeneous and equal states to live side by side, and to that end to establish orderly and, as far as possible, peaceful relations among them" (ebd. 418).

Eine kooperationsrechtliche Ausrichtung ist also einer überzogenen Moralisierung verdächtig und damit in der Konsequenz eine Bedrohung des globalen Friedens. Interessant ist an dieser Argumentation, dass sie gewisse Parallelen zu republikanischen Ansätzen aufweist, die den Dualismus von Völkerrecht und Nationalstaat mit analogen Argumenten akzentuieren (vgl. Maus 2002a/b, 2007; Niesen 2006; Eberl 2008; Eberl/Niesen 2006; Müller 2005, 2006, 2008).[11] Beide Positionen eint, dass sie die normative Wünschbarkeit eines kooperationsrechtlichen Wandels als Grundlage einer supranationalen Rechtsarchitektur mehr oder minder bestreiten und/oder die Möglichkeit einer Demokratisierung des Völkerrechts wesentlich zurückhaltender beschreiben. Dementsprechend wird auf beiden Seiten in friedensethischer und/oder demokratietheoretischer Hinsicht betont, dass das Völkerrecht seiner Idee nach nur auf einer basalen Übereinkunft im Sinne von „coexistence and common aims" (Weil 1983: 419) oder aber auf einem Bund freier Staaten gegründet ist:

> „Even the Character of the United Nations cannot be regarded as giving rise to "essential" norms as such, for the international legal order does not comprise any source specially destined to create constitutional or fundamental principles" (ebd. 425, Hervorhebung im Original).

Wird dann auch noch trotz der funktionalen Unmöglichkeit, das Völkerrecht auf der Basis gemeinsamer Normen zu konstitutionalisieren, eine Parlamentarisierung des Völkerrechts angestrebt, scheint dies in friedensethischer Hinsicht derart konflikt-

11 Liest man Weils Einwand nämlich *republikanisch*, reflektiert sein Entwurf ein demokratietheoretisches Element, das wir bereits kennen gelernt haben und das darauf hinausläuft, dass das Volk eines Staates die Staatenpolitik bestimmen soll (ebd.: 441). Und dort konnten wir bereits sehen, dass Nationalstaaten wichtige Organisationseinheiten darstellen, die im Idealfall den Volkswillen demokratisch umsetzen. Gleichwohl handelt es sich hier auch um eine Idealvorstellung, die explizit voraussetzen muss, dass alle Staaten bereits so verfasst sind, dass sie den Volkswillen (wie auch immer) repräsentieren.

trächtig, dass im schlimmsten Falle ein „liberales Weltkriegsprogramm" provoziert werden könnte (vgl. Müller 2005: 16 im Anschluss an Ingeborg Maus, vgl. auch 2008: 141). Diese – Weils dualistische Position gewissermaßen radikalisierende – These lautet somit, dass der mit Menschenrechtsbezügen einhergehende Kosmopolitismus zur Legitimierungsphilosophie einer Nichtdemokratien entmündigenden, demokratischen Staatenpraxis avancieren kann (Müller 2008: 139, so übrigens auch Cohen 2008; Eberl 2008).

Dieses Misstrauen ist gegenüber einem verabsolutierten Politischen Liberalismus sicherlich begründet, insbesondere dann, wenn im Völkerrecht die Verfahrensfrage (einer interkulturellen Inklusion und Partizipation) aufgrund eines einseitigen – etwa (ausschließlich) moralisch (d. h. hier naturrechtlich) oder politisch (d. i. hegemonial) aufgefassten – Menschenrechts ausgeklammert wird: Dabei geht es allerdings nicht darum, „dass diese Fragen [der menschenrechtsbegründeten Intervention, Anmerkung N. M.] nicht entschieden werden können, sondern darum, *wie* entschieden werden soll" (Koskenniemi 2008 b: 79). So gesehen sind die Prinzipien des *Ius Cogens* und *Erga Omnes* selbst nicht ohne Ambivalenz (s. n.). Doch bevor dieser Kritikpunkt entfaltet wird, ist es lohnenswert, die Frage der menschenrechtsbegründeten Intervention noch einmal im kantschen Verständnis zu beleuchten (vgl. Kant 1996 a: 209, 1996 a: 199,1996 b: 44). Denn in der dualistischen Betrachtungsweise kommt der von Kant einst formulierte Einwand zum Tragen, dass jeder Staat, der bereits rechtlich verfasst ist, ein normativ achtenswertes Gemeinwesen bildet, weshalb jede Einmischung nicht nur paternalistisch (vgl. Kant 1996 b: 437) und kriegsträchtig scheint (vgl. Kant 1996 b: 440), sondern auch ein pluralitäts- bzw. differenztheoretisch begründetes Recht der Völker gegeneinander missachtet. Damit handelt es sich um einen

> „(...) Widerspruch; weil ein jeder Staat das Verhältnis eines Oberen (Gesetzgebenden) zu einem Unteren (Gehorchenden, nämlich dem Volk) enthält, viele Völker aber in einem Staate nur ein Volk ausmachen würden, welches (da wir hier das Recht der Völker gegeneinander zu erwägen haben, sofern sie so viele verschiedene Staaten ausmachen und nicht in einem Staate zusammenschmelzen sollen) der Voraussetzung widerspricht" (Kant 1996 a: 209).

Prima facie scheint in der Tat einiges dafür zu sprechen, dass die Staatserrichtung nur im Naturzustand gestattet sein kann, da sich ein Erlaubnisgesetz nur auf den Naturzustand, nicht aber auf bereits bestehende Gesetze beziehen kann (vgl. Kant 1996 a: 211). Aber folgt daraus, dass jegliche menschenrechtsinduzierte Interventions- bzw. Völkerrechtspraxis verurteilt werden muss? Ein anderes Bild ergibt sich zumindest dann, wenn – wie in den vorangegangenen Kapiteln erläutert – dem Umstand Rechnung getragen wird, dass Kant zwischen politikpraktischen Erwägungen und vernunftrechtlichen Annahmen schwankt (vgl. Lutz-Bachmann 1996; Horn 1996; Höffe 1999). Bemerkenswert ist, dass sich diese Ambivalenz bis zu einem gewissen Grad in der Position Prosper Weils und Harald Müllers zu reproduzieren scheint und schließlich darin gipfelt, das begriffliche Argument (einer Annäherung an das menschen- bzw. individualrechtlich begründete Ideal einer kosmopolitischen Friedensordnung) mit (macht-)politisch verzerrter Interventionspraxen gleichzusetzen:

> „Versuche, mit dem Exklusionsproblem umzugehen, verhaken sich im apriorischen Verharren auf den universalistischen Grundprinzipien, die zwar für die Philosophie richtig, für eine kon-

flikttheoretisch justierte politische Theorie, die auf das Ordnungsstiften in einer politisch und kulturell heterogenen Staatengemeinschaft ausgerichtet ist, aber falsch sind" (Müller 2005: 38).

Gegen diese Fundamentalkritik ist jedoch einzuwenden, dass Müller in dem sich anschließenden Plädoyer für eine Rückkehr zur friedensparadigmatischen Ausrichtung eines egalitaristischen Staatensystems (vgl. ebd.: 58; auch dazu Müller 2008: 153, 155 f.) an einen anerkennungstheoretischen Gedanken anknüpft, der ja gerade Kern des kosmopolitischen Projekts ist; die Idee einer *universalen* völkerrechtlichen Anerkennung, die aber letztlich – so meine These – auf ein individualrechtliches Argument hinausläuft (s. n.). Nichtsdestotrotz verweisen die Einwände gegen eine menschenrechtsbasierte Völkerrechtsausrichtung auf ein beachtenswertes Problem, das offensichtlich auch mit den Begriffen des *Ius Cogens* und *Erga Omnes* nicht gelöst ist und als Problem mangelnder Formalisierung und Prozeduralisierung beschrieben werden kann. Im Grunde genommen können die zuvor formulierten Einwände als Warnungen vor der begrifflichen Re-ethisierung des Völkerrechts verstanden werden, was darauf hindeutet, dass es angemessen sein könnte, den Akzent auf die immanent hergeleitete Rationalität formaler Verfahren zu legen. Andererseits dürfte aber bereits deutlich geworden sein, dass die Anerkennung von komplexer Differenz wahrscheinlich voraussetzungsreicher ist, als sie in einem koexistenzrechtlichen Verhältnis berücksichtigt werden kann.

Damit nicht genug, denn es ebenso ist denkbar, dass es Formen der institutionellen Anerkennung bedarf, die entscheidend über das bisherige *Kooperations*recht hinausweisen. Sollte sich diese Einschätzung als richtig herausstellen, setzt dies voraus, dass auch den innerhalb der rechtlichen Praxis beobachtbaren Entformalisierungstendenzen, die den Allgemeinheitscharakter (und damit die Inklusionslogik) des Rechts ernsthaft infrage stellen, Einhalt geboten wird. Denn wie die Auseinandersetzung mit systemtheoretischen Ansätzen gezeigt hat, ist es eine dem Recht inhärente Paradoxie, dass Verrechtlichungsprozesse mit Entrechtlichungsprozessen einhergehen können, die exkludierend wirken (vgl. auch Brock 2002; Niesen 2007; Scheuermann 2002; Maus 2002 b, 2007; Koskenniemi 2008 b; Buckel 2006).

Andererseits hat die Auseinandersetzung mit der funktionalen Rechtslehre Kelsens gezeigt, dass die Forderung, aus der *Faktizität* des weltanschaulichen Pluralismus ein *Recht* auf Differenz ableiten zu wollen, immanent auf eine rechtsnormative Substanz verweist, die mit staatsabsoluten Vorstellungen und den damit einhergehenden Homogenitätsannahmen (vgl. Weil 1989: 443ff.) schwer vereinbar ist. Zwar steht der Pluralismus der Staatenwelt für eine gewisse Auswahlmöglichkeit, andererseits bleibt aber unklar, wie ein Anerkennungs- und differenztheoretisches Argument aussehen sollte, wenn mit Kollektivbegriffen wie Kultur, Volk, Staat usw. operiert wird, denen weder eine ontologische noch eine epistemologische Geltung zugesprochen werden kann (s. o.). Dies gilt erst recht, wenn nicht ein statisches und reduktionistisches Bild vermittelt werden soll, das den innergesellschaftlichen Pluralismus unberücksichtigt lässt (vgl. Parrekh 1999: 134).[12] Dementsprechend handelt es sich bei einer verfahrensrechtlichen Perspektive um die formale Organisation einer *„Unitas in Diversitas"* und nicht, wie Müller fälschlicherweise unterstellt, um eine des homogenisierten Guten.[13]

> „Ein solcher Entwurf transzendiert die von der hier und jetzt existierenden Welt gesetzten Beschränkungen und versucht, sie auf Rückgriff einer wie auch immer gewonnenen Idee des idealen Guten zu konstruieren" (Müller 2005: 4, vgl. auch 2008: 148).

An dieser Stelle kommt erneut der Gedanke zum Tragen, dass der intrinsische Zusammenhang von Demokratie und (Menschen-)Recht von universaler Natur ist und in diesem Sinne von einer *ethischen* Lesart der Demokratie unterschieden werden kann. Zwar ist es in (friedens-)politisch-praktischer Hinsicht sowie der Perspektive gesellschaftlicher Selbstaufklärung durchaus begründet, auch nichtdemokratische bzw. nicht individualistisch orientierte, aber vernünftige Staaten mit einzubeziehen (vgl. „decent societies" Rawls 1992: 48), dennoch ist – zumindest einem kantisch inspirierten Völkerrechtsverständnis entsprechend – das Individuum (und nicht die Nation) Endzweck der Rechtslehre.

Die Quintessenz der Kritik des friedensethisch begründeten Rechtsdualismus lautet damit, dass die Idee der Menschenrechte und des Friedens nicht Ausdruck gegenläufiger Vorstellungen, sondern Ausdruck eines prozeduralen Verweisungsverhältnisses sind, das erst im Lichte einer faktischen Verfassung umfassend thematisiert werden kann. In diesem Sinne liegt es nahe zu hinterfragen, ob die koexistenzrechtliche Sichtweise, die ja nicht nur den Pluralismus, sondern ebenso den Aspekt der nationalen Autonomie herausstellt, zu unterkomplex ist, um auf weltgesellschaftliche Anerkennungskämpfe adäquat reagieren zu können. Fraglich ist damit auch, ob ein – angesichts der Anforderung eines komplexeren „Interdependenzmanagements" (Schmalz-Bruns 2007: 290) zu minimalistisch ausgerichtetes – Koordinationsrecht nicht dahingehend für neue Exklusionen und Asymmetrien sorgt, als es nicht alle relevanten Argumente der Rechtsbetroffenen einbeziehen kann, was insbesondere vor dem Hintergrund des Verlusts einer umfassenden Steuerungs- und Kontrollfähigkeit von Nationalstaaten bedenklich scheint (vgl. Wolf 2000; Blome 2004; von Bernstorff 2007; Teubner 2006;

12 Den Protagonisten des Relativismus kann wiederum vorgeworfen werden, dass sie aufgrund ihres Beharrens auf Kultur und Tradition ein fixiertes Konzept von Kultur propagieren, das konservative Machtstrukturen privilegiert und damit regressive Tendenzen fördert, die Selbstbestimmung und Emanzipation der Menschen in prämodernen Gesellschaften verhindert (vgl. Booth 1999: 39). Damit wird ein die Selbstaufklärung des Bürgers unterdrückender Paternalismus legitimiert, der dem Machterhalt jener dient, welche die Selbstregierung der einzelnen Gesellschaftsmitglieder verhindert wissen wollen (vgl. Habermas1996 a: 399).

13 Deshalb kann vor diesem Hintergrund auch nicht überzeugen, dass Autoren wie Müller (2005, 2008), Cohen (2008) oder Rawls in Anlehnung an den in der Frage einer individual- bzw. vernunftrechtlich begründeten Weltrepublik oder einer pragmatischen Bundlösung ebenfalls schwankenden Kant Staaten und nicht Individuen als Adressaten und Autoren des Völkerrechts identifizieren (vgl. Rawls 1992: 48). Somit möchte ich erneut Lutz-Bachmann in seiner Interpretation folgen, wonach die Weltrepublik als normatives Ziel (vgl. Lutz-Bachmann 1996: 38) und die Weltföderation nur das pragmatische Surrogat einer normativen Welteinheit der aufgeklärten, in Frieden lebenden Individuen ist. Vor diesem Hintergrund gilt es dann, alle Handlungsmaximen so auszurichten, dass der weltbürgerliche Zustand im Rahmen eines globalen Rechstaates verwirklicht wird.

Fischer-Lescano 2005). Damit ist allerdings nicht nur die koexistenzrechtliche Sichtweise, sondern die staatszentrierte insgesamt auf dem Prüfstand, wie nun anhand der Prinzipien des *Ius Cogens* und *Erga Omnes* demonstriert wird.

II. 4. Ambivalenzen des aktuellen Kooperationsrechts

Es wurde bereits erläutert, dass, obwohl die für die koexistenzrechtliche Sichtweise typische, dualistische Sichtweise auf das Recht angesichts aktueller Transformationsprozesse sowie begrifflicher Überlegungen nicht adäquat ist, einige der formulierten Bedenken durchaus Gewicht behalten. Meine These ist im Folgenden, dass auch kooperationsrechtliche Konzepte, die eine Konstitutionalisierung des Völkerrechts fordern – trotz mancher Innovation gegenüber dem traditionellen Völkerrechtsverständnis – im demokratietheoretischen Sinne nicht weit genug gehen. Denn auch das Kooperationsrecht bleibt zu großen Teilen klassischen Kategorien verhaftet und ist von einem asymmetrischen Verhältnis von Politik, Recht und Macht gekennzeichnet. Die Konsequenz dieser architektonischen Schwäche ist, dass auch das *Recht einer verpflichteten internationalen Gemeinschaft* ein Einfallstor für die Kolonialisierung des Rechts durch die Politik bietet. Empirisch lässt sich dies nicht zuletzt daran ablesen, dass seit dem Ende des Ost-West-Konflikts eine verstärkte Enttabuisierung militärischer Gewaltanwendung zu beobachten ist (vgl. Brock 2005 b: 174ff.; 2005 c; Geis 2005), die nicht selten mit einseitigen Referenzen auf substanzialisierte, aber nicht konsentierte Gerechtigkeitsnormen einhergeht und dazu dient, die koloniale Praxis gegenüber anderen, häufig zu Schurkenstaaten degradierten Staaten zu rechtfertigen (Brock 2005 c; Brunkhorst 2007 b: 80).

Denn das im Rahmen der UN formulierte Gewaltverbot, das bis dato nur ein Recht der Staaten auf Selbstverteidigung zuließ, hat im Rahmen von militärischen Interventionen eine ambivalente Relativierung erfahren, die Selbstermächtigungspraktiken einen gewissen Vorschub leistet (Brock 2002, 2005b/c; Müller 2005, 2006, 2008). Allerdings sind die zuvor beschriebenen Ambivalenzen einer kooperationsrechtlichen Völkerrechtspraxis weniger eine Folge der individualrechtlichen Ausrichtung, die, wie beispielsweise Harald Müller befürchtet, liberale Staaten gegenüber nichtdemokratischen Systemen privilegiert und die dem Staatenegalitarismus inhärente Norm des Gewaltverbots entsprechend unterminiert (Müller 2005: 30). Es spricht in dieser Hinsicht vielmehr dafür, dass diese Dilemmata ein Ergebnis einer zu defensiv ausgerichteten Formalisierung und Prozeduralisierung des Prinzips *Erga Omnes* und des *Ius Cogens* sind, eben weil die Idee einer inhaltlichen Hierarchisierung von bestimmten als manifest angenommenen Normenbeständen im Vordergrund steht:

> „It is not the form of a general rule of international law, but the particular nature of the subject-matter with which it deals that may (...) give the character of jus cogens; pre-eminence of (certain) obligations over others is determined by their content, not by the process by which they where created" (ILC Reports 1966, zit. nach Blome 2004: 21).

Problematisch daran ist, dass diese Normen vieldeutig ausgelegt werden, wie am Beispiel der Menschenrechte illustriert werden kann. So ist beispielsweise das *Erga-Om-*

nes-Prinzip bisher nur auf den Kern der Menschenrechte, nicht aber auf die internationalen Menschenrechtskonventionen bezogen (vgl. Frowein 1983: 241 f., 1989: 228, 2000). Der zuvor angesprochene Barcelona-Traction- Fall deutet zwar immerhin auf die Etablierung eines Souveränitätsverständnisses, das zunehmend als legales und nicht nur politisches Verantwortungsprinzip wahrgenommen wird (vgl. Fassbender 2004), allerdings ist hier bedenklich, dass der Umgang mit der Souveränitätsfrage in der Praxis nicht selten im schroffen Gegensatz zum juristischen Grundsatz allgemeiner *Gleichbehandlung* steht und so Ungleichbehandlungen und Doppelstandards zur Folge hat (vgl. Brock 2005b/c). Ausschlaggebend ist, dass insbesondere hegemoniale Akteure der formalen, egalitaristischen Ausrichtung des Völkerrechts trotzen, indem sie sich zumindest partiell und temporär gegenüber völkerrechtlichem Gewohnheits- und Vertragsrecht immunisieren.

Ein Einfallstor für diese Selbstermächtigungen bietet beispielsweise die Unklarheit, wann überhaupt eine qualifizierte Völkerrechtsverletzung vorliegt (siehe hierzu die International Law Commission[14]), sodass gerade schwächere Staaten nicht selten ins Hintertreffen geraten (vgl. Brock 2005 b; 167 f., 176; 2005 c). Von hier aus betrachtet ist die Aufwertung der Idee einer über das Recht konstituierten und verpflichteten *Staaten*gemeinschaft janusgesichtig und es mag vor diesem Hintergrund nicht verwundern, dass auch diejenigen, die die Konstitutionalisierung des Völkerrechts grundsätzlich befürworten, vor überzogenen Erwartungen warnen. So beispielsweise der international geachtete Völkerrechtler Jochen Frowein, der im Anschluss an Hans Mosler (1980) die Begrifflichkeit des *Ius Cogens* vergleichsweise defensiv erläutert. In seiner Deutung impliziert *Ius Cogens* nämlich nur, dass es durch Verträge nicht abgeändert werden kann; damit ist es zwar ein Verfassungsrecht, das auf bestimmten materiellen Werten ruht, aber es ist immer noch weit davon entfernt, einer auf einem Gewaltmonopol ruhenden globalen „Rule of Law" zu entsprechen (vgl. Frowein 1983: 243, 2000: 44).

Noch schwieriger verhält es sich in diesem Zusammenhang mit der Frage der Rechtsdurchsetzung auf der Grundlage von *Ius Cogens* und *Erga Omnes* (vgl. Frowein 1989: 243; Tomuschat 1993: 107), die trotz aller supranationalen Verregelungsbemühungen – etwa in Form der „Weltkonferenzen" in Rio de Janeiro (1992), Wien (1993) und Kairo (1994) – an die (nach wie vor häufig nur freiwillige) Kooperation von „zivilisierten" Staaten gebunden bleibt (vgl. Tomuschat 1993: 108) und somit dem juristischen Grundsatz allgemeiner Gleichbehandlung und Akzeptanz widerspricht (vgl. ebd.: 218). Dieser Gefahr verschärft sich erst recht, wenn im Kontext des *Erga Omnes* Verpflichtungen etabliert werden, deren Genese ad hoc und exklusiv durch machtvolle Staaten erfolgt, d. h., dass diese Verpflichtungen nicht von allen Staaten konsentiert werden (ebd.) und mit machtasymmetrischen Verzerrungen und Exklusionen einhergehen, die in der Tat nicht nur in friedenspolitischer, sondern auch in Perspektive der Autonomie bzw. Demokratie bedenklich sind.

Andererseits kommt der Völkerrechtler Detlef Merten trotz dieser letztlich aus dem Fehlen einer allgemein konsentierten Sanktionsinstanz resultierenden Spannung zu

14 www.un.org/law/ilc, Stand 23.10 2008

dem Schluss, dass die Kernaufgabe kollektiver Friedenssicherung im Rahmen des Gewaltverbots zur Sinnlosigkeit verdammt worden wäre, hätte sie nicht einen Konfliktlösungsmodus etabliert (vgl. Merten 2003: 15). Dementsprechend ist die Einbindung der Staaten in die gemeinschaftliche Aufgabenstellung kollektiver Friedenssicherung auch nicht mit einer „automatischen Unterwerfung" zu verwechseln, sondern – so möchte ich anfügen – entspricht der Idee einer Rechtskooperation, die auf der Basis allgemeiner Verfahren und eindeutiger (organisationsrechtlicher) Prinzipien festgelegt werden kann.

Damit ist erneut die Idee einer obligatorischen Gerichtsbarkeit angesprochen, die allerdings mit Blick auf den Internationalen Gerichtshof (IGH) nur bedingt zu Geltung kommt, da das Statut des IGHs allenfalls einem „Surrogat für die nicht zustande gekommene obligatorische Gerichtsbarkeit" entspricht (ebd.: 16). Dementsprechend ist eine Reform des Völkerrechts in Abhängigkeit zur Etablierung von durchsetzungsfähigen und legitimen Institutionen zu sehen, sodass der Fokus auf den Internationalen Strafgerichtshof und auch auf die Ad-Hoc-Tribunale zu richten ist, während der vergleichsweise schwache IGH der Gefahr einer Kolonialisierung des Rechts durch die Politik ausgesetzt bleibt. Vor allem wenn man bedenkt, dass weder die Unabhängigkeit der Richter noch die Gewährleistung eines unabhängigen, gleichheitsverbürgenden Verfahrens strukturell gewährleistet sind:

> „Aus rechtsstaatlicher Perspektive erscheint die Unabhängigkeit der Richter nicht hinreichend abgesichert. Gefährdungen ergeben sich bereits aus der Möglichkeit der Wiederwahl (Art 13 Abs 1 IGH Statut), aus der (wenn auch nur als Ausnahmefall) eröffneten Zulässigkeit einer Abberufung (Art 18 Abs 1 IGH Statut) sowie auch aus der nur lückenhaften Immunität der Richter. Als besonders heikel wird von je her das Institut des „ad hoc Richters' [Hervor. im Original] (Art. 31 IGH Statut) empfunden" (ebd.: 16).

Betrachtet man andererseits den Gesamtzusammenhang der bisherigen Rechtsevolution, kann man zu dem Urteil gelangen, dass selbst die Etablierung eines vergleichsweise schwachen IGHs darauf hindeutet, dass die Idee des Rechts und der institutionalisierten Zusammenarbeit zunehmend als pazifizierende Konfliktlösungsstrategie innerhalb der internationalen Beziehungen Anwendung findet. Wenngleich der IGH weniger Ausdruck einer internationalen *Straf-* als vielmehr einer *Schieds*gerichtsbarkeit ist, deutet auch er auf einen völkerrechtlichen Strukturwandel, der derzeit in der Institutionalisierung des Internationalen Strafgerichtshofs gipfelt. Interessant ist in diesem Zusammenhang auch, dass der Verpflichtungscharakter des Völkerrechts bereits seit der Hälfte des 20. und zu Beginn des 21. Jahrhunderts weit über den Modus freiwilliger Selbstbindung hinausreicht:

> „Schrittweise und im Einklang mit der stetig gewachsenen Interdependenz der Staaten ist der als im Wesentlichen rechtlich ungebundene ‚souveräne Staat' zu einer (primär räumlich definierten) Körperschaft geworden, die völkerrechtlich vielfach verpflichtet ist, und zwar auch ohne die Zustimmung, ja sogar *gegen ihren Willen* [Hervorhebung N. M.]. (...) Das Völkerrecht steht nicht mehr im Dienst der Staatsräson, sondern des Gemeinwohls der Gemeinschaft" (Fassbender 2004: 10).

In ähnlicher Weise verweist Tomuschat auf den Umstand, dass Konsense alleine die Bindungskraft von internationalen Normen nicht erklären können (vgl. Tomuschat 1993: 209 f.).

> „If obligations invariably presuppose that the entities to which they are adressed have agreed to be bound the legal groundwork is fundamentally different from that of a system in which certain axioms exist that are not, or only marginally, affected by the will of individual states" (ebd.).

Und tatsächlich können im Völkerrecht – und das trotz der Abwesenheit einer formalen Verfassung – bereits sich verdichtende verfassungsrechtliche Gehalte nachgewiesen werden (vgl. zu staatenübergreifenden Verfassungsprinzipien auch Frowein 2000: 444 f.; Uerpmann, 2001: 565, 569), die der hier zu Grunde gelegten Perspektive einer kontinuierlichen Annäherung an das Ideal einer institutionalisierten Gleichursprünglichkeit von Menschenrecht und Demokratie zumindest entgegenkommen. In phänomenologischer Hinsicht können Substanzialisierungen als ein empirischer Hinweis darauf verstanden werden, dass es doch gelingen mag, sich auf die den *prozeduralen* Grundstandards inhärenten Werte (der Anerkennung) politisch zu einigen. Zwar kann an dieser Stelle eingewendet werden, dass selbst Fundamentalnormen wie das Gewaltverbot seit der völkerrechtswidrigen Irakintervention umstritten sind, gleichwohl ist dies m. E. kein Gegenargument, sondern unterstreicht nur, dass es einen weiteren Diskussionsbedarf gibt, der regelgeleitet vollzogen werden muss.

Die Beobachtung einer entgegenkommenden Tendenz kann aber nicht darüber hinwegtäuschen, dass die mangelnde Prozeduralisierung und Formalisierung Ausdruck eines wesentlichen Defekts des aktuellen Völkerrechts ist. Vor diesem Hintergrund scheint es wenig überzeugend, dass Uerpmann – wie viele andere im Lager der konstitutionalistisch orientierten Völkerrechtler und Politikwissenschaftler (vgl. Brunkhorst 2003 a, 2007 b; Delbrück 2000, 2001, 2002; Fassbender 2007; Habermas 2005, 2008) – für eine entstaatlichte Verfassungsperspektive plädiert, die zwar immerhin einen organisationsrechtlichen (Staatsorganisationsrecht) und einen materialen Teil (Grundrechte) innehat, aber i. U. zur nationalstaatlichen Perspektive nicht in einem Verfassungsdokument fixiert werden soll. Dieser Argumentationsschritt wird damit begründet, dass die Existenz eines Verfassungsdokuments für die internationale Gemeinschaft nicht zwingend sei, da „(n)icht jedes Gemeinwesen (…) eine geschriebene Verfassung, aber jedes Gemeinwesen (…) ein Verfassungsrecht" hat (ebd.: 567).

Mit Blick auf den Doppelcharakter der Vereinten Nationen – einerseits universell ausgerichtet und andererseits organisationsrechtlich fragmentiert zu sein – werde aber immerhin deutlich, dass die Charta zwar nicht als „geschlossene Verfassung", wohl aber als Ausdruck sich substanzialisierender Verfassungsgehalte interpretiert werden kann. Mit dieser organischen Betrachtungsweise einhergehend ist die im Völkerrechtsdiskurs weit verbreitete Ansicht, wonach Vertragsrecht und Gewohnheitsrecht primäre und gleichberechtigte Quellen der Rechtsgenese sind und gemäß der Wiener Vertragsrechtskonvention etwa in formaler Hinsicht *keinen Vorrang* gegenüber anderen völkerrechtlichen Verträgen haben, obwohl sie den Verträgen *logisch* vorgelagert sind (Uerpmann 2001: 567).

Dieser Gedankengang scheint aber problematisch, da diese Verfassungsarchitektur zwar den Gedanken einer Formalisierung einbezieht, ihn aber nicht autonomietheoretisch im Sinne einer demokratischen Institutionalisierungsstrategie erläutert. Wenn nämlich Verfassungsinhalte nicht dokumentiert werden, bleiben die Gefahren eines Justizialpaternalismus und das Risiko der Hegemonie ebenso bestehen wie das Risiko, dass der Dynamik des Rechts nicht genügend Aufmerksamkeit geschenkt wird. So gesehen ist es nämlich nicht unwahrscheinlich, dass mit einer derartigen Verfassungsstruktur neue Intransparenzen erzeugt werden, in denen nur noch juridische Expertisen die Verfassungsentwicklung vorantreiben und die Ausgestaltung der Verfassungssubstanz einer breiteren (d. h. weltöffentlichen) Diskussion entziehen.

Die Konsequenz dieser organrechtlichen Sichtweise ist damit janusköpfig. Einerseits verdeutlicht der Verweis auf völkerrechtliche Grundnormen, dass eine kooperativrechtliche Wendung aufgrund von menschenrechtlichen und friedensethischen Erwägungen längst im Gange ist. Denn erstmals in der Geschichte des Völkerrechts können Staaten nicht mehr (gänzlich) willkürlich agieren, sondern müssen sich an basalen – wenn auch umstrittenen – Leitvorstellungen orientieren (ebd.).[15] Andererseits wird aber versäumt, den kooperativrechtlichen Trend, der sich in unterschiedlichen Politikfeldern, vor allem aber im Bereich der Menschenrechte verstärkt zeigt (vgl. Zangl/Zürn 2004 b: 244), demokratietheoretisch auszuloten.

Wenn man bedenkt, dass inzwischen selbst das Gewaltmonopol zunehmend in internationale Organisationen eingebettet wird (vgl. Jachtenfuchs 2006: 89; Märker 2004), unterstreicht das die Möglichkeit einer Institutionalisierungsperspektive, in der das Recht nicht nur begrifflich, sondern auch faktisch als eine *„rechtfertigungsbedürftige Konfliktlösungsstrategie“* verankert wird (Oeter 2004: 49). So betrachtet, bietet die Abstraktheit der Menschenrechtsnormen auf globaler Ebene die Chance einer interkulturellen Konsensfindung und regionalen Differenzierung im Kontext einer konstitutionalistisch ausgelegten UN-Charta (Fassbender 2007). Denn die UN-Charta bleibt dem traditionellen Völkerrechtsverständnis zwar insofern verhaftet, als sie die Wahrung und Durchsetzung der Menschenrechte weiterhin als nationale Aufgabenstellung auffasst und ein Interventionsverbot ausspricht (vgl. Hobe/Kimminich 2004: 394)

Andererseits ist Beschränkung nicht spannungsfrei, da sie mit der im Art. 55 der UN-Charta vorgenommenen Selbstbeschreibung kollidiert, die den Menschenrechtsschutz zwar vorstaatlich auffasst, aber dennoch als ein Hauptziel der Vereinten Nationen herausstellt (ebd.). So betrachtet liegt es nahe, Mitgliedstaaten zu verpflichten, sich an der Wahrung und Durchsetzung von Menschenrechten zu beteiligen.[16] Würden diese Ziele ernst genommen, müsste sich eine Reform der Charta in rechtspolitischer Absicht an folgenden Eckpunkten orientieren: erstens an einer klaren Definition des Menschenrechtsinhaltes, zweitens an einer Konstitution von Rechtspflichten und drittens an der Gewährleistung der Durchsetzung der Menschenrechte (vgl. 2004: 395). Damit ist ein Ergebnis der bisherigen Diskussion, dass es auch im Horizont von *Erga Omnes* und *Ius Cogens* weiterhin einer Klärung des Verhältnisses des völkerrechtlich verankerten Friedensparadigmas (bzw. des Gewaltverbots) und der Menschenrechte bedarf. Und nicht zuletzt deshalb erscheint es sinnvoll, insbesondere Menschenrechts-

15 Das gilt trotz neuerer hegemonialer Selbstermächtigungsversuche im Kontext der Terrorbekämpfung sogar für die USA (vgl. Brunkhorst 2005; Märker 2004; Fassbender 2004).

16 Einen instruktiven Einblick in die Möglichkeiten und Grenzen von Menschenrechtsschutzverfahren sowie des Individualrechtsschutzes im Kontext des Internationalen Pakts über bürgerliche und politische Rechte gibt Weiß (vgl. 1996a/b).

organisationen in den Rechtsprozess einzubeziehen. Offen ist allerdings, inwiefern der Einbezug zivilgesellschaftlicher Akteure im Rahmen einer formalen Rechtskooperation gelingen kann.

II. 5. Nichtstaatliche Akteure im Völkerrecht?

Die Einbindung nichtstaatlicher Akteure in die internationale Verrechtlichung ist aus völkerrechtlicher Perspektive kein neues Phänomen. Bereits im 19. Jahrhundert anerkannten Staaten den funktionalen Nutzen einer institutionalisierten Zusammenarbeit mit nichtstaatlichen Akteuren. Frühe Formen der Einbindung fanden vor allem in nichtpolitischen Bereichen statt wie beispielsweise im Postverkehr (im Jahre 1874 wurde der so genannte Weltpostverein ins Leben gerufen) oder im Umfeld der Internationalen Verwaltungsunionen (vgl. Blome 2004: 3). Erste Formen einer Integration von politischen Akteuren lassen sich wiederum in der Zeit des Völkerbunds nachweisen, da hier insbesondere die Rot-Kreuz-Bewegung Einfluss auf die Entwicklung eines humanitären Völkerrechts nahm (vgl. von Bernstorff 2007: 4). Eine Zunahme der Einflussnahme von nichtstaatlichen Akteuren im Bereich der völkerrechtlichen Konfliktlösung ist aber vor allem im Anschluss an die Gründung der Vereinten Nationen zu beobachten (vgl. Brozus/Take/Wolf 2003). So haben beispielsweise die auf den Welt(frauen)konferenzen engagierten Frauenrechtlerinnen durch das öffentliche Agendasetting einen nicht unwesentlichen Beitrag zur Institutionalisierung von Frauenrechten geleistet (s. n.). Weitere Beispiele einer erfolgreichen Einflussnahme sind die Gründung des ISTGH, das völkerrechtliche Landminenverbot (Deitelhoff 2006) sowie die Antifolterkonvention (vgl. Hobe 1999: 163 f). Und auch ein großer Teil der internationalen Selbstverpflichtungen ist ein Ergebnis NGO-basierter Skandalisierungsformen. Die Tatsache, dass NGOs im Rahmen einer Global Governance und Global Rule of Law überhaupt involviert werden, veranschaulicht in empirischer Hinsicht, dass traditionelle politische und rechtliche Bearbeitungsstrukturen und Steuerungsprozesse die aus dem Globalisierungsprozess resultierenden dysfunktionalen Konsequenzen offensichtlich nur unzulänglich kompensieren können (in Anlehnung an Mayntz 1993: 45; vgl. auch Wolf 2000; von Bernsdorf 2007). Denn transnationale Akteure gewinnen gerade aufgrund der Aneignung weicher Steuerungsstrategien an Einfluss, die Beratungs-, Beobachtungs-, Vermittlungs- und Kontrollfunktionen umfassen. Die Beteiligung von NGOs ist somit eine Reaktion auf Krisenerscheinungen, die innerhalb herkömmlicher Bearbeitungsstrukturen von Politik und Recht auftreten (vgl. auch Brandt 2000) und kann deshalb als ein der weltgesellschaftlichen Praxis inhärenter institutioneller Lernprozess beschrieben werden. Es werden neuartige Allianzen zwischen staatlichen Akteuren, VertreterInnen aus der Zivilgesellschaft, zwischen transnational agierenden Wirtschaftsunternehmen und internationalen Organisationen geschmiedet, die Ausdruck einer postnationalen Herrschaftsformation sind. Wie bereits dargestellt, impliziert dies nicht, dass von einer Auflösung oder Krise des Staates ausgegangen werden muss, vielmehr findet sich im Völkerrecht analog zur internationalen Politikgestaltung die Tendenz, dass Staaten NGOs in den Prozess der

Rechtsgenese und Durchsetzung häufig dann einbeziehen, wenn sie deren Ressourcen bedürfen (vgl. von Bernsdorf 2007). Staaten verzichten dabei nicht grundsätzlich auf ihre Souveränitätsansprüche, sondern festigen sie vielmehr, indem sie durch die Kooperation mit zivilgesellschaftlichen Akteuren gerade im Bereich der Menschenrechte ihre innerstaatliche und internationale Legitimation belegen (vgl. Altvater/Brunnengräber/Walk 1997; Wolf 2000; vgl. auch Chwaszcza 2007). Die konstruktive Einflussnahme von nichtstaatlichen Akteuren auf die internationalen Politikprozesse kann vor allem im Rahmen der von den Vereinten Nationen initiierten Weltkonferenzen aufgezeigt werden, da sie einer interkulturellen Zivilgesellschaft eine weltöffentliche Plattform bieten und ein menschenrechtliches Agendasetting ermöglichen (s. n.). Betrachtet man den institutionellen Status, den NGOs wiederum auf der Ebene der Vereinten Nationen inzwischen erkämpft haben[17], sieht man, dass NGOs zur supranationalen Verrechtlichung mehr oder weniger direkt beitragen (vgl. ebd., dazu auch Hempel 1999; Kokott 1999; Blome 2004, 2009; Deitelhoff 2006).[18] Ob sie in das Umfeld der Vereinten Nationen eingebunden werden, hängt wiederum von ihrer Repräsentativität sowie von der inhaltlichen Spezialisierung ab. Der Status von NGOs wird im Rahmen der ECOSOC-Resolution 1996/31 genau geregelt und nach drei grundlegenden Kategorien unterschieden.

So gibt es einerseits nichtstaatliche Akteure, die einen *allgemeinen* Konsultativstatus innehaben und vor allem im Umfeld des ECOSOC und dessen Nebenorganen tätig werden. Dies beinhaltet, dass sie in die völkerrechtsgenetischen Diskussionsprozesse einbezogen werden, indem ihnen nach Aufforderung die Möglichkeit einer schriftlichen Stellungnahme eingeräumt wird (d. s. vor allem Dachverbände). Des Weiteren gibt es Möglichkeiten der Einflussnahme von NGOs mit einer spezifischen Expertise, die im Rahmen eines *besonderen* Konsultativstatus ihr Wissen im Bereich des ECOSOC und seiner Nebenorgane einbringen. Und schließlich gibt es so genannte *Listen*-NGOs, die bei Bedarf zumindest punktuell und ad hoc einbezogen werden. Insbesondere die Beteiligung von NGOs im Bereich der Menschenrechte ist inzwischen relativ verbreitet (vgl. Blome 2004: 6; von Bernstorff 2007: 40). Dabei ist es in rechtlicher Hinsicht beachtlich, dass verschiedene Beteiligungsformen für nichtstaatliche Akteure geschaffen wurden, z. B. im Kontext der Unterkommission der UN-Menschenrechtskommission, aber auch des UNESCO-Ausschusses für Konventionen und Empfehlungen. Die regionalen Menschenrechtsgerichtshöfe räumen ihnen sogar Beschwerde- bzw. Klagerechte ein. Als Meilensteine einer progressiven Rechtsentwicklung sind vor allem der Interamerikanische Gerichtshof sowie der neu geschaffene Afrikanische Menschenrechtsgerichtshof zu nennen, denn beide bieten die Möglichkeit einer Kollektivklage bzw. Popularbeschwerde, d. h., Menschenrechts-NGOs kön-

17 Waren es im Gründungsjahr der Vereinten Nationen gerade mal 40, sind es heute 2.418 Nichtregierungsorganisationen, die nach Art. 71 der UN-Charta im Rahmen des UN-Wirtschafts- und Sozialrats (ECOSOC) einen Konsultativstatus innehaben.

18 NGOs zeichnen sich grundsätzlich durch folgende Kompetenzen bzw. Ressourcen aus: Awareness Raising, Agenda Setting, Advocacy, Rule-Making, Monitoring, Lobbying, Verknüpfen von unterschiedlichen Ebenen (lokal, regional, global), Erstellen und Vermitteln von Informationen (Expertise und Öffentlichkeitsarbeit) und schließlich Mobilisieren von Protest (vgl. Wahl 1997).

nen im Namen Dritter Beschwerden führen und klagen. Und auch der Europäische Gerichtshof für Menschenrechte kann hinsichtlich der Beteiligung nichtstaatlicher Akteure am juridischen Prozess als zukunftsweisend charakterisiert werden, da dieser Individualklagen ermöglicht (vgl. Blome 2004: 7 f.). Dennoch bleibt es in der völkerrechtlichen Debatte umstritten, ob „die Prozesse der ökonomischen, politischen und kulturellen Globalisierung die Rolle nichtstaatlicher Akteure in der Politik- und Rechtsgestaltung dynamisch weiterentwickelt und auch verändert haben" (von Bernsdorf 2007: 4) und somit einen Paradigmenwechsel im Völkerrecht bestätigen. Die Beantwortung dieser Fragestellung hängt grundsätzlich vom Standpunkt einer erstrebenswerten Transnationalisierung der internationalen Beziehungen ab, genauer formuliert, ob NGOs als legitimations- und transparenzstiftende Akteure identifiziert werden können, denen in funktionaler Hinsicht außerdem besondere Problemlösungsfähigkeiten zukommen (vgl. Zürn 1998; Zangl/Zürn 2004 b; Brozus/Take/Wolf 2003). Es mag vor diesem Hintergrund wenig überraschen, dass die Frage einer mit der generellen Aufwertung nichtstaatlicher Beteiligungsformen einhergehenden Völkerrechtssubjektivität in der Völkerrechtsdebatte sehr unterschiedlich beantwortet wird. Währende einige Autoren darin erste Konturen eines Weltinnenrechts entdecken und eine generelle Konstitutionalisierung des Völkerrechts fordern (vgl. Blome 2004; Delbrück 2001; 2002; Habermas 2004 a, 2005), sind anderer Autoren, insbesondere mit Hinblick auf die Wünschbarkeit einer Erweiterung der Völkerrechtssubjektivität eher skeptisch (vgl. Maus 2002 a, 2007; Paech 2001, 2004; Niesen 2006). Die Forderung einer konstitutionellen Einbindung von nichtstaatlichen Akteuren verkenne nämlich schlichtweg, so beispielsweise die Kritik des Völkerrechtlers Norman Paechs (2001 a: 6, vgl. auch Paech 2004: 25), dass Nationalstaaten nicht nur faktisch eine prominente Rolle im Völkerrecht spielen, sondern auch, dass sie sie weiterhin spielen *sollten*. Begründet wird dieser Einwand mit dem Verweis auf die Charta der Vereinten Nationen, die in dieser Lesart als *Vertrag* formal gleichberechtigter Staaten interpretiert wird, der nicht mit einer *Verfassung* verwechselt werden sollte, die transnationalen Akteuren eine Völkerrechtssubjektivität verleihen könnte (ebd.).

Und da das Völkerrecht von Staaten geschaffen wurde – so die Anschlussüberlegung – sei es allenfalls angemessen, internationale Organisationen mit einem Völkerrechtsstatus zu versehen, da sie ja schließlich von Staaten gegründet wurden. Ein weiterer Kritikpunkt ist in diesem Zusammenhang, dass die Einflusschancen von nichtstaatlichen Akteuren insgesamt überschätzt würden, da NGOs in Anbetracht unterschiedlicher Wissens-, Macht- und Finanzressourcen stark variieren, was wiederum dazu beitrage, dass neue Intransparenzen mit Blick auf Kompetenzen und Verantwortlichkeiten erzeugt werden:

> „Die effektivsten Lobbystrukturen sind vollkommen intransparent und fordern statt öffentlicher Bekanntheit finanzielle und personelle Ressourcen, über die vor allem unternehmensnahe Organisationen verfügen. Das Angebot kostengünstiger Expertise und Politikberatung, die Eröffnung zusätzlicher Diskussionsforen und kommunikativer Dienstleistungen, die die NGOs vermitteln, mögen zwar für staatliche Politik äußerst nützlich und entlastend sein, hängen aber nicht von einem zusätzlichen Völkerrechtsstatus ab" (Paech 2001 a: 11).

Insgesamt läuft die Kritik also darauf hinaus, dass NGOs grundsätzlich auch strategisch orientierte Lobbyisten sein können, weshalb eine Erosion des Prinzips des Staatenegalitarismus[19] dem Völkerrecht schaden könnte. In dieser Deutung mangelt es nichtstaatlichen Beteiligungsformen also im fundamentalen Sinne an Legitimität und Repräsentativität im „Rahmen kollektiv bindender Entscheidungen“ (vgl. Paech 2001 a: 10 in Referenz auf Beisheim 1997: 21).

Offen ist darüber hinaus, ob und inwiefern wirtschaftliche Akteure wie transnationale Unternehmen (TNU) über den Grad der Freiwilligkeit hinaus (siehe hierzu insbesondere UN Global Compact[20]), *v*erpflichtet werden können. Dieses Vorhaben wird „(a)ngesichts der Schwierigkeiten, die sich bei der direkten Anwendbarkeit von völkerrechtlichen Verträgen auf TNU ergeben“ vor allem im Lichte einer nationalen Implementierungsstrategie diskutiert (vgl. Kaleck/Saage 2008: 18). Die geltende überstaatliche Rechtsordnung bietet prima facie also wenig Anknüpfungspunkte, um „gegen transnationale Unternehmen wegen Menschenrechtsverletzungen und Schädigungen der Umwelt“ vorgehen zu können (ebd. 16). Rechtssystematisch verantwortlich für die mangelnde völkerrechtliche Verpflichtungsmöglichkeit von Unternehmen ist nicht zuletzt die dem liberalen Rechtsparadigma inhärente Trennung von privatem und öffentlichem bzw. staatlichem Recht (vgl. ebd. 23; Bexell 2004). Diese Trennung ist rechtstheoretisch allerdings problematisch, da sie ausblendet, dass unternehmerische Handlungen gesellschaftliche und individuelle Freiräume beschneiden können und somit eine *herrschaftsrelevante Dimension* haben, die in normativer Hinsicht nicht unberücksichtigt bleiben kann (vgl. Fuchs 2007: 140; Kollman 2008: 40; Nowroth 2004, 2008; Teubner 2003). Darüber hinaus muss nicht ausgeschlossen werden, dass „(d)ie Globalisierung universeller menschenrechtlicher Standards und die zunehmende transnationale Organisation der Menschenrechtsbewegung“ einen Nährboden bereitet, der auf eine progressive Rechtsentwicklung auch in diesem Bereich hoffen lässt (Kaleck/Saage 2008: 119). Ein erfolgversprechender Versuch, soziale, wirtschaftliche und umweltrelevante Normen auf der Ebene der Vereinten Nationen zu kodifizieren wurde von der so genannten „Sub-Commission on the Promotion and Protection of Human Rights“, einem Unterorgan der Menschenrechtskommission, im Jahre 2003 präsentiert. Zwar handelt es sich hierbei nur um eine an die Menschenrechtskommission gerichtete Empfehlung, die den Titel „UN-Norms on the responsibility of transnational corporations and other business enterprises” trägt, gleichwohl kann sie als Indiz dafür betrachtet werden, dass auch auf der Ebene der Wirtschaftsbeziehungen,

19 Anhaltspunkte für eine mögliche Konstitutionalisierung sieht der Autor eher noch im Bereich der WTO (vgl. 2004). Zur Konstitutionalisierung der WTO vgl. auch Nanz/Steffek (2007).

20 Bei dem Global Compact handelt es sich um einen global ausgerichteten Zusammenschluss zwischen den Vereinten Nationen und Unternehmen, wobei sich letztere freiwillig zu einem unternehmerisch verantwortlichen Verhalten verpflichten. Im Global Compact wird darüber hinaus davon ausgegangen, dass es eine funktional begründete Notwendigkeit gibt, gemeinwohlorientierte NGOs nicht nur aufgrund ihrer Expertise-, Monitoring-, sondern auch aufgrund ihrer Legitimierungsfähigkeiten als gleichwertige Akteure einzubinden (vgl. von Bernsdorf 2007). Siehe auch: http://www.unglobalcompact.org/languages/german/de-factsheet-global-compact.pdf: Nichtsdestotrotz ist der Global Compact von verschiedenen Umwelt- und Menschenrechts-NGOs heftig dafür kritisiert worden, dass er nur dazu beitrage, Unternehmen einen „Persilschein“ auszustellen, es ihm aber nicht gelingen würde, unternehmerisches Handeln auf Umwelt-, Sozial-, und Menschenrechtstandards zu verpflichten (vgl. www.germanwatch.org/corp/gc07).

das staatstzentrische Paradigma zunehmend hinterfragt wird (vgl. Kaleck/Maaß 2008: 33).

Die grundsätzliche Frage, ob nichtstaatliche Akteure Einfluss haben, stellt sich angesichts der vorangegangen Diskussion m. E. nicht mehr, da die veränderte substanzielle Qualität des Völkerrechts auch auf veränderte Akteurskonstellationen im Rechtsschöpfungsprozess zurückgeführt werden muss (vgl. Blome 2004, 2009). Darüber hinaus verhält sich die Kritik an der Aufwertung nichtstaatlicher Akteure zu dem Bemühen, eine demokratische und konstitutionalistische Institutionalisierungsperspektive herstellen zu wollen, m. E. nicht antithetisch. Im Gegenteil, sie verdeutlicht angesichts des asymmetrischen und hegemonialen Charakters der Globalisierung vielmehr, dass vor dem Hintergrund fehlender Machtmittel und konventioneller Ressourcen (im Sinne von staatlichen und gewerkschaftlichen Druckpotenzialen wie Wahlen und Streiks) insbesondere gemeinwohlorientierte NGOs der Gefahr ausgesetzt sind, durch Nationalstaaten (vgl. Wahl 1997: 298), aber auch durch transnationale Funktionssysteme kooptiert und instrumentalisiert zu werden. Damit lautet meine These: Gerade weil NGOs vor allem weiche Steuerungsinstrumente aufweisen (ebd. 293), die aber zunehmend Herrschaftsrelevanz haben, muss ihr Status einerseits legal gesichert, andererseits aber auch rechtlich kontrolliert werden, um partikulare Ansprüche und Vereinseitigungen zu verhindern und die Demokratietauglichkeit des nichtstaatlichen Herrschaftsarrangements unter Beweis stellen zu können (vgl. auch dazu von Bernstorff 2007). Und schließlich betont auch Paech die friedens- und menschenrechtsbasierte Notwendigkeit einer ordnungspolitischen Einhegung von Willkür und Hegemonie, was ein Hauptaufgabenfeld internationaler Ordnungspolitik und damit der Vereinten Nationen ist (vgl. Paech 2001 a: 17). Ob dies allerdings im Zusammenhang des im Rahmen des horizontalisierten „Global Law Without Government-Paradigmas" entwickelten „soft-law"-Ansatzes gelingen kann, ist fraglich, da „die im Bereich des Wirtschafts- und Handelsrechts sich herausbildenden, auch als ‚proto-law' oder ‚soft law' bezeichneten globalen Normen (…) von Institutionen erzeugt [werden,] die unter einem erheblichen Demokratiedefizit leiden"(Marti 2006: 30, vgl. auch Crawford/ Marks 1998).

Es besteht also die Gefahr, dass die Herrschaftsdimension durch einen demokratietheoretisch eng geführten und technokratisch ausgerichteten Funktionsbegriff des Rechts unterkategorisiert und im Rahmen von informellen Rechtsbeziehungen partikularistisch ausgerichtet wird. Im Hinblick auf eine die horizontale Perspektive einer rechtlichen Regulierung in den Vordergrund stellenden Regimetheorie der politikwissenschaftlichen Teildisziplin der internationalen Beziehungen sieht der Völkerrechtler Koskenniemi gar einen Trend zu einem „postmodernen Naturrecht" (Koskenniemi 2008 b: 78). Dessen Eigenschaft sei, dass es einen „Schritt von formalen Institutionen zu funktionalen Regimen [vollziehe, der] allgemein[e] Regeln durch amorphe Kontrollmechanismen [d. h. den Sanktions- durch einen Compliancebegriff, Anmerkung N. M.] substituiere [und die allgemein verbindliche und gerechtfertigte Organisationsform des Rechts in eine spontane Praxis] faktische[r] Regelbefolgung" transformiere (ebd.).

So betrachtet, könnte sich auch in empirischer Hinsicht die zunächst paradox anmutende These bestätigen, dass der Einbezug transnationaler Akteure nur dann sinnvoll ist, wenn dieser auf der Grundlage einer *allgemeinen* und *autoritativen* Regelung stattfindet, welche die Komponente einer nichtstaatlichen Völkerrechtssubjektivität als ein wichtiges Element (neben anderen) der weltbürgerlichen Ordnungsdimension anerkennt. „Denn das Vokabular [der Governance- und Regimeansätze, Anmerkung N. M.] folgt… [wiederum] der Grammatik strategischer Handlungen: Experten benutzen es, um von Fall zu Fall zu entscheiden" (Koskenniemi 2008 b: 71). Damit wird in der Regimeforschung ein Schritt vollzogen, der die Idee einer demokratischen Verrechtlichung unter Bedingungen allgemeiner Verfahren nicht nur durch einen Begriff der Regulierung substituiert, sondern auch die Idee einer prozeduralen Legitimität durch einseitige (bisweilen strategisch motivierte) Substanzialisierungen ersetzt, was im Bereich der Menschenrechte besonders bedenklich erscheint.

Allerdings ist die Vorstellung einer transnationalen *Legitimierung* im Recht nicht per se fragwürdig, wie von Marti Konskenniemi mit Blick auf die kantische Denkfigur des „politischen Moralisten" (vgl. Kant 1996 a: 363, 365) indiziert. Wenn sie fragwürdig erscheint, ist dies vielmehr ein Ergebnis einer mangelnden Prozeduralisierung. Dies entspricht dem roten Faden der bisherigen Diskussion, wonach horizontale Prozesse der Selbstorganisation gleichursprünglich mit Momenten formaler Hierarchie einhergehen (siehe insbesondere Kapitel I. 11), was wiederum impliziert, an eine von Paech ins Spiel gebrachte Idee der *Rechenschaftspflicht* für nichtstaatliche Akteure anzuknüpfen, die aber an dieser Stelle leider nicht systematisch weitergeführt wird (vgl. Paech 2001 a: 17). Denn im Grunde genommen verdeutlichen die rechtstheoretischen Bedenken gegenüber einer Aufwertung nichtstaatlicher Völkerrechtssubjektivität vor allem, dass das Völkerrecht nicht ausschließlich Produkt strategischer Verhandlungen und funktionaler Notwendigkeiten ist, sondern – wie das nationale Recht – die legitimationstheoretisch relevante Frage aufwirft, welche Organisationen und Akteure überhaupt wozu verpflichtet und berechtigt werden sollen. Somit schließt sich der Kreis in der bisherigen Diskussion, wonach nicht nur das staatenzentrierte Koexistenz- und Kooperationsrecht, sondern auch ein spontanes, latent in ein „postmodernes Naturrecht" (Koskenniemi 2008 b: 78) umschlagendes Gesellschaftsrecht zu minimalistisch erscheint, um angesichts globalisierungsbedingter Komplexitätserfordernisse überzeugen zu können. Das Fazit lautet also auch an dieser Stelle, dass menschenrechtsinduzierte Skandalisierungsprozesse einer institutionengesteuerten Kanalisierung bedürfen, um nicht Gefahr zu laufen, im komplexen Mehrebenenarrangement entweder strategisch missbraucht zu werden oder aber ohne nachhaltige Wirkung zu verpuffen. In diesem Sinne bedarf es rechtlicher Filterinstitutionen, die eine gewisse Steuerung und Selektion im Hinblick auf die Verpflichtungen der Akteure und Positionen vornehmen und so (pseudo-)moralisch begründete Dominanzen ausschließen (vgl. allgemein dazu Peters 1994). Es ist somit einerseits dem Umstand Rechnung zu tragen, dass von NGOs vertretene Positionen (wie auch die von Staaten) nicht per se normativ auszeichnungswürdig sind. Wenn sie sich auf eine Norm des Völkerrechts beziehen, folgt daraus nicht, dass dies von anderen AkteurInnen nicht wieder in Frage gestellt werden kann. Auf der anderen Seite dürfte klar sein, dass – trotz einer empirisch beobachtbaren Aufwertung von nicht-staatlichen Beteiligungsformen – staatszentrierte Idealisierungen und Machbarkeitsillusionen die systematische Einbindung von zivilgesellschaftlichen Akteure nach wie vor verhindern. Konträr dazu soll nun am Beispiel der Frauenrechte gezeigt werden, wie wichtig es auch im praktischen Sinne ist, die Vorstellung einer ausschließlich von Staaten und Internationalen Organisationen betriebenen Rechtsfortbildung zugunsten einer die transnationale Zivilgesellschaft integrierenden Verfassungsperspektive zu dekonstruieren. Anhand des Beispiels der Frauenrechte können nämlich nicht nur demokratietheoretisch interessante Potentiale in der postnationalen Konstellation empirisch plausibilisiert werden, sondern das Beispiel illustriert auch, wie es zivilgesellschaftlichen AkteurInnen durch diverse Kampagnen und Skandalisierungen gelingen kann, *hegemonieverdächtige Schließungen* aufzudecken und darüber hinaus institutionelle Lernprozesse anzuregen.

II. 6. Frauenrechte und die Forderung nach rechtlicher und politischer Mitbestimmung

Wenngleich der mit der französischen Revolution einsetzende politische Menschenrechtsdiskurs ohne Zweifel Ausdruck einer wichtigen menschlichen Emanzipationsbewegung ist, bleibt auch er nicht ohne Ambivalenz. Nicht zuletzt hat er die feministische Kritik provoziert, dass die (angeblich) universale Idee der Menschenrechte einem partikularen, d. i. männlich-bürgerlichen Weltbild und liberalen Subjektverständnis entspringe. Dieses sei wiederum dafür verantwortlich, dass die für Frauen spezifischen Unrechtserfahrungen nach wie vor systematisch ausgeblendet würden (Bielefeld 2009; Dackweiler 2009; Ruppert 2009; Maihofer 2009). Diese Kritik ist alles andere als unbegründet, denn in der Tat waren Frauen in den traditionellen Menschenrechtsdiskurs nicht einbezogen (vgl. Maihofer 2009; Bielefeld 2009; Lehners 2009) und das, obwohl gerade sie häufig Opfer von kulturellen und politischen Strukturen und Praktiken (wohlbemerkt nicht nur außerhalb der so genannten OECD-Welt) waren und sind, die eine gleichberechtigte Lebensweise von vorneherein ausschließen (vgl. Ruppert 2009; Maihöfer 2009; Rathgeber 2009). Vor diesem Hintergrund setzte in den 1970er Jahren eine sich vor allem aus dem Westen rekrutierende Frauenrechtsbewegung ein, die auf massive Blindstellen in den zentralen Menschenrechtsdokumenten der Vereinten Nationen verwies und sie zum Gegenstand von vielfältigen Kampagnen machten (vgl. Dackweiler 2009: 44). Ein wesentlicher Kritikpunkt war in diesem Zusammenhang, dass die dem liberalen (Menschen-)Rechtsparadigma inhärente Trennung der öffentlichen und privaten Sphäre Ausdruck einer Sichtweise sei, in der Menschenrechte vor allem als *liberale Abwehrrechte* gegenüber dem Staat betrachtet würden (vgl. Bielefeld 2009: 12; Dackweiler 2009: 44). Diese Verengung des Menschenrechtsverständnis hatte jedoch für Mädchen und Frauen die dramatische Konsequenz, dass Gewalterfahrungen – die häufig gerade im privaten Bereich der Ehe und dem familiären Umfeld gemacht werden und die ihre Wurzel in einer unterdrückenden Geschlechterordnung haben – schlicht ignoriert wurden (vgl. Bielefeld 2009: 11). Bereits auf der ersten Weltfrauenkonferenz von 1975 in Mexiko wurde auf dieses Problem verwiesen, doch erst in den 90er Jahren gelang es, die geschlechterspezifische Gewalt dank zahlreicher Skandalisierungen und Kampagnen (nun auch durch FrauenrechtlerInnen aus der südlichen Hemisphäre) zum Bestandteil der UN-Menschenrechtsagenda zu machen (vgl. Dackweiler 2009: 44-47). Ein wichtiger Grundstein wurde dennoch bereits im Jahre 1979 gelegt, als ein umfassendes Übereinkommen zur Beseitigung jeder Form von Diskriminierung der Frau (CEDAW, Convention on the Elimination of all Forms of Discrimination against Women) verabschiedet wurde[21]. CEDAW ist bis heute ein zentrales Rechtsinstrument, das zunehmend als die „Magna Charta der Frauenrechte" identifiziert wird (ebd.). Es verpflichtet die Vertragsstaaten, die in der Konvention fixierten frauenrechtlichen Ziele umzusetzen, die seit den Jahren 1989 und 1992 einen besonderen Schwerpunkt auf die Vermeidung privater und häuslicher Gewalt legen (ebd. 38). Seit dem Jahre 1999 verfügt CEDAW außerdem über ein Zusatzprotokoll (CEDAW-Fakultativprotokoll), das neben dem Staatenberichtsverfahren auch ein Individualbeschwerdeverfahren institutionalisiert hat. Diese detaillierte Ausrichtung der Konvention lag in der ursprünglichen Fassung der Frauenrechtskonvention aus dem Jahre 1979 allerdings noch nicht vor und ist ein wesentliches Ergebnis der globalen Kampagne „*Frauenrechte sind Menschenrechte*", die im Jahre 1993 auf der Wiener Menschenrechtskonferenz erstmalig als Konsensformel der trans- und internationalen Frauenrechtsbewegung präsentiert wurde (vgl. Markard/Adamietz 2008; Dackweiler 2009: 46, Ruppert 2009: 184).

Insbesondere das Abschlussdokument der Wiener Menschenrechtskonferenz sowie die in der Folge der Wiener Konferenz verabschiedete UN-Deklaration fungierten an dieser Stelle als wichtige Bezugsfolien für ein breites Netz von FrauenrechtlerInnen und AktivistInnen (vgl. Dackweiler 2009: 47), deren Kampagnen in den 90er Jahren unter dem Leitbild einer Global Governance auf ein „window of opportunity" stießen (ebd. 42; Ruppert 2000: 45). Die Forderung nach einem Abbau privater Gewalt wurde nun systematisch mit der Forderung verknüpft, die Beteiligungschancen für Frauen im politischen und öffentlichen Leben zu erhöhen (vgl. Zwingel 2007: 97). Eine besondere Rolle spielt in diesem Zusammenhang die 1995 verfasste Erklärung von Peking (UN Doc. A/CONF.177/20), in der die Gleichstellung der Geschlechter im Kontext von konkreten (d. h. die spezifische Lebenssituation von Frauen reflektierenden) Kontextanalysen gefordert und im Rahmen einer so genannten Aktionsplattform (UN Doc. GA/Res/50/203in) als Handlungs*empfehlungen* an die Staaten gerichtet wird (vgl. www.un.org/womenwatch/daw/cedaw). Die CEDAW-Unterzeichnerstaaten verpflichten sich, die im Rahmen der Aktionsplattform formulierten Aktionspläne so auszurichten, dass geschlechtsspezifische Probleme, die aus der lebensweltlichen Situation von Frauen (und Mädchen) resultieren, besonders berücksichtigt werden:

21 Der Ausschuss gegen Frauendiskriminierung ist wiederum mit der Erarbeitung von Empfehlungen und Berichten zur Förderung der Frauenrechte in den Bereichen Politik, Wirtschaft, Gesellschaft, Soziales und Bildung beauftragt und als funktionale Kommission im Kontext des Wirtschafts- und Sozialrats der Vereinten Nationen angegliedert. Dort evaluiert das aus 23 unabhängigen ExpertInnen bestehende Gremium nicht nur die frauenrechtlich und -politisch relevanten innerstaatlichen Entwicklungen der Unterzeichnerstaaten von CEDAW, sondern auch die Umsetzung der auf den Welt(frauen)konferenzen vereinbarten Beschlüsse.

„Wichtig ist, dass die CEDAW über das Ziel rein formaler Gleichberechtigung hinausgeht und zur tatsächlichen Verwirklichung dieses Grundsatzes verpflichtet (Art. 2 a). Zu diesem Zweck sind zeitweilige Fördermaßnahmen, die Männer benachteiligen, wie beispielsweise Quoten, ausdrücklich erlaubt (Art. 4). Dafür, dass die Verabschiedung der CEDAW mehr als 20 Jahre zurückliegt, ist das geradezu revolutionär“ (Wolprecht 2001: 2).

Bemerkenswert ist, dass Staaten auch für die Nichteinhaltung der in der Konvention fixierten Regulierungen durch *private Akteure* verantwortlich gemacht werden, d. h., Staaten sind nicht nur verpflichtet, präventive Maßnahmen zu ergreifen, die nichtstaatliche Gewaltformen verhindern, sondern sie werden auch angehalten, *positive* Diskriminierungen vorzunehmen, die auf den Umbau der unterdrückenden Geschlechterordnung zielen. Die rechtliche Berücksichtigung der lebensweltlichen Komponenten von Frauen ist eine Forderung, die als Ergebnis jahrelanger Kampagnen in zahlreiche Rechtsdokumente Eingang fand. Zu nennen sind hier neben weiteren Konventionen wie der Anti-Rassismuskonvention, der ILO-Konvention und der Konvention über die Rechte der Kinder insbesondere auch die Menschenrechtspakte (Zivil- und Sozialpakt) sowie das Völkerstrafrecht – hier sei vor allem das Statut des ISTGHs hervorgehoben, in dem Vergewaltigungen explizit als Verbrechen gegen die Menschlichkeit festgehalten werden (vgl. Dackweiler 2009). Damit wurde eine Umakzentuierung der „menschenrechtlichen Garantenfunktion des Staates“ vollzogen, in der nun nicht mehr nur Abwehrrechte, sondern auch Schutzpflichten im Sinne einer „obligation to protect“ und „obligation to fulfill“ in den Vordergrund gestellt werden (Bielefeld 2009: 14). Von Bedeutung ist in diesem Zusammenhang auch die vom Sicherheitsrat verabschiedete Resolution 1325 aus dem Jahr 2000, in der sexuelle Gewalt erstmalig auch als *Kriegsphänomen* problematisiert wird, weshalb die Kriegsparteien aufgefordert werden, besondere Schutzmaßnahmen vorzunehmen. Auch die Resolution 1820 aus dem Jahr 2008, die nicht nur die besondere Schutzbedürftigkeit von Zivilpersonen hervorhebt und das Augenmerk auf die Vermeidung von sexuell motivierten Gewaltverbrechen legt, sondern ebenso die friedenspolitische Notwendigkeit anerkennt, zivilgesellschaftliche AkteurInnen in den Kriegsaufarbeitungsprozess einzubinden, spricht hier eine deutliche Sprache.

Insgesamt fällt jedoch das Urteil im Hinblick auf die Frauenrechte dreizehn Jahre nach der Pekinger Konferenz vergleichsweise nüchtern aus und das, obwohl die Aktionspläne in einem Fünf-Jahres-Turnus einer regelmäßigen Überprüfung durch die Frauenrechtskommission unterzogen werden und im Jahre 1994 eine „UN-Sonderberichterstattung über Gewalt gegen Frauen“ eingerichtet wurde. Die im Jahre 2000 vorgenommene Bestandsaufnahme der bis dahin stattgefundenen Entwicklungen durch die VN-Generalversammlung auf der Sondertagung „Frauen 2000: Gleichstellung der Geschlechter, Entwicklung und Frieden im 21. Jahrhundert“ wie auch die Berichte der Frauenrechtskommission und Kritiken der Nichtregierungsorganisationen auf der Weltfrauenkonferenz „Peking+10“ zeigen, dass die Universalität der Frauenrechte angesichts „von nationalen und religiösen Vorbehalten, wieder verstärkt in Frage gestellt“ wird (Kalthegener 2007: 2; vgl. auch Adamietz/ Markard 2008; Dackweiler 2009: 39).

Zwei Tendenzen scheinen für eine Regression in der Frauenrechtsdiskussion verantwortlich, die sich zum einen auf der globalen und zum anderen auf der nationalen bzw. lokalen Ebene seit einigen Jahren vollziehen: Auf der globalen Ebene ist zunächst auf den US-amerikanischen „Kampf gegen den Terror“ zu verweisen, in dessen Rahmen sich die amerikanische Regierung bekanntlich anmaßte, die Welt in gute und böse Zivilisationen aufteilen zu können. Dies hatte den Effekt, dass das vergleichsweise optimistische Klima der 90er nachhaltig vergiftet und durch eine Sphäre des wechselseitigen Misstrauens und der Unterstellungen ersetzt wurde. An die Stelle der Diskussion einer gerechten Weltordnung trat nun das aus dem Ost-West-Konflikt nur allzu bekannte Muster wechselseitiger Ressentiments, das auf die Dichotomisierung der arabischen Welt auf der einen Seite und der westlichen auf der anderen ausgerichtet ist. Im Schatten dieser reaktionären Re-ideologisierung der internationalen Beziehungen bildete sich eine unheilvolle Allianz von fundamentalistisch orientierten Christen, deren gemeinsames Ziel darin bestand, die in den Aktionsplattformen festgehaltenen Inhalte als das Teufelswerk radikaler FeministInnen zu desavouieren (vgl. Dackweiler 2009: 48). Ein Beispiel ist die notorische Kritik der Abtreibung durch die Katholischen Kirche, die insbesondere im Falle der als Kriegstaktik angewendeten Vergewaltigungen, etwa im Kosovo oder in Ruanda, massive Gegenkritiken von Menschenrechtsorganisationen (vor allem Frauenrechtsorganisationen) provoziert hat (vgl. Markard/ Adamietz 2008: 257). Es mag wenig überraschen, dass die Kritik der katholischen Kirche von fundamental-islamistisch orientierten Staaten der arabischen und afrikanischen Welt nur allzu gerne (und ganz ohne ideologische Bedenken) aufgegriffen wurde, um nationale und religiöse Vorbehalte gegen frauenrechtliche Maßnahmen zu reaktivieren. Das Ergebnis dieser Entwicklungen ist, dass die Reichweite und Durchsetzung von CEDAW inzwischen wieder infrage gestellt wird, so dass viele transnational agierende Frauenrechts-NGOs und AktivistInnen – zumindest im Moment – von der Durchführung einer weiteren Weltfrauenkonferenz abraten (ebd. 39). Tragisch ist insbesondere, dass kein Konsens in der Beantwortung der Frage besteht, „ob die Vorschriften [von CEDAW] nur Verpflichtungen für die Vertragsstaaten oder aber durch Individuen einforderbare Rechte darstellen“ (Wolprecht 2001: 3). So ist das individuelle Beschwerdeverfahren zwar ein Schritt in die richtige Richtung, aber zugleich mit dem Makel behaftet, dass Art. 4 Abs. 1 des Fakultativprotokolls eine Opting-Out-Klausel enthält, die Staaten in Aussicht stellt, eine an die individuelle Beschwerde anschließende Untersuchung abzulehnen. Zugleich offenbart sich, auch wenn die von der Frauenrechtskommission erarbeiteten Empfehlungen seit 1990 im Rahmen eines so genannten „Follow Up-Verfahrens“ durch den UN-Hochkommissar für Menschenrechte (UNHCR) bzw. seit 2006 durch den Menschenrechtsrat regelmäßig überprüft und veröffentlicht werden (vgl. Lehners 2009), dass die Kontrollmechanismen im Frauenrecht vergleichsweise schwach sind. Denn „die Unterzeichnerstaaten“ verpflichten sich zwar, „jegliche Nachteile im Verhältnis vom Staat zur Bürgerin zu beseitigen“ sowie auf „den Abbau von Diskriminierung im privaten Bereich, zum Beispiel in Unternehmen oder Familien, hinzuwirken“. Dies beinhaltet sogar das „Ziel einer gemeinsamen Verantwortung von Mann und Frau für die Erziehung der Kinder (Art. 5)“ (Wolprecht 2001: 3). Dennoch ist der Ausschuss gegen Frauendiskriminierung im Vergleich zu den anderen allgemeinen Menschenrechtsverträgen durch einen deutlich schwächeren Kontrollmechanismus gekennzeichnet und auch die finanzielle und personelle Ausstattung des Ausschusses ist problematisch. Die Staatenberichte üben außerdem eine meist nur defensive Kritik an der aktuellen Situation der Frauen, weshalb Frauenrechts-NGOs regelmäßig Schattenberichte verfassen, die Blindstellen und Verharmlosungen, aber auch Reideologisierungsversuche der offiziellen Staatenberichte zu korrigieren suchen (Tietze 2008: 16; Wolprecht 2001,).

Dies alles trägt dazu bei, dass Frauenrechte immer noch als „parallele Sonderregime" innerhalb des Menschenrechtssystems wahrgenommen werden und damit „(d)ie Berichterstattung über Menschenrechtsverletzungen durch die institutionelle Selbstständigkeit der CEDW-Kommission vom Bereich der normalen universellen Menschenrechtsorgane weitgehend" isoliert ist (Markatz/Adamietz 2008: 258 f.). Es hat schließlich auch zur Konsequenz, dass Frauenrechte insbesondere im „weichen Bereich" der Menschenrechte zu Geltung gebracht werden, der rechtliche Bereich der Sicherheit allerdings faktisch weiter unangetastet bleibt (ebd.: 259). Sexualisierte Gewalt gegen Frauen im Kontext aktueller Kriegsgeschehen wird deshalb trotz Schutzmandat häufig nicht geahndet (ebd.).

Zudem verdeutlicht die grundlegende Ambivalenz im Hinblick auf die nationalstaatliche Durchsetzung von auf der globalen Ebene positivierten Menschenrechten, dass, bei allen Erfolgen der Frauenrechtsbewegung, der Einbezug zivilgesellschaftlicher AkteurInnen auf der *überstaatlichen* aber auch *lokalen* und *nationalen* Ebene systematisch vorangetrieben werden muss. Die regelgeleitete Einbindung von lokal und global agierenden Zivilgesellschaften ist eine wesentliche Vorbedingung dafür, dass das Völkerrecht als ein Medium und ein Ergebnis eines gesellschaftlichen Konflikt*lernens* sowie des pragmatischem Konflikt*lösens* betrachtet und angewendet werden kann. CEDAW ist ein Rechtsinstrument, das diesen Gedanken explizit verinnerlicht hat, gleichwohl sind Staaten nach wie vor – entweder aus Gründen eines nicht vorhandenen politischen Willens und/oder auch fehlender Steuerungs- und Handlungsfähigkeiten sowie defizitärer rechtsstaatlicher Infrastrukturen (*Failed States*) – der Hemmschuh einer erfolgreichen Menschenrechtspraxis. Damit werden die normativ und funktional begrüßenswerten Effekte der von einer Vielzahl nichtstaatlicher Akteure betriebenen Konflikt- und Unrechtsaufverarbeitung nicht ausreichend honoriert und zivilgesellschaftliche Potentiale der Konfliktaufarbeitung und -lösung nicht umfassend genutzt und das, obwohl es gerade sie sind, die die Völkerrechtsevolution im Allgemeinen und den Menschenrechtsdiskurs im Besonderen vorantreiben. Das staatszentrische Weltbild ist damit ein Konstrukt, das nicht nur den analytischen Blick für komplexe und dynamische Transformationsprozesse verstellt, sondern auch in der rechtspolitischen Anwendung einen konservativen Grundzug hat, der die Möglichkeit gesellschaftlicher, gar emanzipatorisch bedeutsamer Gegenbewegungen von vorneherein dementiert. Dies mag auch erläutern, warum trotz mancher Progression im Frauenrecht exkludierende und diskriminierende Rechts- und Politikstrukturen weiterhin bestehen und es deshalb weiterer Reformschritte bedarf. Ein erster Schritt ist schon getan. Zweifellos ist es der Erfolg transnational organisierter, lokal und global agierendender Zivilgesellschaften, dass eine Sensibilisierung für frauenrechtliche Anliegen in der völkerrechtlichen Praxis stattgefunden hat. Sollen jedoch Blindstellen und Doppelstandards in der Rechtsbegründung und -durchsetzung nachhaltig überwunden werden, bedarf es nach meiner Ansicht einer über einen Konsultationsstatus hinausgehenden formalen Anerkennung der FrauenrechtlerInnen und AktivistInnen im Rahmen einer erweiterten Völkerechtssubjektivität. Denn wie der aktuelle Afghanistaneinsatz zeigt, auch die Frauenrechtsagenda ist in Gefahr, von mächtigen Staaten instrumentalisiert zu werden, vor allem dann, wenn die „responsibility to protect" ausschließlich im Sinne einer staatenbezogenen Verantwortung ausgelegt wird (vgl. Dackweiler 2009). Dies zeigt, wie sehr es von Bedeutung ist, einen allgemeinen Prozess der multidimensionalen Herrschaftskonstitution zu gestalten, der nicht etwa darauf ausgerichtet ist, unterschiedliche Perspektiven einzuebnen, sondern im Gegenteil darauf zielt, eine Vielzahl von unterschiedlichen unrechtsbetroffenen AkteurInnen auf ganz unterschiedlichen Ebenen der politischen und rechtlichen Konfliktlösung einzubinden. Mit Blick auf den im ersten Teil der Arbeit entwickelten strukturellen Zirkel können menschenrechtsbasierte Skandalisierungen somit als Forderungen der politischen Zivilgesellschaft interpretiert werden, die ihre Autonomieansprüche immanent auf die Struktur des Rechts beziehen und so gleichsam den Grund des Rechts permanent reproduzieren. In diesem Sinne ist das Glas halb voll.

Fassen wir also die bisherige Diskussion zusammen: Die Rekonstruktion der aktuellen Entwicklungen im Völkerrecht indiziert einen Paradigmenwechsel, der den Kernintuitionen einer weltbürgerlichen Globalverfassung grundsätzlich entgegenkommt. Verschiedene Trends können hier ausgemacht werden: Erstens wird – noch nicht ausreichend, aber zunehmend – das Individuum und nicht der Staat als klagebefugtes und auch rechtsverantwortliches Rechtssubjekt identifiziert. Deutlich wird die Abkehr von der Vorstellung einer ausschließlich mediatisierten individuellen Rechtssubjektivität mit Blick die Verabschiedung der regionalen und universalen Menschenrechtskonventionen. Der Internationale Pakt über bürgerliche und politische Rechte (auch: Zivilpakt), die Antirassismuskonvention, die Antifolterkonvention, die Wanderarbeiterkonvention, die Kinderrechtskonvention, die Behindertenrechtskonvention und schließlich die Frauenrechtskonvention – sie alle sind von individualrechtlich ausgelegten „Grundkategorien der Freiheit, Gleichheit und Teilhabe bzw. Solidarität" durchdrungen (vgl. Delbrück: 1996; 24, vgl. zum Frauenrecht auch Riedel 2003: 159). Darüber hinaus bezeugt auch die völkerrechtliche „responsibility to protect" – trotz aller Ambivalenz – eine Hinwendung zum Individuum, das als schutzwürdiges Subjekt anerkannt und zum Bezugspunkt einer gemeinschaftlichen Staatenverantwortung wird (vgl. Verlage 2009: 8 f.). Eine zweite Tendenz, die auf die Möglichkeit einer individualrechtlichen Völkerrechtssubjektivität hinweist, ist die Durchführung der Nürnberger und Tokioter Kriegsverbrecherprozesse, die bereits über ein halbes Jahrhundert zurückliegen und einen ersten Bruch mit der bis dahin staatszentrierten Völkerrechtsauslegung repräsentieren. Denn erstmalig in der Geschichte des Völkerrechts fand das Prinzip einer strafrechtlichen Verantwortlichkeit des Individuums eine Anwendung. Die Bezugnahme auf die Vermeidung von Kriegsverbrechen avancierte schließlich zu einem allgemeinen Grundsatz, auf dessen Grundlage in den 1990er-Jahren die Ad-Hoc-Tribunale in Ex-Jugoslawien und in Ruanda sowie der Internationale Strafgerichtshof etabliert wurden. Insbesondere mit Blick auf den Internationalen Strafgerichtshof kann von einem individualrechtlich ausgelegten „Weltrechtsprinzip" (Kaleck 2008: 289) gesprochen werden, das erste Konturen zeigt.

Und als dritte Tendenz können Momente der individuellen Rechtsdurchsetzung angesichts individueller Klagemöglichkeiten und politischer Beschwerdeverfahren identifiziert werden (vgl. Blome 2004: 10; Hobe/Kimminich 1999: 160ff.; Kokott 1999). Damit geht einher, dass sich Individuen auch verstärkt politisch einbringen, insbesondere indem sie sich in nichtstaatlichen Assoziationsformen organisieren und so der Frage einer demokratischen (also inklusiven) Herrschaftsformation Gewicht zukommen lassen. Es findet zweitens eine Öffnung des völkerrechtlichen Akteursspektrums statt, wobei insbesondere die Beteiligung von an Gemeinwohlinteressen (zu denen Menschenrechte zweifellos gehören) orientierten NGOs im Kontext internationaler Organisationen und Streitschlichtungsverfahren als eine zukunftweisende – wenn auch nicht unumstrittene – rechtspolitische Errungenschaft bewertet werden kann (ebd. und Blome 2004, 2009; Paech 2004; Nowrot 2004, 2008; Kaleck/Saage 2008).

Des Weiteren scheint die Idee einer über den nationalen Rahmen hinausgehenden, gerichtlichen und nicht politischen Sanktion[22] – zumindest durch die Institutionalisierung des Internationalen Strafgerichtshofs (ISTGH), die Ad-Hoc-Tribunale im früheren Jugoslawien und Ruanda – zunehmend realisiert (Brock 2005 b: 17; Lutz-Bachmann 1999; Deitelhoff 2006). Interessanterweise bieten sich hier Chancen, um auch „einzelne Verantwortungsträger von transnationalen Unternehmen nach dem Prinzip der universellen Jurisdiktion" in die Pflicht zu nehmen und das sogar „wegen Straftaten, die außerhalb des Territoriums des strafverfolgenden Staates und je nach gesetzlicher Ausprägung ohne jeglichen nationalen Anknüpfungspunkt begangen wurden" (Kaleck/Saage 2008: 199). Nicht zuletzt illustrieren zahlreiche völkerstrafrechtliche Strafanzeigen und Klagen im Rahmen des Alien Torts Claims Acts von Nichtregierungsorganisationen, dass sich im Schatten des Interantionalen Gerichtshofs ein neues Völkerrechtsverständnis langsam aber stetig etabliert (ebd.). Das Völkerrecht reicht damit nicht nur begrifflich, sondern auch phänomenologisch weit über den Modus koordinationsrechtlicher Bemühungen hinaus. Grundsätzlich hat die Diskussion also offenbart, dass ein Wandel stattfindet, der die Möglichkeit einer kooperativ-konsensualen Etablierung von Rechts*verfahren* nicht hoffnungslos utopisch erscheinen lässt, auch wenn das bisherige Völkerrecht weiterhin als „weiches" Recht zu qualifizieren ist (s. n.).

Andererseits – und das verdeutlichen nicht nur die Entwicklungen im Frauenrecht – zeigt sich, wie wichtig es ist, eine institutionelle Infrastruktur zu etablieren, die nicht nur Umgangsregeln im Hinblick auf menschenrechtliche Normenkollisionen formuliert, sondern sich idealtypisch am Kongruenzgedanken und am Gewaltenteilungsschema orientiert, d. h. Machtkonstellationen ausbalanciert (vgl. dazu auch Brunkhorst 2007 b: 89). Damit ist die bisher offen gebliebene Frage der konkreten Konzipierung des Weltbürgerrechts angesprochen.

22 Nun könnte argumentiert werden, dass auch der IGH die Idee einer gerichtlich induzierten Intervention bereits verkörpert. Aufgrund der starken Abhängigkeit vom Sicherheitsrat deute ich das IGH-Verfahren aber als zumindest tendenziell politisches und damit in der Perspektive autonomierechtlicher Überlegungen als defizitäres Verfahren.

II. 7. Das Recht der Verfassungsinterpretatorengemeinschaft

Im Folgenden soll das Konzept der *Internationalen Gemeinschaft* um den Aspekt einer individualrechtlichen Herrschaftskonstitution ergänzt werden. Dieser Schritt bildet wiederum die Voraussetzung dafür, dass das weltbürgerliche Arrangement als *Verfassung der weltgesellschaftlichen Interpretationsgemeinschaft* dargestellt werden kann. Vor diesem Hintergrund werde ich das Konzept eines Weltinnenrechts bzw. einer Weltinnenpolitik in den Lesarten Jost Delbrücks und Jürgen Habermas diskutieren. Es wurde ja bereits argumentiert, dass im Rahmen der autonomietheoretischen Auslegung des Vernunftrechts das Individuum als Rechtssubjekt anerkannt werden sollte. Das provoziert freilich die Frage, wie eine individualrechtliche Auslegung der *Völkerrechtssubjektivität* in funktionaler Hinsicht möglich ist. Die vergleichsweise weitreichenden Konzipierungen einer Weltinnenpolitik (Habermas) bzw. eines Weltinnenrechts (Delbrück) weisen bereits in die richtige Richtung und bieten in diesem Sinne einige interessante Anknüpfungspunkte, gleichwohl gehen sie meiner Ansicht nach – wie die vorangegangenen diskutierten Ansätze – im demokratietheoretischen Sinne nicht weit genug. Das ursprünglich von Jost Delbrück (2000, 2001, 2002) konzipierte und Jürgen Habermas aufgegriffene Konzept eines Weltinnenrechts[23] (vgl. 1998 b, 2004 a, 2005) bzw. einer Weltinnenpolitik (vgl. Habermas 2004 a, 2005, 2008) wird zwar im Anschluss an die kantische Rechtsphilosophie entwickelt, aber aus begrifflichen wie pragmatischen Überlegungen nur zu Gunsten der Vorstellung einer Herrschafts*begrenzung* ausgerichtet.[24]

Ausschlaggebend für die Begründung des Weltinnenrechts ist die bereits erläuterte Denkfigur eines dezentralen Mehrebenensystems horizontaler Kooperation (vgl. Delbrück 2002: 403, 409), weshalb die individuelle und nichtstaatliche Rechtssubjektivität im Kontext eines „international soft law(s)“ (ebd.: 413) aufgewertet wird. So scheint es prima facie konsequent, dass in Analogie zum innerstaatlichen Verwaltungsrecht eine verstärkte Einbindung der NGOs in die „Rechtsbefolgungskontrolle“ gefordert wird, die für eine Verbesserung der Rechtssicherheit sorgen soll (vgl. 2001: 2). Diese transnationale Ausrichtung – so Delbrück – stellt aber nur eine Seite der Medaille dar, weshalb die Dezentralisierung von Momenten der Rechtszentralisierung und obligatorischen Gerichtsbarkeit sowohl auf der regionalen wie auch supranationalen begleitet werden soll. Bedenklich ist in diesem Zusammenhang, dass Delbrück und Habermas (2004 a, 2005, 2008) trotz der Akzentuierung der vertikalen Vernetzung im Lichte von *Ius Cogens* und *Erga Omnes* eine rechtsmonistische Auslegung im Sinne eines globalen Rechtsstaatlichkeitsprinzips mit dem Verweis auf den dezentralen Charakter völkerrechtlicher Beziehungen dementieren (ebd. 2002: 421, 423). Dass ausgerechnet Habermas an dieser Stelle defensiv argumentiert, mag zunächst erstaunen, da er in seinem rechtstheoretischen Hauptwerk „Faktizität und Geltung“ den Zusammenhang

23 Delbrück schreibt zur Genese des Begriffs „Der Begriff ‚Weltinnenrecht‘ ist - wenn ich recht sehe - in Anlehnung an den Begriff der ‚Weltinnenpolitik‘ geprägt worden. Der Begriff ist griffig - wie der der ‚Weltinnenpolitik‘ -, aber problematisch, weil er begriffslogisch eine verfasste Einheit (z. B. einen Weltstaat) vorauszusetzen scheint, so wie der Begriff der ‚Weltinnenpolitik‘ von *Carl Friedrich v. Weizsäcker* ursprünglich verwendet wurde.“ (Delbrück 2001: 1)

24 Insbesondere Habermas bezieht sich explizit auf die Idee der Herrschaftsbegrenzung.

von Demokratie, individueller Autonomie und Recht explizit herausstellt (vgl.1998a/b; auch Habermas 1994: 90).

Die Konsequenz dieses den Rechtsmonismus negierenden Weltbürgerrechtsentwurfs ist nämlich, dass er begrifflich hinter die kantische Rechtssystematik zurückfällt. Denn wie die bisherige Diskussion gezeigt hat, ist die Deutung der kantischen Weltrepublik als begrifflicher Engpass (vgl. Habermas 2005: 27, Delbrück 2001) nur überzeugend, wenn sie mit einem Globalstaat gleichgesetzt wird und damit verkennt, dass die Weltrepublik Ausdruck einer Denkbewegung ist, die deshalb heuristischen Wert hat, weil sie über den Entwurf eines staatlich entkernten Rechtsmodells ebenso wie über den eines (national-)staatszentrischen Vertragsrechts hinausweist. Diese notwendig rechtsdualistische Weichenstellung zu Gunsten einer auf der supranationalen Ebene entstaatlichten politischen Weltverfassung erscheint jedoch – wie nun gezeigt wird – von Momenten des (national ausgerichteten) Staatszentrismus restbelastet, der notwendig auf moralische und machtpolitische Momente weltgesellschaftlicher Inklusion setzen muss und in praktischer Hinsicht deshalb zu exekutivlastig scheint.

Wie in der Arbeit gezeigt wurde, haben Moralisierungen und machtpolitische Kategorien ohne legale Domestizierungsstrategie eine hegemoniale Tendenz, die inner- und intergesellschaftliche Lernprozesse vereiteln. Ausschlaggebend für diese Einschätzung ist, dass Habermas' Ansinnen, die Weltverfassung politisch zu erläutern (vgl. Habermas 2008: 362), letztlich aus einer republikanisch-ethischen Lesart der Demokratie resultiert (vgl. Maus 1992, 2002 a, 2007), die für die Ausformulierung eines demokratischen Weltrechtsprinzips ungeeignet ist. Gleichwohl soll im Folgenden das Maus'sche Bedenken gegenüber einer eurozentrisch aufgeladenen Moralisierung durch Menschenrechte aufgegriffen werden (ebd. 2002 a und 2007), um schließlich mit Maus gegen Habermas zu argumentieren.

Habermas präsentiert ein triadisch organisiertes und entstaatlichtes Mehrebenenmodell, bestehend aus internationalen und transnationalen Verhandlungssystemen sowie einer supranationalen Ebene, auf der die Vereinten Nationen angesiedelt werden und die für globale Einheit sorgen soll (Habermas 2008: 371). Wenngleich die Vereinten Nationen hierarchisch aufgebaut sind, bleiben sie vor dem Hintergrund der fehlenden Kompetenz-Kompetenzen dennoch auf „organisierte Machtzentren", d. h. auf in regionalen Regimen agierende Nationalstaaten angewiesen (Habermas 2005: 345, 2008: 374). Auch bleibt die Weltorganisation von der Gestaltung der Weltinnenpolitik unbelastet, da sie sich ausschließlich auf den Bereich der Friedenssicherung und Menschenrechte konzentrieren und in dessen Rahmen die Charta als politische Verfassung weiterentwickeln soll (ebd. 2008: 364). Die zweite Säule seines Entwurfs sind dezentralisierte, wiederum über halbautonome Öffentlichkeiten, regionale und internationale Organisationen vermittelte internationale Verhandlungssysteme, die sich zwar über das bloße Interdependenzmanagement hinaus weltinnenpolitisch engagieren sollen, aber ebenfalls an die legitimationsstiftende Kraft der Nationalstaaten gebunden bleiben (vgl. Habermas 2004 a: 139, 2005: 348).

Bemerkenswert ist in diesem Zusammenhang, dass sowohl die zentrale Ebene der Verhandlungssysteme als auch die dritte Ebene seines Modells heterarchisch verfasst sind. Die dritte Säule des von ihm vorgeschlagenen Konstitutionalismusmodells umfasst funktional bestimmte, fragmentierte transnationale Netzwerke und Organisationen, die sich teilweise in der Koordinierung von staatlichen und nicht staatlichen Aktivitäten zur funktionalen Problembewältigung überlappen, jedoch trotz des konstatierten „Gestaltungs- und Regulierungsbedarfs" angesichts eines unvollkommenen institutionellen Rahmens ausschließlich mit einem Interessenausgleich, nicht aber mit gesetzgeberischen Aufgaben befassen sollen (ebd. 364 f.).

Ein entscheidendes Motiv dieser dualistischen Konzipierung bildet die offensichtlich republikanisch-ethisch ausgelegte Vorstellung, wonach lebensweltlich generierte, für demokratische und rechtsstaatliche Vergesellschaftungen notwendige Sozialisationsprozesse vor dem Hintergrund kultureller Ungleichzeitigkeiten nicht einfach vorausgesetzt werden können (ebd.: 128) und dementsprechend die nationalstaatliche Legitimierung durch eine weltbürgerliche nur ergänzt, nicht aber substituiert werden darf. Des Weiteren wird ebenfalls im Anschluss am Ingeborg Maus gefolgert, dass der von Kant angeführte Analogieschluss, demzufolge Nationalstaaten im Rahmen der Vernunftgesetze aufgefordert sind, den internationalen (Rest-)Naturzustand zu Gunsten der Weltrepublik zu verlassen, begrifflich falsch sei (ebd.). Dementsprechend sei es auch notwendig, sich von der Staatsfixiertheit des 18. Jahrhunderts zu lösen (vgl. Habermas 2008: 361).

So weit, so gut. Bemerkenswert ist in diesem Zusammenhang, dass Habermas ausgerechnet aus Gründen der Legitimierung zu Gunsten einer liberalen Interpretation einer auf Gewaltenteilung reduzierten Verfassungsarchitektur plädiert (vgl. 2005: 328 f.). Was daran stört, ist weniger der institutionelle Vorschlag als solcher, sondern seine die Pointe der Rechts*staatlichkeit* negierende Herleitung einer Rule of Law, die autonomietheoretisch im mehrfachen Sinne problematisch scheint. Denn Habermas befürwortet eine Rollenaufteilung zwischen einer Staats- und Weltbürgerschaft (Habermas 2008: 370), die nicht etwa durch eine direkte Inklusion nichtstaatlicher Akteure vollzogen wird, sondern von Abgeordneten der Nationalstaaten in Personalunion vorgenommen werden soll, um so im Umfeld der Generalversammlung eine quasi-legislative Herangehensweise zu ermöglichen (ebd. 371).

Diese Herangehensweise ist aber begrifflich im mehrfachen Sinne nicht spannungsfrei. Denn das völkerrechtliche Leitbild einer internationalen Gemeinschaft (ebd.) verstellt den autonomietheoretisch gerechtfertigten Blick auf eine gewaltenteilig und organisationsrechtlich strukturierte Rechtsordnung, die von der Vorstellung einer mehrdimensional angelegten Herrschaftsteilung zum Zwecke einer allgemeinen Herrschaftsrechtfertigung ausgeht. Die Angelegenheit ist damit klar: Soll aus autonomietheoretischen Gründen in Perspektive einer kooperativen Herrschaftsteilung und -konstituierung argumentiert werden, bedarf es nicht einer tugendethisch voraussetzungsreichen Rollenteilung auf Seiten der Abgeordneten, sondern einer parlamentarisch strukturierten Herrschaftsteilung, die Abgeordnete *strukturell* nötigt, auf der Grundlage eines „Weltrechtsprinzips" (Kaleck 2008: 288) zu agieren. Sollen also nicht nur die Symptome, sondern auch die strukturellen Ursachen der bisher defizitären völkerrechtlichen Menschenrechtspolitik überwunden werden, bedarf es einer Konzipierung, die nicht nur Klageperspektiven, sondern auch politische Gestaltungsmöglichkeiten für zivilgesellschaftliche Perspektiven legalisiert (vgl. auch ebd.: 289 in

Anlehnung an Kennedy 2002, 2005). Der Verweis von Habermas, dass NGOs mit der Aufgabe betraut werden sollen, im Rahmen der Generalversammlung Stellungnahmen zu verfassen (Habermas 2008: 374), scheint, wie am Beispiel des Frauenrecht demonstriert wurde, zwar ein wichtiger Schritt in die richtige Richtung. Um eine Praxis der allgemeinen Rechtfertigung aber dauerhaft zu garantieren, bedarf es - wie im letzten Kapitel gezeigt werden wird - zumindest auf der supranationalen Ebene eines Zweikammersystems, in dem sich nichtsstaatliche und staatliche Akteure zu Zwecken der gemeinsamen Weltrechtsgenese sowie der Umsetzung dieses Weltrechts wechselseitig kontrollieren können, weil sie über den gleichen rechtlichen Status verfügen. Darüber hinaus ist der Begriff der Internationalen Gemeinschaft, wie ebenfalls dargelegt wurde, zu staatsfixiert, um nichtstaatliche Organisationspotenziale nicht nur auf der supranationalen, sondern auf den verschiedenen Ebenen der Weltgesellschaft umfassend zu integrieren.

Und schließlich erschwert der Begriff der internationalen Gemeinschaft eine individualrechtliche Herleitung der Völkerrechtsordnung, d. h., auch wenn es praktisch sinnvoll ist, Staaten in ihrer Repräsentativ- und Legitimierungsfunktion als nationale und weltgesellschaftliche Integrationsinstrumente zu identifizieren (vgl. Habermas 2008: 37), bleibt in begründungstheoretischer Hinsicht das Individuum Endzweck der Rechtslehre. Die die individualrechtliche Herleitung des Rechtsmonismus dementierende Struktur der internationalen Gemeinschaft ist außerdem kollisionsverdächtig, da, wie gezeigt, das Konzept einer auf Herrschaftsbegrenzung bezogenen Internationalen Gemeinschaft die für Verfassungen wesentliche Selbstreflexivität und Durchsetzungsfähigkeit der Metaregeln missen lässt (von ähnlicher Ambivalenz ist der Ansatz von Hummrich 2007).

Wird also eine Modellierung angesprochen, wonach die hierarchisch organisierten Vereinten Nationen „für die Mitglieder bindendes Recht" setzen, während „die Interaktionsformen auf transnationaler Ebene heterarchisch[25] geprägt sind" (Habermas 2008: 364), besteht die Konsequenz darin, dass von unterschiedlichen Integrationslogiken ausgegangen wird (Habermas 2008: 364), *die die einheitliche Logik des konstitutionell ausgerichteten Rechts dementieren.* Da aber im Kontext einer dualistischen Auslegung die Tendenz besteht, die Vereinten Nationen *vertrags*rechtlich und gerade nicht *verfassung*srechtlich auszulegen, scheint es beispielsweise fraglich, wie sich in konzeptioneller Perspektive das starke Plädoyer für den Internationalen Strafgerichtshof, der sicherheitsrelevante Beschlüsse kontrollieren soll (vgl. Habermas 2005: 355), einlösen lässt. Der Eindruck eines nationalstaatszentrierten Völkerrechtsverständnisses wird auch durch den Verweis bestärkt, dass die kantische Idee einer Analogie nationaler und internationaler Anarchie obsolet sei, weil die Staaten als völkerrechtliche Kollektivsubjekte nicht mit der Bändigung einer autoritären Staatsgewalt als vielmehr mit der Herstellung von Handlungsfähigkeit befasst seien (vgl. Habermas

25 Diese wiederum differenzieren sich in sektoral organisierte Expertennetzwerke und ein internationales Verhandlungssystem aus.

2008: 372), damit aber das ethisch nicht lösbare *individualrechtliche* Herrschaftsproblem[26] der Weltgesellschaft indirekt dementiert wird.

Diese Bedenken verschärfen sich, wenn in Betracht gezogen wird, dass Habermas – vor dem Hintergrund aktueller Interventionspraxen – eine besondere Verantwortlichkeit von souveränen Staaten akzentuiert, die ohne organisationsrechtliche Entsprechung ambivalent bleibt. Auch der Verweis auf die in Anlehnung an Slaughter (vgl. 2004) gewonnene Einsicht einer Disaggregierung der staatlichen Souveränität, wonach Souveränität dezentralisiert wird und sich in die Summe jeweils funktional autonomer Teilgewalten ausdifferenziert, kann vor dem Hintergrund der von Habermas selbst thematisierten Legitimationsproblematik nicht überzeugen (vgl. Habermas 2005: 361). Das Festhalten an einem republikanisch-ethisch inspirierten Souveränitätsbegriff lässt die Bildung regionaler Machtgleichgewichte notwendig werden, die, wenn sie auch noch flexibel gehandhabt werden (ebd. 365 f), der Logik politischer Klugheit entsprechen, was wiederum die allgemeine Rechtsbindung praktisch und begrifflich infrage stellt. Kurzum, die souveränitätsethische Sichtweise erlaubt es eben gerade nicht, nationale Staaten als erweiterte staatliche Teilrechtsordnungen des Völkerrechts (Kelsen 1992) zu begreifen, sondern überlässt es den Staaten, ob sie sich auf *Erga omnes* und *Ius cogens* einlassen oder die Interventionspraxis machtpolitisch missbrauchen und/oder einseitig moralisieren. Ein weiteres Problem ergibt sich aus der Weichenstellung, das Recht ausschließlich als Weltrecht transnationaler und internationaler Verhandlungssysteme zu skizzieren, was damit einhergeht, dass Selbstorganisationsprozesse ausschließlich spontan und informell ablaufen können (Habermas 2004 a).

Dies ist, wie gezeigt, in zweierlei Hinsicht problematisch: Erstens, da auch nicht staatliche Akteure nicht per se gemeinwohlorientiert agieren und ihre Ansprüche Dissens erzeugen können und zweitens auch transnationale Kommunikationskreisläufe einer allgemeinen Strukturierung durch das Recht bedürfen. Und deshalb ist fraglich, ob nicht gerade innerhalb dieser weichen Rechtskonzeption staatliche und zivilgesellschaftliche Akteure moralisch überfordert werden und angesichts der ungenügend institutionalisierten Kommunikationskreisläufe Verabsolutierungstendenzen ein idealer Nährboden geboten wird, die im besten Falle einer „naiven naturrechtlichen Begründung“ (vgl. Müller 2006: 22) entsprechen. Dies ist bedenklich, da so Lernprozesse auf beiden Seiten verhindert werden. Denn solange mächtige Akteure (und das sind in der Regel mächtige Exekutiven) einseitig menschenrechtsbegründete Moralisierungen hegemonial durchsetzen können, ist es wahrscheinlich, dass weniger mächtige Akteure dies als illegitim empfinden, dem aber wenig entgegensetzen können. Mächtige Akteure aber haben wiederum angesichts einer (immer noch) schwachen Weltöffentlichkeit wenig Anlass, ihr Verhalten zu ändern.

26 Freilich bezieht sich das weltgesellschaftliche Herrschaftsproblem nicht auf einen autoritären Weltstaat, sondern auf autoritäre Nationalstaaten und sich verselbstständigende Funktionssysteme. Andererseits ist auch der den ursprünglichen Vertrag rechtfertigende Zug bei Kant Ermöglichung einer allgemeinen Selbstgesetzgebungsperspektive, aus der sich in zweiter Konsequenz die Bändigung einer Staatsgewalt ergibt.

Wird dagegen die bei Kant bereits angelegte These von der sozialisierenden Wirkung eines allgemein gerechtfertigten Rechts (die Habermas im Zusammenhang mit der *nationalstaatlichen* Rechtssozialisation aufgreift und gegen die Idee der Weltrepublik anführt vgl. 2004 a) auf die globale Diskussion übertragen, ist eine die einzelnen Ebenen der Weltgesellschaft umfassende Rechtssozialisation durchaus denkbar. Bemerkenswert ist in diesem Zusammenhang, dass Habermas selbst herausstellt, dass transnationale Rechtsetzungs- und Streitschlichtungsverfahren etwa im Kontext der internationalen Organisationen bereits von einer „supranationalen Verfassungssubstanz" zehren (ebd.: 139). Damit scheint er zumindest implizit die Möglichkeit eines interkulturellen Konsenses über Fundamentalnormen und grundlegende Völkerrechtsprozeduren in Aussicht zu stellen.

Dass die Idee einer rechtsstaatlich verfassten Verfassung vor dem Hintergrund des weltgesellschaftlichen Pluralismus als praktisch und begrifflich obsolet erklärt wird, ist also ein Ergebnis mangelnder Differenzierung zwischen dem legalen Monismus und dem wesentlich voraussetzungsreicheren moralischen Monismus (so auch Cohen 2008). Dies kann aber nicht darüber hinwegtäuschen, dass die normative Dignität souveränitäts- und damit selbstbezogener Argumente zunehmend hinterfragt wird und das Weltrecht im Rahmen der Anerkennungsdialektik die verschiedenen Ebenen der Weltgesellschaft funktional wie normativ integriert. Diese Integration gelingt wiederum mit Bezug auf einen universalen „Rechtsethos", der zum einen als Projektionsfläche und provisorisches Deutungsschema für unterschiedliche und auch umstrittene Anerkennungsforderungen fungiert. Zum anderen sind es genau diese Differenzen und Konflikte, die jene Lernprozesse generieren, die dafür verantwortlich sind, dass der Rechtscode erste Konturen zeigt. In diesem Sinne ist der die weltbürgerliche Verfassung durchdringende Rechtscode nicht nur Ausdruck von substanziellen Standards, die dem Recht inhärent sind und einer weiteren Prozeduralisierung und Positivierung bedürfen, sondern auch Vorbedingung und Resultat von Anerkennungsforderungen (in Anlehnung an Gerstenberg 1997: 11).

Damit ist es auch vor dem Hintergrund autonomietheoretischer Überlegungen sinnvoll, die normative Leitidee dieses Rechtsethos nicht in der Metapher einer evolutionären Weltgesellschaft oder der internationalen Gemeinschaft, sondern in der Idee einer nach Regeln allgemeiner Reziprozität organisierten *globalen Verfassungsinterpretationsgemeinschaft* zu verankern, da diese die Pointen eines individualrechtlich erläuterten Egalitarismus besser aufzugreifen vermag. Dementsprechend kann das bisher provisorische Recht dann in der Perspektive einer Zivilisation im Übergang beschrieben werden (ähnlich dazu Höffe 1999 a: 25), in der die eine und in *vielerlei Hinsicht* vernetzte Verfassungsgemeinschaft *Verregelungs*kontexte (internationale Organisationen, Staaten, Regime und transnationale Assoziationen) identifiziert und diese an grundrechtliche Verfassungsstandards bindet. Denn so wichtig die soziologische Einsicht in mögliche Risiken und Grenzen der – sich permanent mit Steuerungsverlusten arrangierenden – Weltgesellschaft ist, muss sie nicht zwangsläufig in eine normative Sackgasse führen, in der konflikttheoretische Annahmen zum Weltrecht zur Aufgabe grundlegender autonomietheoretischer Annahmen und zur Etablierung postdemokratischer Gedanken führen (vgl. Münkler 2005).

II. 8. Menschenrechte als herrschaftsbegründende Weltbürgerrechte

Es soll nun in politik-praktischer Perspektive erläutert werden, welcher institutionenpolitischen Weichenstellungen es zur Realisierung des postnationalen Rechtsprogramms bedarf. Dies erfordert zunächst, die UN-Charta nicht als Verfassung der internationalen Gemeinschaft zu beschreiben (vgl. Fassbender 2004: 10ff.), sondern, wie im Rekurs auf die Ambivalenzen von *Ius Cogens* und *Erga Omnes* erläutert worden ist, als Verfassung einer globalen Interpretatorengemeinschaft. Damit soll dem Umstand Rechnung getragen werden, dass die Verfassung einerseits als vorpositiver Erfahrungsstiftungsbegriff und andererseits als positive Handlungsgrundlage Anwendung finden kann.

Ich plädiere im Folgenden für ein dreigliedriges supranationales Organisationsschema, das als *heuristische Konstruktion* Verwendung finden könnte und dabei im Wesentlichen drei Funktionen reflektiert: Erstens eine quasi-parlamentarisch-normengenetische, zweitens eine exekutive und drittens eine obligatorische weltgerichtliche Funktion, der zusätzlich das Prinzip globaler Schöffengerichtsbarkeit eingeschrieben werden könnte.

Beginnen wir mit der Frage einer individualrechtlichen Ausrichtung, die aus Praktikabilitätsgründen den BürgerInnen einen negativen kommunikativen *Rechtsstatus* zuzugestehen sollte, sodass institutionelle Akteure grundsätzlich verpflichtet werden, Entscheidungen allgemein zu rechtfertigen.[27] Dazu bedarf es allerdings einer organisationsrechtlichen Einhegung jener deliberativen Foren, die auf den verschiedenen Ebenen (national, regional, supranational) angelegt sind und in politischer Perspektive insbesondere für VertreterInnen aus der Zivilgesellschaft geöffnet werden sollen. Damit die Öffnung der Verfassung für nichtstaatliche Akteure einer dynamischen Interpretation der weltbürgerlichen Verfassung nach Kriterien der Allgemeinheit und Reziprozität entsprechen kann, bedarf es vor allem auf der supranationalen Ebene nicht nur informeller, sondern formeller Rederechte und Rechtfertigungspflichten. Dies scheint deswegen von Belang, da vor allem auf globaler Ebene im Hinblick auf nach wie bestehende Kräftekonstellationen ein horizontaler, also symmetrisch ausgerichteter Politikstil, nicht bedingungslos vorausgesetzt werden kann (zur gegenteiligen Ansicht Wolf 2000; Brozus/Take/Wolf 2003). Welche supranationale Institution scheint hier geeignet?

Mit Blick auf die Vereinten Nationen ist sicherlich die Generalversammlung derjenige institutionelle Bereich, der den Vorstellungen einer allgemeinen Rechtfertigung am ehesten entgegenkommt.[28] Allerdings setzt dies eine Aufwertung der Generalversammlung und eine verstärkte konstitutionelle Einbettung und d. h. rechtlich-demokratische Einhegung des Sicherheitsrats voraus, nicht zuletzt, da er insbesondere im

27 Die Idee eines gemeinschaftlichen Projekts, das durch eine distinkte Deutung des Prinzips des Staatenegalitarismus in der UN-Charta bereits begrifflich angelegt ist (vgl. Fassbender 2004).

28 Auch der Völkerrechtler Alfredo Märker kommt beispielweise in der Auseinandersetzung mit möglichen Auswegen aus der Krise der Vereinten Nationen zu dem Ergebnis, dass „Vorschläge für die Revitalisierung der Generalversammlung (...) ebenso auf dem Tisch [liegen] wie die Idee, dem Treuhandrat neue Kompetenzen – etwa beim Umgang mit ‚failed states' – zu geben" (vgl. Märker 2004: 5).

Bereich der Friedenssicherung und Menschenrechte die Tendenz aufweist, sich unter Ausschluss der Mehrzahl der UN-Mitgliedstaaten als Weltgesetzgeber selbst zu ermächtigen. Die in dieser Hinsicht relevante rechtsnormative Erwartung besteht darin, so eine Struktur wechselseitiger institutioneller Selbstbeschränkung zu institutionalisieren, die funktional bedingte Differenzierungsprozesse steuern und partielle Rechtssysteme deshalb in ein System höherer Ordnung zu integrieren vermag, weil sie Rechtspraktiken, die sich nicht in ein System sekundärer Regulierung und Vermittlungsverfahren integrieren lassen, als idiosynkratische, selbstblockierende, hegemoniale oder schlicht arbiträre Reproduktionsstrukturen rechtlich sanktioniert. Wird wiederum der Anspruch formuliert, asymmetrische Entscheidungszusammenhänge zu überwinden, setzt dies voraus, dass auf der sekundärrechtlichen Ebene geklärt wird, welchen institutionellen und sozialen Akteuren überhaupt eine völkerrechtliche Subjektqualität zukommt und unter welchen Bedingungen welchen Akteuren *Repräsentationsrechte* zuwachsen. Die Beantwortung dieser Fragestellung kann dann erfolgen, wenn der Repräsentationsgedanke begrifflich als „Herrschaftstechnik, Arbeitsteilung" und „Interessenvermittlung" aufgefasst wird, in der die Verfassungsinterpretatorengemeinschaft in einem globalen „Verfassungslabor" nach bestimmten Spielregeln agiert und experimentiert (Häberle 2008: 159). Von daher entspricht die Metapher eines globalen Verfassungslabors dem rechtsparadigmatischen Grundsatz, „die unterschiedlichen Meinungen [und Akteure, Anmerkung N. M] nicht als Störfaktor des Repräsentationsvorgangs[,] (...) sondern als dessen Grundlage" zu identifizieren (ebd.).

Konkret heißt das, dass die Etablierung von Petitionsrechten für Menschenrechtsorganisationen, etwa im Kontext des neuen nun direkt an die Generalversammlung als Unterorgan angegliederten Menschenrechtsrats in Aussicht gestellt werden könnte.[29] Interessant ist in diesem Zusammenhang beispielsweise, dass dieser bereits jetzt nicht mehr nur einer ausgegliederten funktionalen Kommission innerhalb des Sozial- und Wirtschaftsrats entspricht, sondern bereits gegenwärtig über ein universal angelegtes Monitoringverfahren verfügt (Universal Periodic Review, UPR). Allerdings konnten wir sehen, dass dies voraussetzt, dass der Menschenrechtsrat explizit als juridisches und nicht nur als politisches Organ wahrgenommen wird (vgl. Alefsen 2007: 112).

Was die Beteiligung nichtstaatlicher Akteure betrifft, scheint auch die ILO prototypisch, denn hier finden sich erste Ansätze einer Quasi-Parlamentarisierung nicht staatlicher Repräsentation (vgl. Paech 2001: 12), wenngleich auch hier nicht von der Hand zu weisen ist, dass die Nationalstaaten in diesem institutionellen Kontext weiterhin wichtige „Gatekeeper"-Funktionen haben.[30] Es handelt sich bei der Öffnung der ILO für nichtstaatliche Akteure aber immerhin um eine Entwicklung, die in die richtige Richtung verweist. Ebenfalls instruktiv für die Frage postnationaler Repräsentativität

29 Wie wichtig die Einbeziehung der von völkerrechtlichen Regulierungen betroffenen sozialen Gruppen ist, kann insbesondere am Beispiel der Entwicklung der Frauenrechte demonstriert werden, da bis in die heutige völkerrechtliche Diskussion hinein die Androzentrik der Menschenrechte von Feministinnen beklagt wird (vgl. Brems 1997).

30 Paech ist in dieser Hinsicht verhalten, da er die ILO als Sonderfall und nicht als Prototyp bewertet.

ist der Umgang der Vereinten Nationen mit den Befreiungsbewegungen der ehemaligen Kolonialstaaten und der damit einhergehenden Zuerkennung eines Gruppenstatus:

> „In einem langwierigen und konfliktreichen Prozess anerkannten die Mitgliedstaaten der UNO schließlich die herausragende gesellschaftliche Bedeutung der Befreiungsorganisationen, die in dem Kampf um die Befreiung von kolonialer und rassistischer Unterdrückung ihre Völker repräsentierten und deren Recht auf Selbstbestimmung durchsetzen wollten. Voraussetzung ihrer Anerkennung war allerdings der Nachweis, dass sie wirklich von der überwiegenden Mehrheit als ihr Repräsentant akzeptiert und unterstützt wurden" (Paech 2001: 12).

Der springende Punkt im Umgang mit der Repräsentationsfrage bestand darin, dass sie durch regionale Organisationen, wie etwa der Organization of African Unity (OAU) oder der Organisation of American Staates (OAS) überprüft wurde. Diese Beispiele bestätigen damit, dass es zumindest denkbar ist, dass Fragmentierungs- und Differenzierungsprozesse[31] selbst als dynamische Teile einer ordnungskonstitutiven Rechtslogik verankert werden und so dem allgemeinen Schlusseffekt einer strukturellen und kreisförmigen Rechtslogik entsprechen können. Die systematische Konsequenz dieser Kreisbewegung ist, dass Rechtsdynamiken im Rahmen ihrer integrativen und koordinativen Funktionsleistung nicht nur funktional, sondern auch normativ auf das (allgemein ausgerichtete) Recht(sideal) bezogen bleiben müssen – um überhaupt als Recht identifiziert werden zu können. Die Inklusionsforderungen, die von staatlichen und nichtstaatlichen Organisationen[32] erhoben werden, müssen somit aus Gründen der Rechtslogik ihre Anschlussfähigkeit an bereits bestehende Völkerrechtsbestände unter Beweis stellen. Von daher ist klar, dass die Idee einer Repräsentation „ohne das Prinzip [einer inklusiv verfahrenden Anmerkung, N. M.] Öffentlichkeit nicht zu denken" ist (Häberle 2008: 11), da die allgemeine Rechtfertigungslogik, die die Teilnehmerinnen und Teilnehmer nötigt, sich auf prinzipiengeleitete Argumentationen einzulassen, erst die rationalisierende Wirkung des Rechts verbrieft[33].

Ein weiterer Gesichtspunkt, der mit Blick auf die Rationalisierungspotenziale des Rechts berücksichtigt werden sollte, ist, dass es in Anbetracht der Vielzahl unterschiedlicher, aber menschenrechtlich relevanter Normenbestände in den zahlreichen Funktionssystemen der Weltgesellschaft *prozeduraler Kollisionsregeln* bedarf, die Normen- und Inklusionskonflikte dadurch entschärfen, als sie Konfliktregeln formulieren, die sich am Modus der Kooperation orientieren. Und last but not least bedarf es schließlich auch auf der regionalen und nationalen Ebene institutioneller Filtermechanismen, die in Anlehnung an das Konzept eines Schleusenmodells herausgebildet werden könnten (vgl. Habermas 1998 a: 431-434), um die sich an den weltgesell-

31 Zu dieser Thematik vgl. auch Koskenniemi (2008 a).

32 Die schwierige Frage der *Repräsentativität* der Menschenrechts-NGOs (vgl. Wahl 1997: 308 f, Brunnengräber 1997: 282:) könnte durch einen Verweis auf eine institutionelle Rechenschaftspflichtigkeit und Verantwortlichkeit beantwortet werden, wonach die Bereitschaft, sich auf die Logik der Rechtfertigung (von Geltungsansprüchen) einzustellen, zum Inklusionskriterium avanciert. Diese Bereitschaft, sich auf ein *sanktionsgestütztes* Regelwerk einzulassen, wäre damit Ausdruck einer wechselseitigen *Selbstverpflichtung*, die zugleich mit der wechselseitigen *Berechtigung* einhergeht, dieses sanktionsgestützte Regelwerk zu gestalten.

33 Dieser Gedanke ist auch für die Bestimmung des Verhältnisses einer supranationalen Gerichtsbarkeit auf der einen Seite und der demokratischen Selbstgesetzgebung auf der anderen von Relevanz (s. u.).

schaftlichen Peripherien artikulierende spontan-anarchische Kreativität globaler Zivilgesellschaft zu kanalisieren und in den formellen Völkerrechtsprozess zu integrieren (vgl. Brunkhorst 2007a/b).

Rechtsparadigmatisch betrachtet, folgt aus diesen Überlegungen die demokratietheoretische Reformulierung des *Erga-Omnes*-Konzepts, wonach die verpflichtenden Normen des zwingenden Völkerrechts (*Ius Cogens*) ein Diskussionsergebnis reziproker Geltungsbegründung sein können sollten, in der alle relevanten Gründe berücksichtigt wurden. Denkbar ist in diesem Zusammenhang auch, dass organisierte Zivilgesellschaften in Gestalt eines globalverfassungsrechtlichen *Auftrags zur Meinungs- und Willensbildung* zur Herstellung kritischer Weltöffentlichkeiten beitragen.[34] Dieses Institutionendesign hätte insbesondere in legitimationstheoretischer Hinsicht den Vorteil, dass nicht nur eine *epistemische* Inklusion auf der Agenda stünde, sondern ebenso eine genuin partizipative Dimension im Design verankert würde.

Die Nationalstaaten, die freilich faktisch weiterhin eine Rolle spielen, wären dann ein institutioneller Kontext neben anderen (im Mehrebenensystem), in welchem wiederum *grundrechtliche Debatten* zu Menschenrechtsfragen stattfinden könnten. Denn wenngleich Menschenrechte nicht neu erfunden werden müssen, bestünde so die Möglichkeit, der Dynamik des Rechts zu entsprechen, da nationale Verfassungsreferenda zur weiteren Legitimierung von Menschenrechtsinhalten beitragen würden.[35] Eine derartige Legitimierung wäre nicht nur im Hinblick auf die Akzeptanz von Grundwerten erforderlich, sondern auch, um ein Weltbürgerrechtsbewusstsein zu initiieren. Der Beteiligung der Zivilgesellschaft käme damit auch in dieser Perspektive nicht nur eine kontrollierende, sondern eine *gestaltende* Rolle zu, welche die der Staaten ergänzt. Die auf den unterschiedlichen Ebenen der multidimensional verfassten Weltgesellschaft angesiedelten NGOs wären *vor, während* und *nach* den Verfassungsreferenda mit der kritisch-deliberativen Aufklärung der Weltöffentlichkeit betraut. Im Kontext des Rechts auf Rechtfertigung wäre dies die institutionelle Übersetzung der Idee diskursiver Vetorechte (vgl. Forst 1999 a), die nicht ex post gilt, sondern im laufenden Prozess der Normengenese und Normeninterpretation auf den verschiedenen Ebenen der Weltgesellschaft anzusiedeln wäre.

Und da nicht nur die demokratische Genese von Menschenrechten, sondern ebenso die Durchsetzung ein Anliegen des demokratischen Konstitutionalismus ist, käme dem UN-Sicherheitsrat – wie ursprünglich im Rahmen der Gründung der Vereinten Nationen auch angedacht (vgl. Zangl/Zürn 2004 b) – eine exekutive Funktion in Gestalt *gebündelter* und durch die Generalversammlung *legitimierter und kontrollierter*

34 Von entscheidender Bedeutung ist allerdings, dass die Rederechte von Menschenrechtsorganisationen im Kontext der Generalversammlung nicht nur dem Aspekt der Transparenzherstellung dienen, sondern als zivilgesellschaftliche Partizipationsrechte ausgerichtet werden. Denn NGOs wären dann Garanten der Inklusion von oppositionellen Ansprüchen, die von despotischen Staaten all zu gerne unterschlagen werden.

35 Das mag sehr utopisch klingen, aber dennoch scheint es realistischer als die Forderung von Weltparlamenten (vgl. Höffe 1999 a) und zugleich wurden Verfassungsreferenda im Rahmen der EU bereits durchgeführt. Der Umstand, dass die EU-Verfassung abgelehnt wurde, ist m. E. nicht als Hinweis auf die Unmöglichkeit solcher Veranstaltungen zu werten, sondern viel eher als ein Ergebnis, das zumindest in einzelnen Nationalstaaten auf demokratischem Wege (bzw. auf dem Wege einer Volksabstimmung) zustande gekommen ist.

Streitkräfte zu. Damit entspräche auch die zweite Säule des Weltrechts der Idee einer auf der Grundlage der Verfassungsgemeinschaft wahrgenommenen Kooperationspflicht. Die dritte Säule meines Modells wäre der Ausbau des Prinzips *supranationaler Gerichtsbarkeit*, das nicht nur eine regelmäßige verfassungsrechtliche Überprüfung aktueller Entscheidungspraktiken einfordert, sondern aus Gründen der Transparenzgewährleistung anerkennt, dass auch die *richterliche* Entscheidung einer öffentlichen Rechtfertigung bedarf. Denkbar wäre in diesem Zusammenhang außerdem die Etablierung einer globalen *Schöffengerichtsbarkeit,* in welche NGOs – etwa im Rahmen eines Rotationsprinzips – involviert sein könnten und so u. a. zur weiteren Transparenzherstellung beitragen würden.

Die Einführung der Schöffengerichtsbarkeit empfiehlt sich auch aus einem anderen Grund, der mit der an dieser Stelle vorgenommenen gleichzeitigen Befürwortung einer Gewaltenteilung und richterlichen Kontrolle des Gesetzgebungsverfahrens zusammenhängt. Dabei ist der von Ingeborg Maus gegen die Idee einer Verfassungsgerichtsbarkeit formulierte Einwand zu berücksichtigen, dass mit der richterlichen Normenkontrolle die Gefahr einer Entformalisierung und in der Folge mit einer richterlichen Rechtsschöpfung einhergeht. Es empfiehlt sich deshalb ausschließlich, für eine richterliche *Verfahren*s(und nicht Normen)kontrolle der multidimensionalen Rechtsgenese und Durchsetzung zu plädieren, die rechtfertigungsbedürftig ist Ein Schutz der Minderheitenposition ergäbe sich wie auch die Überwindung einer Normenkollision dann weniger aus einer hierarchischen Normenkontrolle, sondern aus der Kontrolle einer Inklusionsgewähr aller Betroffenen.[36] Diese Weichenstellung scheint insofern begründet, als insbesondere die (schöffen-)richterliche Verfahrenskontrolle die Horizontalität der Normengenese, -anwendung und -durchsetzung garantieren kann. Und zum anderen wird dadurch, dass ein Prinzip der Schöffengerichtsbarkeit in das richterliche Kontrollverfahren einbezogen wird, die Gefahr einer Selbstermächtigung durch (professionelle) Richter eingedämmt und sichergestellt, dass ein permanenter Diskurs mit der globalen Zivilgesellschaft auch in diesem Kontext erhalten bleibt. Überlegenswert ist in diesem Zusammenhang auch, die Richter in regelmäßigen Abständen von einer reformierten Generalversammlung wählen zu lassen und die Wahl zum Gegenstand einer parlamentarischen Debatte sowohl auf der Ebenen der Generalversammlung als auch im nationalen Kontext zu machen (vgl. Bogdandy/Venzke 2009). Der letzte Gesichtspunkt in diesem Zusammenhang ist, dass auch Individuen Klagemöglichkeiten zugestanden werden sollten, sodass sie die in der weltbürgerlichen Verfassung konsentierten Grundrechte gegenüber Staaten, internationalen Organisationen (z. B. World Trade Organisation), aber auch privatrechtlichen Akteuren (etwa transnationalen Unternehmen) einfordern können. In Anbetracht hoher kognitiver Voraussetzungen müssten Klagerechte allerdings mit einer Empowermentstruktur, d. h. Rechtsberatungen, finanzieller Unterstützung usw. einhergehen, um von den Unrechtsbetroffenen überhaupt in Anspruch genommen werden zu können (vgl. Blome 2009).

36 Die Inklusions*berechtigung*, so konnten wir sehen, ergibt sich wiederum aus der Bereitschaft, sich auf das formale Prinzip der allgemeinen Rechtfertigung einzulassen.

Die legal verbürgte Inklusionsstrategie zivilgesellschaftlicher Akteure in die Genese, Anwendung und Durchsetzung hätte somit dreierlei zum Ziel: Erstens bestehende Rechtsdiskurse zu intensivieren und durch außerrichterliche und nichtstaatliche Perspektiven in kontrollierender und Recht schaffender Einstellung zu ergänzen sowie einer breiteren Öffentlichkeit zugänglich zu machen, zweitens Sozialisationseffekte auszulösen, die einer demokratischen Rechtsstaatspraxis entgegenkommen und schließlich ein gerichtliches Monitoring[37] im Hinblick auf die prozedurale Infrastruktur bzw. den organisationsrechtlichen Teil der Verfassung zu gewährleisten[38], indem zivilgesellschaftliche Kräfte explizit eingebunden werden.

Das in diesem Sinne etablierte dreigliedrige Gewaltenteilungsschema entspräche so der kantisch-republikanischen Vorstellung einer strikten Arbeitsteilung von Gesetzesgenese und Implementation und dem Prinzip ungeteilter Selbstgesetzgebung (vgl. Maus 1992: 228) und wird dennoch der Komplexität des Verhältnisses von Demokratie und Recht gerecht (zur Kritik der mangelnden Komplexität des republikanischen Positivismus vgl. van Dommelen 2002: 306 f.), indem es den Aspekt der Herrschaftsteilung (und nicht nur der Begrenzung) durch die Einbindung zivilgesellschaftlicher Akteure in die Judikative berücksichtigt. Somit möchte ich mit der These schließen, dass gerade aus Gründen der Verhinderung justizialpaternalistischer, selbstermächtigender und hegemonialer Tendenzen die demokratisch-deliberative Konstitutionalisierung der Menschenrechte rechtsnormativ geboten scheint.

II. 9. Ausblick

Das Ziel der vorliegenden Arbeit bestand darin, die Grundintuition zu plausibilisieren, dass ein kantisch inspirierter Kontraktualismus kosmopolitisch gedeutet und institutionentheoretisch weiterentwickelt werden kann. Es wurde dargelegt, dass und wie der kantische Kontraktualismus zur Konstruktion eines poststaatlichen Konstitutionalismusmodells herangezogen werden kann. Weiterhin wurde aufgezeigt, dass eine Globalisierung von Menschenrechten nicht nur als rechtstheoretisches Problem klassifiziert werden kann, sondern dass in normativer Hinsicht auch eine Notwendigkeit besteht, ein supranationales Organisationsschema zu etablieren.

Ein Anspruch der vorliegenden Arbeit bestand darin aufzuzeigen, dass die Institutionalisierung inter-, trans- und supranationaler Regime und insbesondere rechtsprechender Instanzen in Form von Gerichtshöfen einerseits und Ad-hoc-Tribunalen andererseits auf einen Wandel des traditionellen Souveränitätsverständnisses hindeuten. Staaten gelten nicht mehr als nur unabhängige Organisationseinheiten, sondern werden von der internationalen Staatengemeinschaft zur Einhaltung des Völkerrechts verpflichtet. Dabei scheinen sich die neuen Verregelungs- und Verrechtlichungsinstrumentarien – und dieser Befund wurde in normativer Hinsicht als bedenklich bewertet – gegenüber gesellschaftlicher Willensbildung und Mitbestimmung in großem Maße

37 Zangl und Zürn schlagen vor diesem Hintergrund vor, Entscheidungen des UN-Sicherheitsrats gerichtlich überprüfen zu lassen (vgl. Zangl/Zürn 1999: 23).

38 Der Europäische Menschengerichtshof ist diesbezüglich ein interessanter Prototyp.

zu immunisieren, was sich in der Konsequenz als systematische Entkoppelung von Recht und Demokratie interpretieren lässt.

Selbst wenn der Status quo postnationaler Verregelung als Konstitutionalisierungsprozess beschrieben werden kann, muss er in demokratietheoretischer Hinsicht als defizitär erachtet werden, da inklusivitätsverbürgende Verfahren und Strukturen vernachlässigt werden. Nimmt man diesen Mangel an demokratischer Legitimität zum Ausgangspunkt und in konzeptioneller Hinsicht ernst, dürfen nicht nur unmittelbar herrschafts- oder willkürbegrenzende Mechanismen in den Blick genommen werden. Vielmehr müssen jene herrschaftsbegründenden Mechanismen in den Vordergrund begrifflicher und konzeptioneller Bemühungen gerückt werden, die den normativen Sinn und Gehalt konstitutioneller Verfasstheit zu gewährleisten in der Lage sind. Ziel meiner Arbeit war, in demokratietheoretischer Perspektive die strukturellen und prozeduralen Bedingungen zu rekonstruieren, die eine über den Status quo hinausweisende globale Konstitutionalisierungsperspektive aufweisen. Dabei wurden drei konzeptionelle Weichenstellungen zu Grunde gelegt, die als heuristische Folie zur Ausformulierung gewaltenteiliger Organisationsprinzipien dienten:

1. Der bisherige Stand der Konstitutionalisierung kann als Ausdruck einer *provisorischen Verfasstheit* weltgesellschaftlicher Sozietät gedeutet werden. In diesem Sinne ist die faktische institutionelle Infrastruktur postnationalen Rechts als hypothetische zu deuten, die es in kontinuierlicher Annäherung an das ihr eingeschriebene demokratische Potenzial inklusiv und partizipativ zu organisieren und zu positivieren gilt.
2. Die Betonung inklusiver und partizipationsermöglichender Strukturen impliziert, dass der traditionell postulierte, staatszentrierte Egalitarismus individualrechtlichen Konzeptionen weichen muss, die in der Idee individueller Völkerrechtssubjektivität ihren Ausdruck finden. Nur so kann eine herrschafts*begründende* Perspektive eingenommen werden.
3. Des Weiteren können die dem Völkerrecht inhärenten Hegemonie- und Kolonialisierungstendenzen nur durch die Etablierung und Intensivierung prozeduraler und sekundärer Regelungsmechanismen domestiziert werden. Von daher kann nur unter einer Abkehr von einer Rechtssetzungs- und Durchsetzungspraxis, die unter Ausschluss der Mehrzahl der Regelungsunterworfenen stattfindet, eine Überwindung von Selbstermächtigungstendenzen ermöglicht werden.

In analytischer Hinsicht bleibt sicherlich noch offen, ob und inwieweit ein dreidimensionales, supranationales Organisationsschema, das eine gewaltenteilige Struktur postnationaler Institutionen darlegt, die demokratisch-konstitutionelle Qualität globaler Vergesellschaftung erhöht und realisiert. Mit der Zurechenbarkeit normgenerierender, implementierender und juridischer Funktionen verbindet sich aber die (m. E. berechtigte) normative Erwartung, internationale Verrechtlichung nicht nur transparenter und offener, sondern auch inklusiver gestalten und als Prozess wechselseitiger institutioneller Selbstbeschränkung organisieren zu können. Im Gegensatz zur bloß externen, wenn auch wechselseitigen Kontrolle der verschiedenen Organe innerhalb einer Struktur globaler Heterarchie, deren Rationalität sich auf „checks and balances“ beschränkt, müssten in einer über die Menschenrechte hinausweisenden Perspektive die Potenziale interner institutioneller *Selbst*beschränkung spezifiziert werden, die ihre normative Qualität durch den Bezug auf Prozesse allgemeiner globaler Willensbildung gewinnen. Eine Differenzierung in externe und interne Beschränkungen würde darüber hinaus nicht nur die Möglichkeit eröffnen, in konzeptioneller Hinsicht Institutionalisierungen herrschaftsbegründender Organisationsprinzipien zu skizzieren, sondern auch die Möglichkeit, in analytischer Perspektive Konflikte zwischen und innerhalb von Organisationen auf globaler Ebene als je eigene Probleme globaler Konstitutionalisierung in den Blick zu nehmen.

Die politik- und rechtsphilosophische Begründung und insbesondere die politik- und rechtstheoretische Spezifizierung eines globalen Konstitutionalismus wurden als *kritische Folie* eingeführt und entfaltet, die es erlaubt, „bestehende" Menschenrechtsentwicklungen im Völkerrecht zu bewerten und eine Verbesserung des Ist-Zustands, d. h. des Status quo und damit eine Weiterentwicklung der institutionenpolitischen Ausgangssituation bewirken zu können. Mit der in der vorliegenden Arbeit vorgenommenen Entwicklung und Erläuterung der Umsetzungsperspektiven eines globalen Rechtsstaatsmodells verbindet sich die Hoffnung, dass eine „legalistisch" abgesicherte Gewährleistung interkultureller Menschenrechtsdiskurse ein bedeutender Schritt in Richtung einer Annäherung an die abstrakte Idee globaler Gerechtigkeit sein könnte.

In diesem Lichte ist meine Hoffnung, mit dieser Arbeit gezeigt zu haben, dass die weltgesellschaftliche „Verfasstheit des Globalen" eine normative Herausforderung darstellt und ein normatives Potenzial aufweist, in dem die Idee einer Weltverfassungsgemeinschaft als konkrete und normativ vorzugswürdige Realisierungsperspektive identifiziert wird. Denn eine Weltverfassung wäre – so die zentrale These – in der Lage, basale autonomietheoretische Standards mitzureflektieren, da sie prozedurale Vorbedingung und Resultat einer immanent abgeleiteten Substanzialität ist, die „die kulturanthropologischen Realien" des kulturell „verankerten Menschen ernst nimmt" (vgl. Häberle 2008: 20).

Literatur

Adamietz, Laura/Markard, Nora 2008: Herausforderungen an eine zeitgenössische feministische Menschenrechtspolitik am Beispiel der sexualisierten Kriegsgewalt, in: Kritische Justiz, Jg. 41, Nr.3, S.: 257-270.

Albert, Matthias 1998: Entgrenzung und Formierung neuer politischer Räume, in: Kohler-Koch, Beate (Hrsg.): Regieren in entgrenzten Räumen, Politische Vierteljahreszeitschrift, Sonderheft 29, Opladen, S.:49-75.

Albert, Matthias/Stichweh, Rudolf (Hrsg.) 2007: Weltstaat und Weltstaatlichkeit, Beobachtungen globaler politischer Strukturbildung, Wiesbaden.

Alefsen, Heike 2007: Der neue VN-Menschenrechtsrat und die Überprüfung seiner Sonderverfahren, in: Zeitschrift für Menschenrechte, Jg. 1, Nr. 2, S.: 111-127.

Alexy, Robert 1998: Die Institutionalisierung der Menschenrechte im demokratischen Verfassungsstaat, in: Gosepath, Stefan/Lomann, Georg: Philosophie der Menschenrechte, Frankfurt a. Main, S.: 244-264.

Altvater, Elmar/Brunnengräber, Achim/Haake, Markus/Walk, Heike (1997): Vernetzt und Verstrickt. Nichtregierungsorganisationen als gesellschaftliche Produktivkraft, Münster.

Apel, Karl-Otto 1988: Diskurs und Verantwortung, Frankfurt a. Main.

Apel, Karl-Otto 2002: Auflösung der Diskursethik? Zur Architektonik der Diskursdifferenzierung in Habermas' Faktizität und Geltung, Dritter transzendentalpragmatisch orientierter Versuch, mit Habermas gegen Habermas zu denken, in: Niesen, Peter und Schomberg, Rene´, Zwischen Recht und Moral: Neuere Ansätze zur Rechts- und Demokratietheorie. Mit Grundtexten von Karl-Otto Apel und Ingeborg Maus, Münster, S.: 61-177.

Archibugi, Daniele 2003: Cosmopolitical democracy, in: Ders. (Hrsg.): Debating Cosmopolitics, London.

Aristoteles 1990: Politik VII 14, Oxford.

Beisheim, Marianne 1997: Nichtregierungsorganisationen und ihre Legitimität, in: Aus Politik und Zeitgeschichte, Heft Nr. 43, S.: 21-29.

Beitz, Charles 1979: Political Theory and International Relations, Princeton/New York S.: 92-105.

Bernsdorf, Jochen von 2007: Nichtstaatliche Akteure in der Rechts- und Politikgestaltung. Zur Legalität und Legitimität der NRO-Beteiligung im Völkerrecht Studie zur Vorbereitung der KAS-Völkerrechtskonferenz 2007, Internetquelle: www.kas.de/wf/doc/kas_14032-544-1-30.pdf, ist auch erscheinen in: Sonderband Weltgesellschaft Nr. 18, Demokratie in der Weltgesellschaft, herausgegeben von Hauke Brunkhorst, S.: 227-303.

Bexell, Magdalena 2004: Die Verteilung der Verantwortung für den Schutz der Menschenrechte: Die Unterscheidung zwischen öffentlich und privat, in: Friedenswarte Nr. 79, 1-2/2004, S.: 103-119

Blasi, Augusto 2000: Was sollte als moralisches Verhalten gelten? In: Edelstein,Wolfgang/Nummer-Winkler, Gertrud 1984 (Hrsg.): Moral im sozialen Kontext, Frankfurt a. Main, S.: 117-141.

Bielefeld, Heiner 2009: Frauenrechte im Menschenrechtsdiskurs. Eine Skizze konzeptioneller Entwicklungen, in: Zeitschrift für Menschenrechte, Jg. 1, Nr. 1., S.: 7-19.

Bloch, Ernst 1970: Abschied von der Utopie? Vorträge, Frankfurt a. Main.

Blome, Kerstin 2004: Paradigmenwechsel im Völkerrecht, 75. INEF Report, Campus Duisburg.

Blome, Kerstin 2009: Individual Legal Protection at the Level beyond the Nationstate. An Indicator for the development of a Regional Rule of Law in South America? Dissertation/ Universität Bremen, i. E.

Böckenförde, Ernst-Wolfgang 1998: Ist Demokratie eine notwendige Forderung der Menschenrechte, in: Gosepath, Stefan/Lohmann, Georg (Hrsg.): Philosophie der Menschenrechte, Frankfurt a. Main, S.: 233-243.

Bodin, Jean 1996: Sechs Bücher über den Staat, 2 Bände, München.

Bogdandy, Armin/Venzke Ingo 2009: In wessen Namen? Internationale Gerichte diskurstheoretisch betrachtet, Unveröffentlichtes Manuskript.

Bohman, James 1996: Public Deliberation, Pluralism, Complexity and Democracy. Cambridge.

Bohman, James 2002: Internationale Regime und demokratisches Governance: Gleicher Einfluß auf globale Institutionen, in: Lutz-Bachmann, Matthias/ Bohman, James (Hrsg.): Weltstaat oder Staatenwelt? Für und wider die Idee einer Weltrepublik, Frankfurt a. Main, S. 75-103.

Bohman, James 2005: Democracy Across Boarders, From demos to demoi, Unveröffentlichtes Manuskript.

Bohman, James 2007: Challanging Habermas' response to the European Union democratic deficit, In: Philosophy & Social Criticism, Band 33, Nr. 6, S.: 736-755

Booth, Ken 1999: Three tyrannies, in: Wheeler, Nick/ Dunne, Tim (Hrsg.): Human Rights in global Politics, Cambridge. S.: 31-70.

Brems, Eva 1997: Enemies or Allies? Feminism and Cultural Relativism as Dissident Voices in Human Rights Discourse, HRQ, Band 19, 1, S.: 136- 164.

Buchstein, Hubertus/Jörke, Dirk 2003: Das Unbehagen an der Demokratietheorie, in: Leviathan 4, S.: 470-495.

Buckel, Sonja 2006: Subjektivierung und Kohäsion. Zur Rekonstruktion einer materialistischen Theorie des Rechts, Wiesbaden.

Buckel, Sonja/Christensen, Ralph/Andreas Fischer-Lescano 2006: Neue Theorien des Rechts, Stuttgart.

Buckel, Sonja/Fischer-Lescano 2007: Hegemonie gepanzert in Zwang. Zivilgesellschaft und Politik im Staatsverständnis Antonios Gramscis, Baden Baden, S.: 85-104.

Buzan, Barry 1994: The Interdependence of Security and Ecomomic Issues in the New World Order, in: Stubbs, Richard/ Underhill, Geoffrey R. D. (Hrsg.): Political Economy and the changing Global Order, London, S.: 92-112.

Brandt, Ulrich 2000: Gesellschaftlich-historischer Kontext des Diskurses über Global Governance, in: Brandt, Ulrich et al (Hrsg.): Global Governance. Alternative zur neoliberalen Globalisierung? Münster, S.: 48-88.

Brock, Lothar 2002: Staatenrecht und Menschenrecht, Schwierigkeiten der Annäherung an eine weltbürgerliche Ordnung, in: Lutz-Bachmann, Matthias/Bohman, James (Hrsg.): Weltstaat oder Staatenwelt? Für und wider die Idee einer Weltrepublik, Frankfurt a. Main, S.: 201-225.

Brock, Lothar 2005 a: Gewalt und Recht in den Nord-Süd Beziehungen, in: Engel, Ulf/Jakobeit, Cord/ Mehler, Andreas/Schubert, Gunther (Hrsg.): Navigieren in der Weltgesellschaft, Festschrift für Rainer Tetzlaff, Münster, S.: 257-270.

Brock, Lothar 2005 b: Innerstaatliche Kriege und internationale Gewaltanwendung seit dem Ende des Ost-West-Konflikts, Indiz für die Emmergenz oder das Ausbleiben von Weltstaatlichkeit? In: Albert, Matthias/Stichweh, Rudolf (Hrsg.): Weltstaat und Weltstaatlichkeit. Beobachtungen globaler politischer Strukturbildung, Wiesbaden, S.: 158-186.

Brock, Lothar 2005 c: Entrechtlichung durch Verrechtlichung? Das wachsende Spannungsverhältnis zwischen Rechten und Pflichten von Staaten. Papier zur Tagung der Sektion Internationale Beziehungen der DVPW, Mannheim, 6-7. Oktober 2005.

Brownlie, Ian 1998: The Rule of Law in International Affaires. International Law at the Fiftieth Anniversary of the United Nations, The Hague: Martinus Nijhoff Publishers.

Brozus, Lars/Take, Ingo/Wolf, Klaus Dieter 2003: Vergesellschaftung des Regierens? Der Wandel nationaler und internationaler politischer Steuerung unter dem Leitbild der nachhaltigen Entwicklung, Opladen.

Brugger, Winfried/Neumann, Ulfried/Kriste, Stephan (Hrsg.) 2008: Rechtsphilosophie im 21. Jahrhundert, Frankfurt a. Main.

Brumlik, Micha 2004: Die politische Form der globalisierten Welt, in Blätter für deutsche und internationale Politik, Nr. 6, S.: 675-682.

Brunkhorst, Hauke 1998: Demokratischer Experimentalismus, Politik in der komplexen Gesellschaft, Frankfurt a. Main, S.: 7-21.

Brunkhorst, Hauke 1999 a: Heterarchie und Demokratie. In: Brunkhorst, Hauke/Niesen, Peter (Hrsg.): Das Recht der Republik. Frankfurt a. Main. S.: 373-385.

Brunkhorst, Hauke 1999 b: Menschenrechte und Souveränität - ein Dilemma? In: Bohman, James/ Lutz-Bachmann, Matthias (Hrsg.): Recht auf Menschenrechte. Menschenrechte, Demokratie und internationale Politik, Frankfurt a. Main, S.: 157-176.

Brunkhorst, Hauke 2001: Kritische Theorie und Pragmatismus, in: Schäfer, Thomas/Tietz, Udo/Zill, Rüdiger (Hrsg.): Hinter den Spiegeln. Beiträge zur Philosophie Rortys, Frankfurt a. Main, S.: 145-161.

Brunkhorst, Hauke 2002 a: Zwischen Kriegseinsatz und Polizeiaktion: Die Legalisierung des Krieges in der Weltgesellschaft, in: Bohman, James/Lutz-Bachmann, Matthias (Hrsg.): Weltstaat oder Staatenwelt? Für und wider die Idee einer Weltrepublik, Frankfurt a. Main, S.: 65-74.

Brunkhorst, Hauke 2002 b.: Solidarität. Von der Bürgerfreundschaft zur globalen Rechtsgenossenschaft, Frankfurt a. Main.

Brunkhorst, Hauke 2003 a: Politik der Menschenrechte. Zur Verfassung der Weltgesellschaft, in: Nassehi, Armin/Schroer, Martin (Hrsg.): Der Begriff des Politischen, Baden-Baden, S.: 71-89.

Brunkhorst, Hauke 2003 b: Der lange Schatten des Staatpositivismus. Parlamentarismus zwischen Untertanenrepräsentation und Volkssouveränität, in: Leviathan, Nr. 3, S.: 362-381.

Brunkhorst, Hauke 2005: Politische Alternativen in der globalen Rechtsgenossenschaft. Hegemonie, Konstitutionalismus und Demokratie. Konferenzpapier der Tagung „Intersubjektivität und Internationale Politik" in: Frankfurt a. Main, 16.7.-18.7. 2005, Internetquelle: www.gesellschaftswissenschaften.uni-frankfurt.de/uploads/images/161/, Stand: 1. 7. 2006

Brunkhorst, Hauke 2007 a: Zwischen transnationaler Klassenherrschaft und egalitärer Konstitutionalisierung. Europas zweite Chance, in: Niesen, Peter/Herborth, Benjamin (Hrsg.): Anarchie der kommunikativen Freiheit. Jürgen Habermas und die Theorie der Internationalen Politik, Frankfurt a. Main, S.: 321-350.

Brunkhorst, Hauke 2007 b: Die Legitimationskrise der Weltgesellschaft, Global Rule of Law, Global Constitutionalism und Weltstaatlichkeit, in: Albert, Matthias/Stichweh, Rudolf (Hrsg.): Weltstaat und Weltstaatlichkeit, Beobachtungen globaler politischer Strukturbildung, Wiesbaden, S.: 64-108.

Brunkhorst, Hauke 2008 a: Kritik am Dualismus des internationalen Rechts – Hans Kelsen und die Völkerrechtsrevolution des 20. Jahrhunderts, in: Kreide, Regine/Niederberger, Andreas 2008 (Hrsg.): Internationale Verrechtlichung. Nationale Demokratien im Zeitalter globaler Politik, Frankfurt a. Main/New York, S.: 30-63.

Brunkhorst, Hauke 2008 b: Die Globale Rechtsrevolution. Von der Evolution der Verfassungsrevolution zur Revolution der Verfassungsevolution?, in: Ralph Christensen/Bodo Pieroth, Hg.: Rechtstheorie in rechtspraktischer Absicht, FS Müller, Berlin: Dunker & Humblot, S.: 9-34.

Brunkhorst, Hauke/Voigt Rüdiger 2008: Rechts-Staat: Staat, internationale Gemeinschaft und Völkerrecht bei Hans Kelsen, Baden Baden.

Brunnengräber, Achim 1997: Global Governance oder die Notwendigkeit eines neuen Globalkonzepts. Diskutiert am Beispiel der internationalen Klimapolitik, in: Altvater, Elmar et. al.: Vernetzt und verstrickt. Nichtregierungsorganisationen als gesellschaftliche Produktivkraft, Münster, S.: 65-84.

Bruno, Roberto 1997: Access of Private Parties to Dispute Settlement: A Comparative Analysis, Internetquelle: www.jeanmonnetprogram.org/papers/97/97-13.html.

Bryde, Brun-Otto 1994: Verpflichtungen erga omnes aus Menschenrechten, in: Kallien, Walter et al. (Hrsg.): Aktuelle Probleme des Menschenrechtsschutzes, Berichte der deutschen Gesellschaft für Völkerrecht, Bd. 33, Wien. S.: 165-189.

Cohen, Jean L. 2008: Rethinking Human Rights, Democracy, and Sovereignty in the Age of Globalization, Band 36, Nr. 4, S.: 578-606.

Chomsky, Noam 1978: Aspekte der Syntaxtheorie, Frankfurt a. Main.

Chomsky, Noam 1981: Regeln und Repräsentationen, Frankfurt a. Main.

Crawford, James/Marks, Susan 1998: "The Global Democracy Deficit: an Essay in International Law and its Limits", in: Archibugi, Daniele et al. (Hrsg.): Re-imagining Political Community, Studies in Cosmopolitan Democracy, Cambridge: Polity Press, S.: 72-90.

Chwaszcza, Christine 2007: Moral Responsibility and Global Justice, Baden Baden.

Dackweiler, Regina-Maria 2009: Frauenrechte sind Menschenrechte. Transnationale Frauenbewegungspolitik zwischen Erfolgsgeschichte und Rückschlägen, in: Zeitschrift für Menschenrechte, Jg. 1, Nr. 1, S.: 37-53.

Deitelhoff, Nicole 2006: Überzeugung in der Politik, Grundzüge einer Diskurstheorie, Frankfurt a. Main.

Delbrück, Jost 1996: Menschenrechte und Souveränität, in: Ders.: Die Konstitution des Friedens als Rechtsordnung, Berlin, S.: 254-274.

Delbrück, Jost 2000: Wirksameres Völkerrecht oder neues "Weltinnenrecht"? Perspektiven in der Rechtsentwicklung in einem sich wandelnden internationalen System, in: Senghaas, Dieter (Hrsg.): Frieden machen. Frankfurt a. Main, S.: 482-512.

Delbrück, Jost 2001: Perspektiven für ein "Weltinnenrecht"? Rechtsentwicklungen in einem sich wandelnden Internationalen System, Internetquelle: http://sef-bonnorg./veranst/1001/delbrueck-rede.html., Stand: 24.11. 2006

Delbrück, Jost 2002: Prospects for a World (Internal) Law? Legal Developments in a Changing International System, in: Indiana Journal of Global Legal Studies 401, Nr. 9, S.: 401-431.

Dewey, John 1969: The Ethics of Democracy, in: Ders. The Early Works 1982-1898, Bd. I. Carbondale/Edwardsville.

Dewey, John 1996: Die Öffentlichkeit und ihre Probleme, Bodenheim.

Dommelen, Ella van 2002: Verfassungsgerichtsbarkeit, demokratische Herrschaft und die Frage der Unbestimmtheit des Rechts, in: Niesen, Peter/Schomberg, Rene´ (Hrsg.): Zwischen Recht und Moral: Neuere Ansätze zur Rechts- und Demokratietheorie. Mit Grundtexten von Karl-Otto Apel und Ingeborg Maus, Münster, S.: 297- 318.

Dörr, Oliver 2004: Gewalt und Gewaltverbot im modernen Völkerrecht, in: Aus Politik und Zeitgeschichte, B 43, S.: 14-20.

Dworkin, Ronald 1984: Gerechtigkeit und Rechte, in: Ders.: Bürgerrechte ernst genommen, Frankfurt a. Main.

Dworkin, Ronald 1988: What is Equality? Part V, Political Equality, in: University of Francisco Law Review, Nr. 22, S.: 1-30.

Dworkin, Ronald 1998: Freiheit, Selbstregierung und der Wille des Volkes. Ist Demokratie heute noch möglich? In: Gosepath, Stefan/Lohmann (Hrsg.): Philosophie der Menschenrechte, Frankfurt a. Main, S.: 292-319.

Eberl, Oliver/Fischer-Lescano, Andreas 2005: Grenzen demokratischen Rechts? Die Entsendeentscheidungen zum Irakkrieg in Großbritannien, den USA und Spanien, in: HSFK-Report Nr. 8, Hessische Stiftung Friedens- und Konfliktforschung, Frankfurt a. Main, S.:1-29.

Eberl, Oliver/ Niesen, Peter 2006: Neokantische Rechtstheorie, in: Buckel, Sonja/ Fischer-Lescano, Andreas/Christensen, Ralph: Die neuen Theorien des Rechts, Stuttgart, S.: 3-28.

Eberl, Oliver 2008: Demokratie und Frieden, Kants Friedensschrift in den Kontroversen der Gegenwart, Baden Baden.

Edelstein, Wolfgang/ Habermas Jürgen 1984: Soziale Interaktion und soziales Verstehen, Beiträge zur Entwicklungskompetenz, Frankfurt a. Main.

Estlund, David 1997: Beyond Fairness and Deliberation: The Epistemic Dimension of Democratic Authority, in: Bohman, James/Rehg, William (Hrsg.): Deliberative Democracy. Cambridge, S.: 173-204.

Eugen Ehrlich 1967: Das lebende Recht der Völker der Bukowina, in Ders.: Recht und Leben, Berlin.

Fassbender, Bardo 1998: The United Nations Charter as Constitution of the International Community, in: Columbia Journal of Transnational Law, Nr. 36, S.: 529-619.

Fassbender, Bardo 2004: Die souveräne Gleichheit der Staaten – ein angefochtenes Grundprinzip des Völkerrechts, in: Aus Politik und Zeitgeschichte, B 43, S.: 7-14.

Fassbender, Bardo 2006 a: Hans Kelsen und die Vereinten Nationen, in: Dupuy, Pierre-Marie /Fassbender,Bardo /Malcolm N. Shaw/Karl-Peter Sommermann (Hrsg.): Völkerrecht als Wertordnung, Festschrift für Christian Tomuschat, Kehl am Rhein/Strasbourg/Arlington, S.: 763-784.

Fassbender, Bardo 2006 b: Verhütung und Bestrafung des Völkermordes - Aufgaben des Völkerrechtes. Die politische Meinung, Jg. 51, Nr. 434, S. 57-6 sowie Internetquelle: http://www.rewi.hu-berlin.de/index.php?path=./jura/pd/fbd/recpub; Stand: 4.5. 2008.

Fassbender, Bardo 2007: Grund und Grenzen der konstitutionellen Idee im Völkerrecht. In: Otto Depenheuer u. a. (Hrsg.), Staat im Wort. Festschrift für Josef Isensee, Heidelberg, S.: 73-91.

Fenske, Hans 1993: Politisches Denken im 20. Jahrhundert, in: Lieber, Hans-Joachim (Hrsg.): Politische Theorie von der Antike bis zur Gegenwart. Bundeszentrale für Politische Bildung, München. S.: 657-880.

Fischer-Lescano, Andreas 2005: Globalverfassung. Die Geltungsbegründung der Menschenrechte im postmodernen ius gentium, Weilerwist.

Fischer-Lescano, Andreas/Teubner, Gunther 2005: Fragmentierung des Weltrechts, Vernetzung globaler Regimes, statt etatistischer Rechtseinheit in: Albert, Mathias/Stichweh, Rudolf: Weltstaat, Weltstaatlichkeit. Politische Strukturbindung nach Globalisierung, Wiesbaden. S.: 37-62.

Fischer-Lescano, Andreas/Teubner, Gunther 2006: Regimekollisionen, Zur Fragmentierung des Weltrechts, Frankfurt a. Main.

Flavell, John H. 1979: Kognitive Entwicklung, Stuttgart.

Forst, Rainer 1994: Kontexte der Gerechtigkeit. Politische Philosophie jenseits des Kommunitarismus und Liberalismus, Frankfurt a. Main.

Forst, Rainer 1999 a: Das grundlegende Recht auf Rechtfertigung. Zu einer konstruktivistischen Konzeption von Menschenrechten, in: Brunkhorst, Hauke/Lutz-Bachmann, Matthias et al. (Hrsg.): Recht auf Menschenrechte. Menschenrechte, Demokratie und Internationale Politik. Frankfurt a. Main, S.: 66-109.

Forst, Rainer 1999 b: Die Rechtfertigung der Gerechtigkeit. Rawls politischer Liberalismus und Habermas Diskurstheorie in der Diskussion, in: Brunkhorst, Hauke/Niesen Peter: Das Recht der Republik, Frankfurt a. Main, S.: 105-168.

Forst, Rainer 2001 a: Ethik und Moral, in: Günther, Klaus/Lutz-Wingert (Hrsg.): Die Öffentlichkeit der Vernunft und die Vernunft der Öffentlichkeit. Festschrift für Jürgen Habermas. Frankfurt a. Main, S.: 344-371.

Forst, Rainer 2001 b: Eine Theorie transnationaler Gerechtigkeit, in: Schmücker, Reinhold/Steinvorth, Ulrich (Hrsg.): Gerechtigkeit und Politik, Berlin, S.: 215-232.

Forst, Rainer 2007: Das Recht auf Rechtfertigung, Elemente einer konstruktivistischen Theorie der Gerechtigkeit, Frankfurt a. Main.

Frankenberg, Günther 1997: Die Verfassung der Republik. Autorität und Konflikt in der Zivilgesellschaft, Frankfurt a. Main.

Frankenberg, Günter 2001: Die Rückkehr des Vertrags. Überlegungen zur Verfassung der Europäischen Union, in: Günther, Klaus/Lutz-Wingert (Hrsg.): Die Öffentlichkeit der Vernunft und die Vernunft der Öffentlichkeit. Festschrift für Jürgen Habermas, Frankfurt a. Main, S.: 434-455.

Frowein, Jochen A. 1983: Die Verpflichtung erga omnes im Völkerrecht und ihre Durchsetzung, in: Bernhard, Rudolf et al. (Hrsg.): Völkerrecht als Rechtsordnung. Internationale Gerichtsbarkeit. Menschenrechte, Heidelberg, S.: 241-262.

Frowein, Jochen A. 1989: Das Staatengemeinschaftsinteresse – Probleme bei der Formulierung und Durchsetzung, in: Hailbronner, Kai (Hrsg): Staat und Völkerrechtsordnung, Festschrift für Karl Döring. Beiträge zum ausländischen Recht und Völkerrecht, S.: 219-228.

Frowein, Jochen A. 2000: Konstitutionalisierung des Völkerrechts, in: Dicke, Klaus et. al. (Hrsg.): Völkerrecht und Internationales Privatrecht in einem sich globalisierenden internationalen System – Auswirkungen der Entstaatlichung transnationaler Rechtsbeziehungen, Berichte der Deutschen Gesellschaft für Völkerrecht, Bd. 39, Heidelberg, S.: 427-447.

Fuchs, Doris A. 2007: Business Power in Global Governance, Boulder.

Geis, Anna 2005: Die Zivilmacht Deutschland und die Enttabuisierung des Militärischen, HSFK-Standpunkt Nr. 2, Frankfurt a. Main.

Gerstenberg, Oliver 1997: Bürgerrechte und deliberative Demokratie. Elemente einer pluralistischen Verfassungsordnung, Frankfurt a. Main.

Glaser, Barney G/Strauss, Anselm L.1967: The Discovery of Grounded Theory: Strategies for Qualitative Research, Aldine/Chicago.

Goodin, Robert 2003: Reflective Democracy, Oxford.

Gosepath, Stefan 1998 a: Das Verhältnis von Demokratie und Menschenrechten, in: Brunkhorst, Hauke (Hrsg.): Demokratischer Experimentalismus. Politik in der komplexen Gesellschaft. S.: 201-241.

Gosepath, Stefan 1998 b: Zu Begründungen sozialer Menschenrechte, in: Stefan Gosepath, Georg Lohmann (Hrsg.): Philosophie der Menschenrechte, Frankfurt a. Main., S.: 146-187.

Greven, Michael 2003: Sind Demokratien reformierbar? Bedarf, Bedingungen und normative Orientierungen für eine Demokratiereform, in: Offe, Claus (Hrsg.): Demokratisierung der Demokratie, Diagnosen und Reformvorschläge, Frankfurt a. Main, S.: 72-89.

Grotius, Hugo 1993: De jure belli ac pacis, Aalen.

Günther, Klaus 2001: Rechtspluralismus und universaler Code der Legalität als rechtstheoretisches Problem, in: Günther, Klaus/Lutz-Wingert (Hrsg.): Die Öffentlichkeit der Vernunft und die Vernunft der Öffentlichkeit. Festschrift für Jürgen Habermas. Frankfurt am Main, S.: 434-455.

Günther, Klaus 2009: Menschenrechte unter Bedingungen fragmentierter Staatlichkeit – Vom vertikalen zum horizontalen Verständnis der Menschenrechte, in: Deitelhoff, Nicole/Steffek, Jens (Hrsg.): Staatlichkeit ohne Staat? Chancen und Grenzen von Recht und Verfassung jenseits des Nationalstaats, Frankfurt, S.: 259-281.

Habermas, Jürgen 1981 a: Theorie des kommunikativen Handelns. Handlungsrationalität und gesellschaftliche Rationalisierung, 2 Bände, Frankfurt a. Main.

Habermas, Jürgen 1981 b: Philosophisch-politische Profile, Frankfurt a. Main, S.: 228-248.

Habermas, Jürgen 1984: Vorstudien und Ergänzungen zur Theorie des kommunikativen Handelns, Frankfurt a. Main.

Habermas, Jürgen 1991: Erläuterungen zur Diskursethik, Frankfurt a. Main.

Habermas, Jürgen 1994: Über den internen Zusammenhang von Rechtstaat und Demokratie, in: Preuß, Ulrich K. (Hrsg.): Zum Begriff der Verfassung. Die Ordnung des Politischen, Frankfurt a. Main, S.: 133-170.

Habermas, Jürgen 1997: Versöhnung durch öffentlichen Vernunftgebrauch, in: Philosophische Gesellschaft Bad Hamburg u. Hinsch, Wilfried (Hrsg.): Zur Idee des politischen Liberalismus. John Rawls in der Diskussion, Frankfurt a. Main, S.: 169-195.

Habermas, Jürgen 1998 a: Faktizität und Geltung. Beiträge zur Diskurstheorie des Rechts und des demokratischen Rechtsstaats, Frankfurt a. Main.

Habermas, Jürgen 1998 b: Die postnationale Konstellation und die Zukunft der Demokratie, in: Der.: Die postnationale Konstellation, Politische Essays, Frankfurt a. Main, S.: 65-90.

Habermas, Jürgen 1999 a: Zur Legitimation durch Menschenrechte, in: Brunkhorst; Hauke et al.: Das Recht der Republik. Frankfurt am Main, S.: 386-403.

Habermas, Jürgen 1999 b: Politischer Liberalismus – Eine Auseinandersetzung mit John Rawls, in: Ders.: Die Einbeziehung des Anderen, Frankfurt a. Main.

Habermas, Jürgen 1999 c: Der interkulturelle Diskurs über Menschenrechte, in: Brunkhorst, Hauke u. a. (Hrsg.): Recht auf Menschenrechte, Menschenrechte, Demokratie und Internationale Politik, Frankfurt a. M., S.: 216-228.

Habermas, Jürgen 2004 a: Hat die Konstitutionalisierung des Völkerrechts noch eine Chance, in: Ders.: Der gespaltene Westen, Frankfurt a. Main, S.: 113-193.

Habermas, Jürgen 2004 b: Wege aus der Unordnung, in: Blätter für deutsche und internationale Politik, Nr. 1, S.: 27-45.

Habermas, Jürgen 2005: Eine politische Verfassung für die Weltgesellschaft, in: Ders.: Zwischen Naturalismus und Religion Philosophische Aufsätze. Frankfurt, S.:324-365.

Habermas, Jürgen 2008: Konstitutionalisierung des Völkerrechts die Legitimationsprobleme einer verfassten Weltgesellschaft, in: Brugger, Winfried/Neumann, Ulfried (Hrsg.): Rechtsphilosophie im 21. Jahrhundert, Frankfurt, S.: 360-379.

Häberle, Peter 1975: Die offene Gesellschaft der Verfassungsinterpreten, in: Juristenzeitung, S.: 279-305.

Häberle, Peter 2003: Die Herausforderungen der europäischen Juristen vor den Aufgaben unserer Verfassungszukunft, in: Die Öffentliche Verwaltung, S.: 429-533.

Häberle, Peter 2008: Repräsentation in der Europäischen Union Ein Beitrag zur europäischen Verfassungslehre, Internetquelle: http://web.uniovi.es/constitucional/fundamentos/tercero/originales/Haberle.pdf., Stand 14.3. 2008.

Hanschmann, Felix 2008: Eine Rehabilitierung materialistischer Rechtstheorie, in: Kritische Justiz, Vierteljahreszeitschrift für Recht und Politik, Jg. 1, Nr. 1, S.: 82-94.

Hart, H. L. A. 1973 Der Begriff des Rechts, Frankfurt a. Main.

Held, David 1996: Kosmopolitische Demokratie, in: Lutz-Bachmann, Matthias (Hrsg.). Frieden durch Recht. Kants Friedensidee und das Problem einer neuen Weltordnung, Frankfurt a. Main, S.: 220-239.

Held, David 2004: Global Covenant: The Social Democratic Alternative to the Washington Consensus, Cambridge.

Hegel 1986: Rechtsphilosophie, Frankfurt a. Main.

Hempel, Michael 1999: Die Völkerrechtssubjektivität internationaler nichtstaatlicher Organisationen, Veröffentlichungen des Walther Schücking Instituts für Internationales Recht der Universität Kiel, Berlin.

Herb, Karl Friedrich/Hidalgo, Oliver 2006: Die Zukunft der Demokratie. Politische Herausforderungen zu Beginn des 20. Jahrhunderts, in: Das Argumente und Materialien zum Zeitgeschehen: 47, Akademie für Politik und Zeitgeschehen, Internetquelle: www.hss.de, Stand: 19.11. 2007

Hitzel-Cassagnes 2001: Geltung und Funktion Supranationale Gerichtsbarkeit im Spannungsfeld von Praktischer Rationalität, Recht und Demokratie, Baden Baden.

Hitzel-Cassagnes/Meisterhans 2009: Konstitutionalisierung des fragmentierten Weltrechts? In: Soziale Welt Sonderband, S.: 159-185.

Hobe/Kimminich 1999: Der Rechtsstatus der Nichtregierungsorganisationen nach gegenwärtigem Völkerrecht, in: Archiv des Völkerrechts, Bd. 37, S.:152-175.

Hobe/Kimminich 2004: Einführung in das Völkerrecht, 8. Auflage, Stuttgart.

Hobbes, Thomas 1996: Leviathan, Herausgegeben von Hermann Klenner, Hamburg.

Höffe, Ottfried 1999 a: Demokratie im Zeitalter Globalisierung, München.

Höffe, Ottfried 1999 b: Globalität statt Globalismus. Über eine subsidiäre und föderale Weltrepublik, in: Lutz-Bachmann, Matthias/Bohman, James (Hrsg.): Weltstaat oder Staatenwelt? Für und wider die Idee der Weltrepublik, Frankfurt a. Main, S.: 226-159.

Höffe, Ottfried 2001: Königliche Völker, Zu Kants kosmopolitischer Rechts- und Friedenstheorie, Frankfurt a. Main.

Holzleithner, Elisabeth 2008: Rechtskritik der Geschlechterverhältnisse, Emanzipation durch Recht? In: Kritische Justiz, Jg. 41, Nr. 3, S.: 251-256.

Honneth, Axel/ Joas, Hans 1981: Soziales Handeln und menschliche Natur. Anthropologische Grundlagen der Sozialwissenschaften, Frankfurt/New York.

Honneth, Axel 1986: Diskursethik und implizites Gerechtigkeitskonzept. Eine Diskussionsbemerkung, in: Kuhlmann, Wolfgang (Hrsg.): Moralität und Sittlichkeit. Das Problem Hegels und die Diskursethik, Frankfurt a. Main, S.: 183-193.

Honneth, Axel 1992: Kampf um Anerkennung, Frankfurt a. Main.

Honneth, Axel 1999: Demokratie als reflexive Kooperation, John Dewey und die Demokratietheorie der Gegenwart, in: Brunkhorst, Hauke et al.: Das Recht der Republik. Frankfurt a. Main, S.: 37-65.

Höppner, Ulrike 2004: Macht und Souveränität, Eine Kritik des Machtbegriffs in den Theorien der Internationalen Beziehungen, in: Meyer, Jörg/ Kollmorgen, Raj/Angermüller, Johannes/ Wiemann, Dirk (Hrsg.): Reflexive Repräsentationen: Diskurs, Macht und Praxis der Globalisierung, Münster, S.: 57-68.

Horn, Christoph 1996: Philosophische Argumente für einen Weltstaat, in: Allgemeine Zeitschrift für Philosophie Jg. 21, Nr. 3, S.: 229-251.

Hummrich, Christoph 2007: Faktizität ohne Geltung?, in: Herborth, Benjamin/Niesen, Peter (Hrsg.); Anarchie der kommunikativen Freiheit. Jürgen Habermas und die Theorie der internationalen Politik, Frankfurt a. Main, S.: 147-172.

International Commission on Intervention and State Souvereignity (ICISS) 2001: The Responsibility to Protect. The Report of the International Commission on Intervention and State Sovereignty, Ottawa, www.iciss.ca/menu-en.asp, Stand: 2. 9. 2008

International Law Commission (ILC) 2001: Draft articles on Responsibility of states for internationally wrongfull acts, adopted by the International Commission on Intervention at its fifty-third session, www.un.org/law/ilc, Stand: 23.10.2008

Ipsen, Knut 1990: Völkerrecht. Ein Studienbuch, 3. Auflage, München.

Jachtenfuchs, Markus 2006: Das Gewaltmonopol: Denationalisierung oder Fortbestand? In: Leibfried, Stephan/Zürn, Michael (Hrsg.):Transformation des Staates? Frankfurt a. Main, S.: 69-90.

Jellinek, Georg 1960: Allgemeine Rechtslehre, 3. Auflage, Darmstadt.

Joachim, Jutta 2002: Von Frauenrechten zu Menschenrechten: Frauenorganisationen und internationaler Wandel, in: Welttrends, Jg. 36, Nr. 3, S.: 27-43.

Joas, Hans 1989: Praktische Intersubjektivität: die Entwicklung des Werkes von George Herbert, Frankfurt a. Main.

Joerges, Christian/Neyer, Jürgen 1998: Vom intergouvernmentalen Verhandeln zur deliberativen Politik, Gründe und Chancen für eine Konstitutionalisierung der europäischen Kommitologie, in Kohler-Koch (Hrsg.): Regieren in entgrenzten Räumen, in: Politische Vierteljahreszeitschrift, Sonderheft, S.: 207-233.

Joerges, Christian 2001: Deliberative Supranationalism. A Defence, in: European Integration Online Papers, abrufbar unter: eop.or.at/eiop/texte/2001-008.htm

Joerges, C. 2005: Rethinking European Law's Supremacy: A Plea for a Supranational Conflict of Law, EUI WP Law 2005/2.

Kaleck, Wolfgang 2008: Der Kampf um transnationale Gerechtigkeit. Neue Chancen für die Menschenrechtsbewegung, in: Kritische Justiz, Jg. 41, Nr. 3, S.: 284-289.

Kaleck, Wolfgang / Saage-Maaß, Miriam 2008: Transnationale Unternehmen vor Gericht. Über die Gefährdung der Menschenrechte durch europäische Firmen in Lateinamerika, in: Heinrich Böll Stiftung (Hrsg.), Band 4 der Reihe Demokratie

Kalthegener, Regina 2007: International verbriefte Frauenrechte – Sind Menschenrechte auch Frauenrechte? 2. überarbeitete Fassung Mai 2007, veröffentlicht in dem Frauenkalender 2008 und auf der Homepage des Vereins TERRE DES FEMMES, Internetquelle: http://www.kanzlei-kalthegener.de/pdf/kalthegener-verbriefte-frauenrechte07.pdf, Stand: 18. 9. 2007

Kant, Immanuel 1974: Kritik der praktischen Vernunft. Grundlegung zur Metaphysik der Sitten. Herausgegeben von Wilhelm Weischedel, Werkausgabe VII., Frankfurt a. Main.

Kant, Immanuel 1995 a: Kritik der reinen Vernunft 1., Herausgegeben von Wilhelm Weischedel, Werkausgabe III., Frankfurt a. Main.

Kant, Immanuel 1995 b: Kritik der reinen Vernunft 2., Herausgegeben von Wilhelm Weischedel, Werkausgabe Band III, Frankfurt a. Main.

Kant, Immanuel 1996 a: Schriften zur Anthropologie, Geschichtsphilosophie, Politik und Pädagogik 1. Herausgegeben von Wilhelm Weischedel, Werkausgabe XI., Frankfurt a. Main.

Kant, Immanuel 1996 b: Die Metaphysik der Sitten. Herausgegeben von Wilhelm Weischedel, Werkausgabe VIII., Frankfurt a. Main.

Keller, Monika 2005: Moralentwicklung und moralische Sozialisation, in: D. Horster/Oelkers, J.: Pädagogik und Ethik, Wiesbaden, S.:149-172.

Kelsen, Hans 1928: Das Problem der Souveränität und die Theorie des Völkerrechts, Tübingen.

Kelsen, Hans 1933: Staatsreform und Weltanschauung, in: Ders.: Demokratie und Sozialismus, Wien.

Kelsen, Hans 1963: Vom Wesen und Wert der Demokratie. Neudruck der 2. Auflage von 1929, Bad Homburg.

Kelsen, Hans 1992: Reine Rechtslehre, Wien.

Kennedy, David 2002: The International Human Rights Movement: Part of the Problem? Harvard Human Rights Journal, Band 15, S.: 15-99.

Kennedy David 2005: The Darker Side of Virtue: Reassesing International Humanitarism, Princeton.

Keohane, Robert 1993: The Analysis of International Regimes, Towards a European and American Research-Programme, in: Mayer, Peter et al. (Hrsg.): Regimetheory and International Relations, Oxford, S.: 23-45.

Kersting, Wolfgang 1993: Wohlgeordnete Freiheit. Immanuel Kants Rechts- und Staatsphilosophie, Frankfurt a. Main.

Kersting, Wolfgang 1996: Die politische Philosophie des Gesellschaftsvertrags, Darmstadt.

Kettner, Matthias 2002: Menschenwürde und Interkulturalität. Ein Beitrag zur diskursiven Konzeption von Menschenrechten, in: Niesen, Peter/Schomberg, Rene´ (Hrsg.): Zwischen Recht und Moral: Neuere Ansätze zur Rechts- und Demokratietheorie. Mit Grundtexten von Karl-Otto Apel und Ingeborg Maus, Münster, S.:177-220.

Koh, Harold Hongju 2000: Complementarity between International Organisations and human rights. The rise of transnational networks and the third globalization, in: Human Rights Law Journal 21, S.: 307-111.

Kokott, Juliane 1999: Der Schutz der Menschenrechte im Völkerrecht, in: Lutz-Bachmann, Matthias et al. (Hrsg.): Recht auf Menschenrechte. Menschenrechten, Demokratie und internationale Politik, Frankfurt a. Main, S.: 176–198.

Koller, Peter 1999: Die Internationalisierung der Menschenrechte und die Grenzen staatlicher Souveränität, in: Brunkhorst, Hauke et al. (Hrsg.): Recht auf Menschenrechte. Menschenrechten, Demokratie und internationale Politik, Frankfurt a. Main, S.: 228-245.

Kollman, Kelly 2008: The regulatory Power of Business Norms: a call for a new research agenda, in: International Studies Review, Jg. 10, Nr. 3, S.: 397-419.

Kosellek, Reinhart 2006: Begriffsgeschichten, Frankfurt a. Main.

Koskenniemi, Martti 2001: The gentle civilizer of Nations: The rise and fall of international law 1870-1960, Cambridge.

Koskenniemi, Martti: 2005: International Law as Therapy: Reading The Health of Nations, in: European Journal of International Law, Band 16, Nr. 2, S.: 329-341.

Koskenniemi, Martti 2008 a: International Law: Between Fragmentation and Constitutionalism, Internetquelle (http://cigj.anu.edu.au/cigj/link_documents/KoskenniemiPaper.pdf, Stand 25. 10 2008.

Koskenniemi, Marti 2008 b: Formalismus, Fragmentierung, Freiheit. Kantische Themen im heutigen Völkerrecht, in: Kreide, Regine/Niederberger, Andreas (Hrsg.): Transnationale Verrechtlichung, Nationale Demokratien im Kontext globaler Politik, Frankfurt a. Main/New York, S.: 65-89.

Kreide, Regina 2005: Deliberation or Negation? Remarks on the Justice of Global and Regional Human Rights Agreements, in: Pogge, Thomas/Follesdal, Andreas (Hrsg.): Real World Justice. Grounds, Principles, Human Rights and Social Institutions, Dordrecht.

Kreide, Regine 2008: Globale Politik und Menschenrechte. Macht und Ohnmacht eines politischen Instruments, Frankfurt a. Main.

Kreide,Regine/Niederberger, Andreas (Hrsg.) 2008: Transnationale Verrechtlichung, Nationale Demokratien im Kontext globaler Politik, Frankfurt a. Main/New York.

Laclau, Ernesto 1991: Hegemonie und radikale Demokratie. Zur Dekonstruktion des Marxismus, Wien.

Lamore, Charles 1993: Die Wurzeln radikaler Demokratie, in: Deutsche Zeitschrift für Philosophie Nr. 41, S.: 321-327.

Leibfried, Stephan/Zürn, Michael 2006: Von der nationalen zur postnationalen Konstellation, in: Ders.: Transformation des Staates? Frankfurt a. Main, S.: 19-68.

Lehners, Jean-Paul 2009: Gleich, aber doch verschieden? Ein Beitrag zur Frage der Frauenrechte am Ende des 18.Jahrhunderts am Beispiel Olymp de Gouges, S.: 89-107.

Levy, Daniel/ Sznaider, Natan 2006: Sovereignty transformed: a sociology of human rights, in: The British Journal of Sociology 57: 4, S.: 657-676.

Lohmann, Georg 1998: Menschenrechte zwischen Moral und Recht, in: Lohmann, Georg/Gosepath (Hrsg.): Philosophie der Menschenrechte, Frankfurt a. Main, S.: 62-95.

Luhmann, Niklas 1986: Die Weltgesellschaft, in: ders. (Hrsg.), Soziologische Aufklärung, Band 2, Aufsätze zu Theorie der Gesellschaft, 3. Auflage, Opladen.

Luhmann, Niklas 1993: Das Recht der Gesellschaft, Frankfurt a. Main.

Luhmann, Niklas 1997: Die Gesellschaft der Gesellschaft, Frankfurt a. Main.

Luhmann, Niklas 2000: Die Politik der Gesellschaft, Frankfurt a. Main.

Lutz-Bachmann, Matthias 1996: Kants Friedensidee und das rechtsphilosophische Konzept einer Weltrepublik, in: Ders. (Hrsg.): Frieden durch Recht. Kants Friedensidee und das Problem einer neuen Weltordnung, Frankfurt a. Main. S.: 25-44.

Lutz-Bachmann, Matthias 1999: Weltstaatlichkeit und Menschenrechte nach dem Ende des überlieferten Nationalstaats, In: Brunkhorst, Hauke et al. (Hrsg.): Recht auf Menschenrechte. Menschenrechte, Demokratie und internationale Politik, Frankfurt a. Main, S.: 199-215.

Lutz-Bachmann, Matthias 2002: Weltweiter Friede durch eine Weltrepublik? Probleme internationaler Friedenssicherung, in: Weltstaat oder Staatenwelt? Für und wider die Idee einer Weltrepublik, S.: 8-31.

Maihofer, Andrea 2009: Dialektik der Aufklärung. Die Entstehung der modernen Gleichheitsidee, des Diskurses der qualitativen Geschlechterdifferenz und der Rassentheorie, in: Zeitschrift für Menschenrechte, Jg. 1., Nr. 1, S.: 20-36.

Mall, Ram Adahr 2000: Die Morphologie einer Weltkultur. In: Senghaas, Dieter (Hrsg.): Frieden machen, Frankfurt a. Main, S.: 324-323.

Märker, Alfredo 2004: UNO und Völkerrecht in der Weltordnungskrise, in: Aus Politik und Zeitgeschichte, 43, S.: 3-13.

Marti, Urs 2006: Demokratie und Gesetzgebung im Prozess der Globalisierung, in: Herb, Karlfriedrich/Hidalgo, Oliver (Hrsg.): Die Zukunft der Demokratie, Politische Herausforderungen zu Beginn der 21. Jahrhunderts, Argumente und Materialien zur Zeitgeschichte, 47, S.: 23-39.

Maus, Ingeborg 1992: Zur Aufklärung der Demokratietheorie, Rechts- und demokratietheoretische Überlegungen in Anschluss an Kant, Frankfurt a. Main.

Maus, Ingeborg 2002 a: Vom Nationalstaat zum Globalstaat oder: der Niedergang der Demokratie, in: Lutz-Bachmann, Matthias/Bohman, James (Hrsg.): Weltstaat oder Staatenwelt: Für und wider die Idee der Weltrepublik, Frankfurt, S.: 226-159.

Maus, Ingeborg 2002 b: Freiheitsrechte und Volkssouveränität, Zu Jürgen Habermas' Konstruktion des Systems der Rechte, in: Niesen, Peter /Schomberg, Rene´ (Hrsg.): Zwischen Recht und Moral: Neuere Ansätze zur Rechts- und Demokratietheorie. Mit Grundtexten von Karl-Otto Apel und Ingeborg Maus, Münster, S.: 221-206.

Maus, Ingeborg 2007: Verfassung oder Vertrag? Zur Verrechtlichung globaler Politik, in: Herborth, Benjamin/ Niesen, Peter (Hrsg.): Anarchie der kommunikativen Freiheit, Jürgen Habermas und die Theorie internationaler Politik, Frankfurt a. Main, S.: 350-382.

Mayer, Peter 2004: Verantwortungsethische Grenzen der Verrechtlichung? Zur realistischen Kritik des Legalismus in den Internationalen Beziehungen, in: Zangl, Bernhard/ Zürn, Michael (Hrsg.): Verrechtlichung als Baustein von Global Governance? Bonn, S.: 220- 238.

Mayer, Peter/ Hasenclever, Andreas/ Rittberger, Volker 1997: Regime Theory and International Relations, Oxford.

Mayntz, Beate 1993: Policy-Netzwerke und die Logik von Verhandlungssystemen, in: Héritier, Adrienne (Hrsg.): Policy-Analyse. Elemente der Kritik und Perspektiven der Neuorientierung, Politische Vierteljahreszeitschrift Nr. 34. S.: 39-56.

McIntyre, A. 1985: Verlust der Tugend. Zur moralischen Krise der Gegenwart. Frankfurt a. Main.

Mead, George Herbert 1973: Geist, Identität und Gesellschaft, Frankfurt a. Main.

Mead, George Herbert 1983 a: Die soziale Identität, in: Gesammelte Aufsätze, Bd. 1., herausgegeben von Hans Joas, Frankfurt a. Main, S.: 243-249.

Mead, George Herbert 1983 b: Die philosophische Grundlage der Ethik, in: Gesammelte Aufsätze, Bd. 1., herausgegeben von Hans Joas, Frankfurt a. Main, S.: 357-370.

Mead, George Herbert 1983 c: Die Genesis der Identität und die soziale Kontrolle, in: Gesammelte Aufsätze, herausgegeben von Hans Joas, Bd. 1, Frankfurt a. Main, S.: 299-328.

Mead, George Herbert 1983 d: Eine pragmatische Theorie der Wahrheit, in: Gesammelte Aufsätze, herausgegeben von Hans Joas, Bd. 2., Frankfurt a. Main, S.: 185-210.

Meisterhans, Nadja 2004: Frieden durch die kantische Idee des Weltbürgerrechts? Zur rechtsmoralischen Konstitution einer globalen Friedensordnung, in: Berliner Debatte Initial, Jg. 14, Nr.15, S.: 103-111.

Meisterhans, Nadja 2008: Menschenrechte und Demokratie – eine kosmopolitische Perspektive, in: Zeitschrift für Menschenrechte Nr. 2, S.: 26-44 (mit Franziska Martinsen und Rainer Schmalz-Bruns).

Meisterhans, Nadja 2009: Konstitutionalisierungsperspektiven des fragmentierten Weltrechts. In: Hauke Brunkhorst (Hg.), Demokratie in der Weltgesellschaft (Soziale Welt Sonderband Nr. 18), S.:159-184 (zusammen mit Tanja Hitzel-Cassagnes), erscheint außerdem in einem von der S. Fischer-Stiftung unterstützten Sonderband zur Globalisierung in der montenegrische Zeitschrift PLIMA

Meisterhans, Nadja 2009: Menschenrechte ohne den Staat? Zur Notwendigkeit postnationaler Grundrechte, in: Deitelhoff, Nicole/Steffek, Jens (Hrsg.): Was bleibt vom Staat? Demokratie, Verfassung und Recht im globalen Zeitalter, Frankfurt a. Main: Campus, S.281-308.

Meisterhans, Nadja 2010: Normativität und Narration, in: Kritische Justiz, Heftnr.1., S.: 22-28.

Merten, Detlef 2003: Rule of Law am Scheideweg von der nationalen zur internationalen Ebene, in: Zeitschrift für öffentliches Recht, Bd. 58, S.: 1-19.

Messner, Dirk/Nuscher, Franz 2002: Global Governance, Herausforderungen and der Schwelle zum 21. Jahrhundert, in: Senghaas, Dieter (Hrsg.): Frieden machen, Frankfurt a. Main, S.: 337-361.

Michelmann, Frank 1999: Bedürfen Menschenrechte demokratischer Legitimation? In: Brunkhorst, Hauke et al. (Hrsg.): Recht auf Menschenrechte, Frankfurt a. Main, S.: 52-65.

Mohr, Georg 1997: Der Begriff der Rechtskultur als Grundbegriff einer pluralistischen Rechtsphilosophie, in: Falkenburg, Susanne/Hauser, Brigitte (Hrsg.): Modelldenken in den Wissenschaften, in: Dialektik 1, Hamburg, S. 35-40.

Morgenthau, Hans 1948: Politics among Nations, New York.

Mosler, Hans 1980: The International Society as a Legal Community, Alphen a. a. Rijin, S.: 938-939.

Münkler, Herfried 2005: Imperien, Die Logik der Weltherrschaft – vom Alten Rom bis zu den Vereinigten Staaten, Berlin.

Muldoon, Paul 2008: The Moral Legitimacy of Anger, in: European Journal of Social Theory, S.: 299-341.

Müller, Harald 2005: Kosmopolitische Demokratie: Ein Weltkriegsprogramm Papier für das Panel „Normative und empirisch-analytische Theorie in den deutschen IB: Integration statt gelegentliche Grenzüberschreitung" bei der Tagung der DVPW-Sektion „Internationale Politik", Mannheim, 6.7. Oktober 2005, S.: 1-73.

Müller, Harald 2006: Kants Schurkenstaat: Der „ungerechte Feind" und die Selbstermächtigung zum Kriege, in: Geis, Anna (Hrsg.): Den Krieg überdenken. Kriegsbegriffe und Kriegstheorien in der Kontroverse, Baden-Baden, S.: 229-251.

Müller, Harald 2008: Parlamentarisierung der Weltpolitik - Ein skeptischer Warnruf, in: Kreide, Regina/Niederberger, Andreas (Hrsg.): Nationale Demokratien im Kontext globaler Politik, Frankfurt a. Main, S.:137-159.

Nanz, Patrizia/Steffek, Jens 2007: Zivilgesellschaftliche Partizipation und die Demokratisierung internationalen Regierens; In: Peter Niesen/Benjamin Herborth (Hrsg.): Anarchie der kommunikativen Freiheit. Frankfurt a. Main, S.: 87-110.

Niederberger, Andreas 2006: Demokratie der Weltgesellschaft? Einige Überlegungen zu den normativen Grundlagen politischer Ordnungen und ihrer globalen Realisierung, in: Mondialisierungen, Globalisierung im Lichte transdisziplinarer Reflexionen, Bielefeld, S.: 183-200.

Niederberger, Andreas 2007: Politisierung des Rechts oder Verrechtlichung und Demokratisierung der Politik? Zum Beitrag der Dekonstruktion zu einer Theorie von Demokratie und Recht in der Weltgesellschaft.
in: Andreas Niederberger, Markus Wolf (Hrsg.): Dekonstruktion und Politik, Politische Theorie und Philosophie im Anschluss an Jacques Derrida, Bielefeld, S.: 143-164.

Niederberger, Andreas 2008: Konstitutionalismus und Globale Gerechtigkeit in der Theorie transnationaler Demokratie; in: Kreide, Regine/Niederberger, Andreas (Hrsg.) 2008: Transnationale Verrechtlichung, Nationale Demokratien im Kontext globaler Politik, Frankfurt a. Main/New York, S.: 183-208.

Niesen, Peter 2002: Legitimität und Moralität. Habermas und Maus über das Verhältnis zwischen Recht und Moral, in: Niesen, Peter/Schomberg, Rene´ (Hrsg.): Zwischen Recht und Moral: Neuere Ansätze zur Rechts- und Demokratietheorie. Mit Grundtexten von Karl-Otto Apel und Ingeborg Maus, Münster, S.: 16-61.

Niesen, Peter 2005: Kants Theorie der Redefreiheit, Baden-Baden.

Niesen, Peter 2006: Deliberation ohne Demokratie? Zur Konstruktion von Legitimität jenseits des Nationalstaats. Internetquelle: www.politikwissenschaft.tu-darmstadt.de/fileadmin/pg/lehrveranstaltungen/WS0607/Niesen/Deliber-ationohneDemokratie.pdf, Stand 20.2. 2007.

Niesen, Peter 2007: Anarchie der kommunikativen Freiheit – ein Problemaufriss, in: Herborth/Niesen (Hrsg.): Anarchie der kommunikativen Freiheit, Jürgen Habermas und die Theorie der Internationalen Politik, Frankfurt a. Main, S.: 7-25.

Nowrot, Karsten 2004: Nun sag' wie hast du's mit den Global Players? Fragen an die Völkerrechtsgemeinschaft zur internationalen Rechtsstellung transnationaler Unternehmen, in: Friedenswarte Nr. 79, 1-2/2004, S.: 130-133

Nowrot, Karsten 2008: 60 Jahre allgemeine Menschenrechtserklärung. Stand und Perspektiven der völkerrechtlichen Rahmenbedingungen einer menschenrechtlichen Unternehmerverantwortung, in: Policy Papers on Transnational Economic Law, Nr. 30, S.: 1-10.

Nussbaum, Martha 2000: Emotionen und Ursprung der Moral, in: Nunnner-Winkler, Gertrud/ Edelstein, Wolfgang. (Hrsg.): Moral im sozialen Kontext, Frankfurt a. Main, S.: 82-115.

Oeter, Stephan 2004: Chancen und Defizite internationaler Verrechtlichung: Was das Recht jenseits des Nationalstaats leisten kann, in: Zangl, Bernhard/Zürn, Michael (Hrsg.): Verrechtlichung – Baustein für Global Governance? Dietz, S.: 46-42.

Paech, Norman 2001: Grundlagen einer Global Governace, Gutachten für die Arbeitsgruppe „Global Governance“ der Enquete-Komission „Globalisierung der Weltwirtschaft, AU Stud 14/14.

Paech, Norman 2004: Epochenwechsel im Völkerrecht? Über die Auswirkungen der jüngsten Kriege und das UNO-Friedenssystem, in: Aus Politik und Zeitgeschichte, S.: 21-29.

Parrekh, Bhikku 1999: Non-ethnocentric Universalism, in: Wheeler, Nick/ Dunn, Tim (Hrsg.): Human Rights in global Politics, Cambridge, S.: 128-159.

Paulus, Andreas 2001: Die internationale Gemeinschaft im Völkerrecht, München

Peters, Bernhard 1994: Der Sinn für Öffentlichkeit. Kölner Zeitschrift für Soziologie und Sozialpsychologie, Sonderheft, S.: 42-76.

Pettit, Philip 1997: A Theory of Freedom and Government, Oxford.

Piaget, Jean 1972 a: Die Entwicklung des Erkennens, Stuttgart.

Piaget, Jean 1972 b. Psychologie der Intelligenz, Freiburg.

Piaget, Jean 2003: Meine Theorien geistiger Entwicklung, Weinheim, Basel.

Pogge, Thomas 1998: Menschenrechte als moralische Ansprüche an globale Institutionen, in: Gosepath, Stefan/Lohmann, Georg (Hrsg.): Philosophie der Menschenrechte, Frankfurt a. Main, S.: 378-400.

Pogge, Thomas 2002: Kosmopolitismus und Souveränität, in: Lutz-Bachmann, Matthias/ Bohman,James (Hrsg.): Weltrepublik oder Staatenwelt. Für und wider der Weltrepublik, Frankfurt a. Main, S.: 125-171.

Preuß, Ulrich K. 1998: Die Bedeutung kognitiver und moralischer Lernfähigkeit für die Demokratie, in: Offe, Klaus (Hrsg.): Demokratisierung der Demokratie, Frankfurt a. Main, S.: 259-280.

Radbruch, Gustav 2003 a: Rechtsphilosophie, Herausgegeben von Paulson, Stanley/Dreier, Ralf, Studienausgabe, Heidelberg.

Radbruch, Gustav 2003 b (Original 1946): Gesetzliches Unrecht und übergesetzliches Recht, in: Rechtsphilosophie, herausgegeben von Paulson, Stanley/ Dreier, Ralf, Studienausgabe, Heidelberg.

Rathgeber, Theodor 2009: Deutschlands Menschenrechtslage auf dem Prüfstand der UNO. Die Universal Periodic Review im UN-Menschenrechsrat, in: Zeitschrift für Menschenrechte, Jg. 3, Nr.1, S.: 130-145.

Rawls, John 1972: Theory of Justice, Oxford.

Rawls, John 1992: Law of the Peoples, Oxford.

Rawls, John 1998: Politischer Liberalismus, Frankfurt a. Main.

Riedel, Eibe 2003: Die Universalität der Menschenrechte, Berlin.

Rorty, Richard 1989: Kontingenz, Ironie und Solidarität, Frankfurt a. Main.

Rorty, Richard 1994: Eine Einführung in die pragmatische Theorie, Wien.

Rorty, Richard 1998: Human Rights, Rationality, and Sentiments, in Ders.: Truth and Progress, Philosophical Papers, Volume 3, Cambridge.

Rorty, Richard 2001: Erwiderungen auf Hauke Brunkhorst, in: Schäfer, Thomas/Tietz, Udo/Zill, Rüdiger (Hrsg.): Hinter den Spiegeln. Zur Philosophie Richard Rortys, Frankfurt a. Main, S.: 107-113.

Rorty, Richard 2008: Philosophie als Kulturpolitik, Frankfurt a. Main.

Rosa, Hartmut 1998: Zur Grammatik moralischer Konflikte, in: Giegel, Hans-Joachim (Hrsg.): Konflikte in der modernen Gesellschaft, Frankfurt a. Main.

Rosenau, James N. 1992: Citizenship in a changing global order. In: Ders. et al. Governance without government. Cambridge.

Ruggie; John G. 2007: State Responsibilities to Regulate and Adjudicate Corporate Activities under the United Nations' core Human Rights Treaties. Prepared for the mandate of the Special Representative of the United Nations Secretary-General (SRSG) on the issue of human rights and transnational corporations and other business enterprises

Ruppert, Uta 2000: Global Governance? Das Ende der Illusion oder ein neues Ideal internationaler Frauenpolitik, in: Holland-Cunz, Barbara/ Ruppert, Uta (Hrsg.): Frauenpoltische Chancen globaler Politik Verhandlungserfahrungen im internationalen Kontext, Opladen.

Ruppert, Uta 2009: FrauenMenschenrechte in der internationalen Politik, in: Zeitschrift für Menschenrechte. Jg. 3, Nr.1, S.: 130-145.

Sacriste, Guillaume, Vauchez, Antoine 2007: The force of international law: Lawyers. Diplomacy on the International Scene in the 1920s', in: Law and Social Inquiry 32: 1, S.: 83-107.

Sandel, Michael 1982: Liberalism and its Limits of Justice, Cambridge.

Sandkühler, Hans Jörg 2004: Pluralism, Cultures of Knowledge, Transculturality, and Fundamental Rights in: Lim, Hong-Bim/Sandkühler, Hans Jörg (Hrsg.): Transculturality and Epistemology, Ethics and Politics, Frankfurt a. M., S.: 79-99.

Scharpf, Fritz W. 1999: Regieren in Europa. Effektiv und demokratisch? Frankfurt a. Main.

Shaw, Martin 2000: Theory of the Global State, Globality as an Unfinished Revolution, Cambridge.

Scheuermann, William E 2002: Cosmopolitan Democracy and the Rule of Law, in; Ratio Juris, Band 15, S.: 439-457.

Schulz, Reinhard 2001: Nietzsche und Rorty. Zwei Metaphysikoppositionen, in: Reschke, Renate (Hrsg.): Zeitenwende, Wertewende. Internationaler Kongreß zum 100. Todestag Friedrich Nietzsches, Sonderband 1., Berlin, S.: 165-169.

Schmalz-Bruns 1999: Deliberativer Supranationalismus: Demokratisches Regieren jenseits des Nationalstaats, in: Zeitschrift für internationale Beziehungen, 6:2. S.: 185-244.

Schmalz-Bruns 2002: Demokratisierung der Europäischen – oder Europäisierung der Demokratie jenseits des Nationalstaats, in: Weltstaat und Staatenwelt. Für und wider die Idee einer Weltrepublik, Frankfurt a. Main, S.: 260-307.

Schmalz-Bruns 2007: An den Grenzen der Entstaatlichung: Bemerkungen zu Habermas Modell einer „Weltinnenpolitik ohne Weltregierungen", im Erscheinen: in: Herborth, Benjamin/Niesen, Peter (Hrsg.): Anarchie der kommunikativen Freiheit. Jürgen Habermas und die Theorie der Internationalen Politik, Frankfurt, S.: 269-293.

Schmitt, Carl 1987: Der Begriff des Politischen, Berlin.

Schmitt, Carl 1954: Verfassungslehre, Berlin.

Schmitt, Carl 1971: Legalität und Legitimität, in: Verfassungsrechtliche Aufsätze. 2.Auflage. Berlin.

Schmitt, Carl 1991: Völkerrechtliche Großraumordnung, Berlin.

Schorlemer von, Sabine 2001: Internationales Strafrecht, in: Graf Ballestrem, Karl (Hrsrg.): Internationale Gerechtigkeit, Opladen, S.: 261-223.

Shore, Chris 2006: Government without statehood? Anthropological Perspectives on Governance and Sovereignity in the European Union, European Law Journal, Band12, Nr. 6, S.: 709-720.

Shute, Henry 1998: Menschenrechte und kulturelle Differenz, in: Gosepath, Stefan/Lohmann, Georg (Hrsg.): Philosophie der Menschenrechte, Frankfurt a. Main, S.: 342-377.

Simma, Bruno 1995: From Bilateralism to Community Interest in International Law, RdC 250.

Slaughter, Anne Marie 2004: Disaggregated Sovereignty: Towards the Public Accountability of Global Government Networks, Government and Opposition, Jg. 39, Nr. 2, S.: 159-190.

Steiger, Heinhard 1999: Brauchen wir eine universale Theorie für eine völkerrechtliche Positivierung der Menschenrechte? Lutz-Bachmann, Matthias et al. in: Recht auf Menschenrechte. Menschenrechte, Demokratie und internationale Politik, Frankfurt a. Main, S.: 140-169.

Stichweh, Rudolph 2007: Dimensionen des Weltstaats im System der Weltpolitik, in: Weltstaatlichkeit, Beobachtungen globaler politischer Strukturbildung, Baden Baden, S.: 25-36.

Take, Ingo 2001: NGOs – Protagonisten der Weltgesellschaft? Strategien und Ebenen ihrer Einflussnahme auf die internationalen Beziehungen. In Calließ, Jörg (Hrsg.): Barfuß auf diplomatischem Parkett. Die Nichtregierungsorganisationen in der Weltpolitik. Loccumer Protokolle, Loccum, 9: 97, S.: 27-45.

Taylor, Charles 1975: Erläuterung und Interpretation in den Wissenschaften vom Menschen, Frankfurt a. Main., S.: 154-219.

Taylor, Charles 1986: Sprache und Gesellschaft. In: Honnteh, Axel (Hrsg.): Kommunikatives Handeln. Beiträge zu Habermas' Theorie des kommunikativen Handelns, Frankfurt a. Main, S.: 177-216.

Taylor, Charles 1992: Hegel: History and Politics, in: Sandel Michael (Hrsg.): Liberals and its Critiques, London, S.: 45-78.

Taylor, Charles 1995 a: Das Unbehagen an der Moderne, Frankfurt a. Main.

Taylor, Charles 1995 b: The Politics of Recognition, in: Taylor, Charles: Philosophical Arguments, Cambridge, S.: 225-256.

Taylor, Charles 1996: Quellen des Selbst, Frankfurt a. Main.

Teubner, Gunther 1999: Polykorporatismus: Der Staat als Netzwerk öffentlicher und privater Kollektivakteure, in: Brunkhorst, Hauke/Niesen, Peter (Hrsg.): Frankfurt a. Main, S.: 346-368.

Teubner, Gunther 2000: Privatregimes: Neospontanes Recht und duale Spontanverfassung in der Weltgesellschaft? In: Simon, Dieter/Weiss, Manfred (Hrsg.): Zur Autonomie des Individuums. Liber Amicorom Spiros Simitis, Baden Baden, S.: 437-453.

Teubner, Gunther 2003: Globale Zivilverfassung: Alternativen zur staatszentrierten Verfassungstheorie, in: Zeitschrift für ausländisches öffentliches Recht und Völkerrecht, Nr. 63, S.:1-28

Teubner, Gunther 2005 a: Expertise als soziale Institution: Die Internalisierung Dritter in den Vertrag, in: Gert Brüggemeier (Hrsg.) Liber Amicorum: Eike Schmidt zum 65. Geburtstag, Heidelberg, S.: 303-334.

Teubner, Gunther 2005 b: Codes of Conduct multinationaler Unternehmen: Unternehmensverfassung jenseits von Corporate Governance und Mitbestimmung. In: Höland, Armin/Hohmann-Dennhardt, Christine/Schmidt, Marlene/Seifert Achim (Hrsg.): Arbeitnehmermitwirkung in einer sich globalisierenden Arbeitswelt, Liber Amicorum: Manfred Weiss, Berlin, S.:109-117.

Teubner, Gunther 2006: The Anonymous Matrix: Human Rights Violations by "Private" Transnational Actors, in: Modern Law Review, Band 69, S.: 327-346

Teubner, Gunther 2007: Selbstsubversive Gerechtigkeit: Kontingenz- oder

Transzendenzformel des Rechts? in: Internetquelle: www.jura.uni-frankfurt.de/fb/fb01/ifawz1/teubner/dokumente/Gerechtigkeit_2007.pdf, Stand 23.8.2008

Tietz, Udo 2001: Das *prinziple of charity*, und die ethnozentrische Unterbestimmung der hermeneutischen Vernunft, in: Schäfer, Udo/ Tietz, Udo/Zoll Rüdiger (Hrsg.): Hinter den Spiegeln, Beiträge zur Philosophie Richard Rortys, Frankfurt a. Main, S.:. 77-106.

Tietze, Anja 2008: Frauenrechte – Herausbildung, normative Reichweite, Geltung und Durchsetzung, in: Bericht des Nürnberger Menschenrechtszentrums,., Internetquelle: www.menschenrechte.org, Stand: 12.5.2009, S.: 1-27.

Tomuschat, Christian 1993: Obligations arising for State with or without their will, Recueil des Cours (1993) IV, Hague Academy of International Law, Band 241, S.: 209-240.

Tomuschat, Christian 1995: Die Internationale Gemeinschaft, Archiv des Völkerrechts, 33, S.: 1-20

Tugendhat, Ernst 1993: Vorlesungen über Ethik. Frankfurt a. Main.

Tugendhat, Ernst 2007: Anthropologie statt Metaphysik, München.

Uerpmann, Robert 2001: Internationales Verfassungsrecht, in: Juristen Zeitung, Jg.. 52, Nr. 6, S.: 565-616.

Vattel, E. de, 1959, Das Völkerrecht oder Grundsätze des Naturrechts. Tübingen: Mohr Siebeck.

Verlage, Christoph 2009: Responsibility to Protect. Ein neuer Ansatz im Völkerrecht zur Verhinderung von Völkermord, Kriegsverbrechen und Verbrechen gegen die Menschlichkeit, Tübingen.

Verdross, Alfred 1926: Die Verfassung der Völkerrechtsgemeinschaft, Wien/Berlin.

Wahl, Peter 1997: Mythos und Realität internationaler Zivilgesellschaft. Zu den Perspektiven globaler Vernetzung von Nichtregierungsorganisationen. In: Alvater, Elmar et al. (Hrsg.): Vernetzt und verstrickt. Nichtregierungsorganisationen als gesellschaftliche Produktivkraft, Münster, S.: 286-308.

Walzer, Michael 1990: Nation and Universe, Grethe. B. Peterson (Hrsg), in: The Tanner Lectures on Human Values, Band XI, Salt Lake City, S.: 1-50.

Walzer, Michael 1992: Sphären der Gerechtigkeit. Ein Plädoyer für Pluralität und Gleichheit. Frankfurt a. Main/New York.

Walzer, Michael 1996: Lokale Kritik – globale Standards. Zwei Formen moralischer Auseinandersetzung, Hamburg.

Waltz, Kenneth 1979: Theories of International Relations. Reading.

Watts, Arthur 1993: The international Rule of Law, German Yearbook of International Law, Band 36, Berlin, S.: 15–45.

Weber, Max 1951: Gesammelte Aufsätze zur Wissenschaftslehre, Tübingen.

Weil, Prosper 1983: Towards relative Normativity in International Law?, in American Journal of International Law, Band 77, Nr. 3, S.: 413-442.

Weiß, Norman 1996 a: Einführung in den Individualrechtsschutz nach dem Internationalen Pakt über bürgerliche und politische Rechte, in: Menschenrechtsmagazin, Nr. 1, S.: 7-11.

Weiß, Norman 1996 b: Einführung in die „UN-Non-Treaty Procedures“ –Menschenrechtsverfahren der Vereinten Nationen, die nicht auf Verträgen basieren, in: Menschenrechtsmagazin, Nr. 4, S.: 6-11.

Willke, Helmut 1992: Ironie des Staates, Frankfurt a. Main.

Willke, Helmut 1998: Soziologische Aufklärung der Systemtheorie, in H. Brunkhorst, ed., Demokratischer Experimentalismus, Frankfurt a. Main, S.:13-32.

Wendt, Alexander 2003: Why a World State is Inevitable", European Journal of International Relations, Band 9, Nr. 4, S.: 491-542.

Wolf, Klaus-Dieter 2000: Die neue Staatsraison - Zwischenstaatliche Kooperation als Demokratieproblem in der Weltgesellschaft, Baden-Baden.

Wolprecht, Karola 2001: Frauenrechte und Völkerrecht, in: Forum Recht Online. Heftnr. 2., Internetquelle: http://www.forum-recht-online.de/2001/201/201wolprecht.htm, S.: 1-4, Stand: 23.2.2007.

Zangl, Bernhard 2006: Das Entstehen internationaler Rechtsstaatlichkeit, in: Leibfried, Stephan/Zürn, Michael (Hrsg.): Transformation des Staates, Frankfurt a. Main, S.: 123-150.

Zangl, Bernhard/List, Martin 2003: Verrechtlichung internationaler Politik, in: Hellmann, Gunther/ Wolf, Klaus (Hrsg.): Die neuen Internationalen Beziehungen, Forschungsstand und Perspektiven in Deutschland, Baden Baden, S.: 361-399.

Zangl, Bernhard/Zürn, Michael 1999: Weltpolizei oder Weltinterventionsgericht? Zur Zivilisierung der Konfliktbearbeitung, in: Internationale Politik, Heft 8, S.: 17-24.

Zangl, Bernhard/Zürn, Michael 2004 a: Make Law, Not War: Internationale und transnationale Verrechtlichung als Baustein für Global Governance, in: Ders. (Hrsg.): Internationale Verrechtlichung - ein Baustein für Global Governance? Bonn, S.: 13-45.

Zangl, Bernhard/Zürn, Michael 2004 b: Verrechtlichung jenseits des Nationalstaats – Zwischen Hegemonie und Globalisierung, in: Ders. (Hrsg.): Internationale Verrechtlichung – ein Baustein für Global Governance? Bonn, S.: 239-261.

Zürn, Michael 1998: Komplexes Regieren jenseits des Nationalstaats, Frankfurt a. Main.

Zill, Rüdiger 2001: Nicht Sätze, sondern Bilder. Versuch, einen Neopragmatisten beim Wort zu nehmen, in: Schäfer, Thomas/Tietz, Udo/Zill, Rüdiger (Hrsg.) Hinter den Spiegeln, Beiträge zur Philosophie Richard Rortys, S.: 114-140.

Zwingel, Susanne 2007: Welchen Staat brauchen internationale Frauenrechte? Umsetzungspraktiken am Beispiel der Convention on the Elimination of all Forms of Discrimination Against Woman, in: Zeitschrift für Menschenrechte, Jg. 1, Nr. 2, S.:. 95-110.

Studien zur Politischen Soziologie

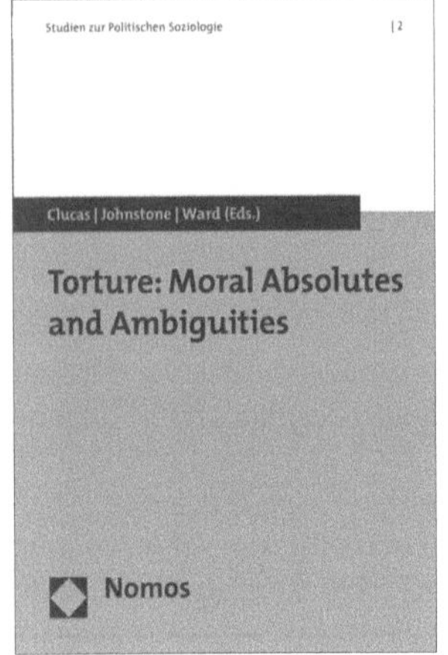

Torture: Moral Absolutes and Ambiguities

Herausgegeben von Dr. Bev Clucas, Prof. Gerry Johnstone und Dr. Tony Ward

2009, Band 2, 206 S., brosch., 29,– €, ISBN 978-3-8329-4077-5

Gibt es Umstände, in denen Folter moralisch gerechtfertigt oder gar erforderlich ist? In diesem Band diskutieren führende europäische Rechts- und Politikwissenschaftler die Moralität von Folter und analysieren diese grauenvolle Praxis sowie die Versuche, sie unter Kontrolle zu bringen, aus rechtlicher, soziologischer und historischer Sicht.

Ökonomisierung der Bildungsproduktion

Zu einer Theorie des konservativen Bildungsstaats

Von PD Dr. Hans Graßl

2008, Band 1, 238 S., brosch., 34,– €, ISBN 978-3-8329-3851-2

Der Autor bringt aus soziologischer Perspektive Licht in die Debatten über die Ökonomisierung der Bildung und beantwortet unter anderem folgende Fragen: Welche wirtschaftlichen und sozialen Kräfte treiben die Ökonomisierung der Bildung und der Bildungsproduktion voran? Wie verändert sich im Zuge der Ökonomisierung der wichtigste Bildungsproduzent: der Bildungsstaat?

Bitte bestellen Sie im Buchhandel oder versandkostenfrei unter ▸ www.nomos-shop.de

Zeitfracht Medien GmbH
Ferdinand-Jühlke-Straße 7
99095 Erfurt, Deutschland
produktsicherheit@kolibri360.de